U0919548

大格局

中小学生微留学实例分享

One step forward,
building children's future ahead

陈晓颜 主编

中国轻工业出版社

图书在版编目（CIP）数据

小别离，大格局：中小学生微留学实例分享
/ 陈晓颜主编. — 北京：中国轻工业出版社，2017.4
ISBN 978-7-5184-1327-0

Ⅰ. ①小… Ⅱ. ①陈… Ⅲ. ①中小学－留学教育－概况 Ⅳ. ①G639.1

中国版本图书馆CIP数据核字（2017）第063682号

责任编辑：韩慧琴　李苑苑　责任终审：劳国强　封面设计：奇文云海
策划编辑：刘忠波　韩慧琴　版式设计：水长流　责任监印：张京华

出版发行：中国轻工业出版社（北京东长安街6号，邮编：100740）
印　　刷：北京瑞禾彩色印刷有限公司
经　　销：各地新华书店
版　　次：2017年4月第1版第1次印刷
开　　本：787×1092mm　1/16　印张：17.5
字　　数：300千字
书　　号：ISBN 978-7-5184-1327-0　　定价：48.00元
邮购电话：010-65241695　传真：65128352
发行电话：010-85119835　85119793　传真：85113293
网　　址：http://www.chlip.com.cn
Email: club@chlip.com.cn
如发现图书残缺请直接与我社邮购联系调换
160398S6X101ZBW

前言

成为更好的自己

电视剧《小别离》在朋友圈刷屏时，我正在悉尼陪伴儿子，他利用暑假在这里的小学插班留学。

点开链接详读，我才知道，低龄留学，这个原本不新鲜的话题因为一部电视剧，把“中国教育”再次推上2016年夏天的风口浪尖。

尽管远隔万里，我还是嗅到了家长们因为《小别离》热播而唤醒的原本就存在的焦虑。甚至有朋友在大洋彼岸跟我说:“看看吧，剧情真实得就像我们每天的生活，笑中带泪。而作为出国留学的拥趸者，未来，你也要面对这些问题。”

那一刻的我，正牵着儿子的小手，走在悉尼八点半的晨光里，伴着小鸟的鸣叫，一路欢歌，目送他背着只有水和零食的书包蹦蹦跳跳走进校门，然后回眸一笑，跟我道别，有那么一瞬间，我竟然恍惚相信，这就是我们原本的生活。

其实，这样的图景并不稀缺，只是，它不在我们的生活里。

因此，在悉尼的14天里，儿子努力地在这个不大的校园里奔跑、嬉戏，他学习倒立，玩转呼啦圈，驰骋足球场，攀爬高低杠，跟澳大利亚的同学们徒步公园、流连于博物馆，浸泡在实验室、图书馆里。他会为了第一次把葡萄临摹得让人垂涎欲滴而雀跃，也会为了读懂一本感动自己的英文小说而骄傲，更会为了跟同学完成一场达到预期结果的物理实验而欢呼。

而我，也努力陪伴他“为所欲为”的快乐。

尽管，等他放学回家是一个漫长的过程，有点无所适从。我依然努力克制自己，不催促，静静等待，直到太阳落山，儿子大汗淋漓，心满意足离开校园。

其实，在我的心目中，这原本就应该是一个小学生的正常生活，足够的睡眠，充分的运动，清晰的自我认知，还有对知识和世界强烈的好奇心。

但我也知道，这样的愿望，在我们踏上回程飞机的那一刻就变成了奢望。

果不其然，回到北京，顾不得喘息，我们便一头栽进滚滚红尘中。

而因为《小别离》引发的留学话题依然如火如荼。

听到我带着孩子插班留学归来，很多人好奇地问：“那是怎样的一种体验？孩子适应吗？喜欢吗？英语不好可以吗？我也想带孩子去，如何申请？”

看来，家长渴望带孩子洞察世界、快速融入世界的愿望似乎从来没有像现在这样强烈过。

教育部2016年10月的数据显示，2016年出国留学人数为52.37万，其中低龄留学生占了一半以上。最新发布的《中国留学发展报告（2016）》显示，与2012年相比，2016年出国读高中的学生比例从17%上升到27%。而且，超过三分之一的学生计划出国读高中。

数字背后，我们似乎看到了家长希望更早一点把孩子推向世界，感受更先进教育，体验多元文化，培养创造力，甚至重塑价值观的决心。

我们也看到了更多家长渴望让孩子逃离“题海”，摆脱对分数的依赖，带着一颗赤子之心，倾听心灵深处的呼唤，并由此激发内在的动力，实现生命更多可能性的决心。

于是，越来越多的家庭宁可忍受亲子分离，背负沉重的经济负担，也要让孩子远离故土，漂洋过海。

儿子很小的时候，我就知道，自己也终将目送着他的背影远去，无论多么不舍，都要平静地拍拍他的肩膀说：“去吧，你能行。”然后，看着他踏出“中国海关”那扇门，不回头，只挥挥手。

这真是一场别离，一场唯有父母爱指向的别离。

在陪伴儿子成长的过程中，我常常想，有没有一种途径，为终将到来的海外留学提前热身，或者，即使不与父母长别离、留学海外，也可以用短暂的方式探索远方、洞察世界。

于是，我找到了新西兰微留学、澳大利亚微留学的方式——利用寒暑假，插班到当地的学校，与当地学生一起上课4～6周。陌生的环境、不畅的交流都阻挡不了一个十来岁孩子发自内心的喜悦。

微留学，在我来看，从狭义地讲，是指中小学生到海外学校进行2～9周的插班学习，体现原汁原味的海外学校课堂特色；从广义来讲，它包含童子军、冬令营、夏令营、专题游学等在内的国际游学，主要目的是学习基本技能，为将来留学奠定基础、拓展视野。本书的案例是广义上的微留学。

在搜集案例过程中，我发现，走在微留学路上的家长如此之多，而体验的方式也如此之丰富——去美国参加天才儿童夏令营、童子军、YMCA夏令营，去美国做交换生，去加拿大参加夏令营而后当即决定出国读高中，去新加坡游学或者跟随赴美国、英国做访问学者的爸爸妈妈插班上学，还有的妈妈每年抽出两三段时间带孩子到世界各地著名博物馆临摹名画。

这是多么美好的体验，又是多么经济，不需要长别离，不需要背负沉重的经济压力。作为父母，或陪伴、或放手。而被家长一次次“抛出”的孩子们在潜移默化中就完成了跟世界的对接。

这样的体验方式让我着迷，这些智慧家长更让我着迷。

于是，我辗转找到他们，我们交流、碰撞，谈体会，输出经验，总结教训。我们本着最大的诚意和努力，将各自家庭的小主人公在美国、英国、澳大利亚、新西兰、新加坡课堂上、夏令营、童子军中体验到的故事原生态地呈献给读者，同时将打开海外教育那扇门的钥匙也交付到读者手中。我们希望把这些美好体验和经验传递给那些焦虑、纠结或者期待远方的爸爸妈妈们。

在跟这些分布在世界各地的智慧爸爸妈妈，以及在异国他乡努力奋斗的孩子们交流时，我常常被他们的热忱和坚持，还有极具前瞻性的家庭教育观点所打动，这让我觉得自己在做一件有意义的事情。

给9岁参加美国夏令营的Alice妈妈打通电话时，她正在开车，得知我的想法后，她专门停下车，给我讲述女儿参加夏令营后的变化，她说：“当看到瘦小的女儿背着硕大的旅行包独自从美国飞回武汉，长途飞行的疲惫也难掩她走出机场时坚定而清澈的眼神时，我百感交集，眼泪止不住地流。那一刻，我就迷上了这样的体验，也坚定了在中国推广营地教育的决心。”不久，她就完成了从公务员处长到营地教育创办人的身份转换。

上海男孩吴奕帆的爸爸引领我走上了新西兰微留学之路。这个曾经留学日本的广告人在孩子很小的时候就带着他走世界，满10岁后，吴爸爸每年暑假都把儿子送到新西兰校园里，让他独自住在homestay家，进行为期6周的插班上学。他原本计划让孩子18岁成人后出国留学，却将计划提前到13岁。我惊讶地问他原因，他说：“孩子见得多了，想法自然也多了，觉得新西兰的教育更适合自己，主动要求走出去。面对孤独，很懂事地说‘以前在家，是为爸爸妈妈和老师学习，现在是为了自己学习，因此必须努力’。”

6岁的小妞跟随到斯坦福大学做访问学者的爸爸去美国上一年小学。看到她妈妈萱儿在公众号里记录女儿有趣的上学经历后，我立刻跟萱儿约稿，她欣然应允。几十次邮件往返、微信留言让彼此的写作思路越来越靠近，文章也越来越完善。为了给读者更具指导意义的信息，萱儿如同向导一般，详细地罗列了进入当地学校可能用到的各类网站，内容翔实到包括如何查询学校所在区域的犯罪人口。

Tom，高二突然决定到美国做交换生，原本不算自立的男孩开始独自在异国打拼。一年结束，他脱胎换骨，申请到了提供丰厚奖学金，且适合自己的美国大学，并利用假期，独自踏上旅程，开始穷游，沿途与同道中人相遇、畅谈，然后相忘于江湖。在旅途中，他与自己对话，与世界对话，更清楚地知道世界之大，自己在哪里。

9岁跟随访问学者妈妈到英国上小学，同时，作为博雅小学堂的主播，被几十万世界各地小听众喜欢着的李江南，她诙谐幽默、古灵精怪、不拘一格，却又透着浓浓异域风情的文章让我惊艳。而她的爸爸——曾经的知名媒体人潘采夫说：“这与天赋无关，与教育方法和环境有关。”

还有那个自带名校光环，连续2年参加美国天才夏令营的张一辰以及那个坐在高迪博物馆安静临摹世界名画的翩翩少年杨杨……

当然，还有我刚刚11岁的儿子丁丁，说起他的新西兰、澳大利亚同学，滔滔不绝，他用英文记录下的新西兰高科技垃圾车、悉尼小学和蔼的校长奶奶，也终将成为他生命中美好的相遇。

经历过一次或者几次走出国门，走入世界的孩子们，有的在这个过程中找到了自己的方向，还有的在心中埋下一粒“种子”，等待发芽开花的时刻。

虽然，我们不是教育专家，但我们知道，对于新生代中产阶层的父母来说，未来在全球范围内寻找教育资源、生存资源，编制生活版图，将是个常规选项。我们期待当世界对人才的呼唤定位在“拥有批判性思维、学会高效表达、能够创意思考、擅长沟通协作”时，我们的孩子不仅仅是一个埋头在题海中遨游的解题高手，更是一个面对更大格局，能够快速融入、从容应对的世界公民。因此，我们要不时把孩子们推出舒适区，让他们在一次次国际化体验中学会独立面对世界，接受差异，最终寻找到自己的方向。作为家长，我们在探索寻找的路上艰难跋涉。同时，我们也希望引领更多的爸爸妈妈，用更经济、更轻松的方式为孩子打造一条通往世界的道路。

我们期待，在这样一群人的努力下，每个孩子都成为更好的自己，家长也成为更好的自己。

如果您有幸读到这本书，那就让我们共勉。

最后，感谢给予我支持的作者们，感谢一直陪伴我走世界的丁丁和丁爸。

陈晓颜

2016.12

书中主人公感言

Amy

童子军夏令营让我近距离感受了美国教育，他们把对孩子的教育构建在尊重的基础上，尊重知识、尊重人性、尊重不同，从而激发了我留学美国的愿望。

Alice

我参加了美国YMCA夏令营，与美国本土及其他国家的同伴吃穿住行在一起，我没有任何障碍，收获真的很大。美国森林中的夏令营让我着迷，还想去！

Will 诺诺

我所在的学校学习压力很小，知识很简单，师生有很多的互动，有一些中国学校没有的体育设施。我在那里学会了一点点自然拼读，收获很大。

一辰

行路三万里，好奇战胜了紧张；看见新世界，收获远大于付出。新颖的授课方式、丰富的课外活动、友善的师生关系、美味的比萨和汉堡，两次CTY经历让人难忘。

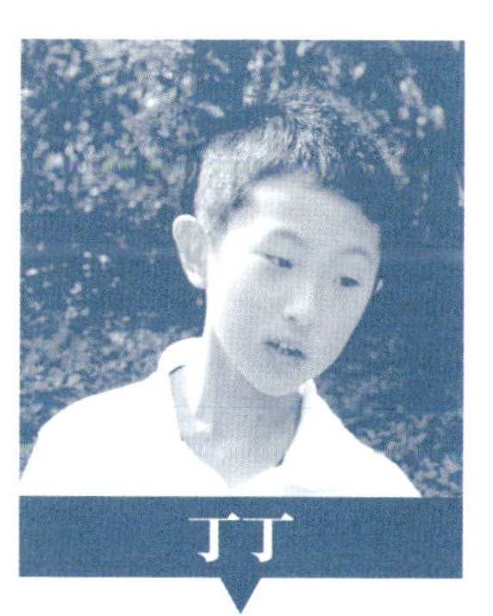

丁丁

在新西兰和澳大利亚的两次微留学中，我体会到了中外风格迥异的教学方式。中国的教育要求课内背各种各样的东西，课外知识拓展比较少。在国外，学生经常会受到老师的鼓励，即便是有点问题或出点小错，老师也会温和地指出。国外学校的课后作业不多，几乎没有“背记”类的作业。但是为什么西方国家出的有成就的人比咱们多呢！还想再去几次，但也担心在国外上学时间长了，再回来心就飞了。

Kevin chai

出国留学的目的在于追逐最初的梦想：了解不同文化及语言，在学习和交流中开阔视野，交到更多朋友，使多年后的自己不会在最需要帮助的时候无所适从。孤独常在，关键在于是否有能力将其转化为自立，使自己变得更强大。出国不为了一纸文凭，这是对人生道路的另一种摸索。不为求得“真理”，只为不再居一隅而自认真理在握。

Tom

交换生项目极大地提高了我的独立自主能力、社交能力以及英语综合能力，同时让我得以深入地了解美国文化。但谁又能说得准留在国内会发生什么呢？既然无论做出何种选择，都会对另外一种抱有无端的期盼，那还纠结什么？

小妞

我很喜欢美国学校。老师非常nice，从来不生气。同学也很nice，不会推人，不打架，还很关心人。回国后，我也会告诉老师，当孩子们犯错误或者违反纪律时，要温和地提醒孩子，如果提醒好几次还不行的话，就让他time out一下，不用太生气。我非常喜欢英语，觉得学起来很有意思。回国后，我仍坚持阅读，坚持写作，努力保持英语学习。以后有机会还想再去美国上学。

刘熹源

两次学习之旅使我对新加坡“别有一番情感”，那里有优美的环境、别致的建筑、独特的创意、优秀的人才、前卫的教学方式……新加坡虽小，但思想、精神无所不在。新加坡之行是我人生中不可多得的一次“饕餮盛宴”，让我餐后愈久弥香，这也是我成长过程中珍视的一次难忘“快闪”。

李江南

我9岁离开中国去苏格兰，13岁回国，那四年对我的影响嘛，我看是英语好了点，学会了弹吉他和唱歌，交了几个好朋友。至于还有什么其他影响，我自己是看不出来的。我喜欢爱丁堡，那是我最喜欢的城市。我还喜欢冰岛，长大后我想去那里生活，虽然人少了点儿。其他的朋友如果出国留学，你们可不要出去得太早，更不能离开爸爸妈妈独自出去，那样你会想家哭死的。

边走边画已经成为我生活中的一个好习惯。到哪里旅游我都会带着画本，每一页都记录了我所走过的路，特别有纪念意义。用画笔和纸记录自己所看到的景物，未来重新翻看时，能感受到很大的快乐。

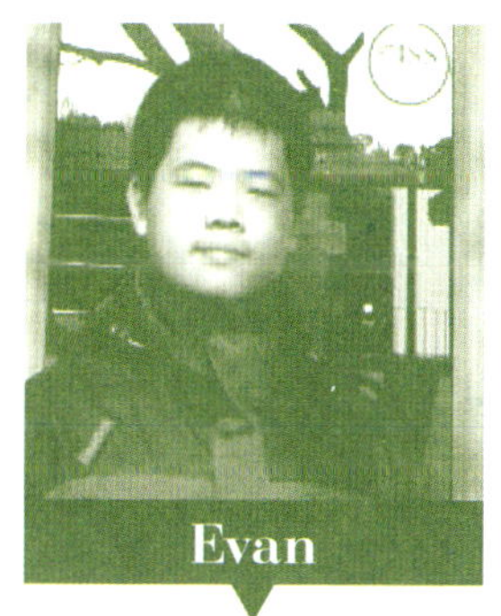

在面对一个全新的环境时，包括我在内的许多人起初都会感到胆怯，以至于不能融入其中，这多半是因为语言有一定的障碍，我会尽全力进行交流。这里的学习对中国学生来说较为简单，但是也不能松懈，由于教育方式与国内不同，要完全熟悉也需要一段时间。这里的生活并不像中国那么拘束，学习也可以根据每个人的喜好定向发展，我还是挺喜欢的。

嗨，大家好！
看了我的留学故事对你有启发吗？
新加坡是个非常漂亮、干净的城市，空气好，也很安全，这些我都满意。学校的课程我也越来越喜欢，特别是赛车工程师兴趣班，我还想继续学高级。那为什么我还想着回中国呢？因为我想每天都能看见爸爸妈妈呀。也许，明年我会有新的想法。但是现在我就是这么想的。

Contents 目录

CHAPTER 1
微留学实践 专家、老师、家长有话说

CHAPTER 2
短期海外微留学体验案例

CHAPTER 3 短期微留学实践信息资源分享

APPENDIX
附录

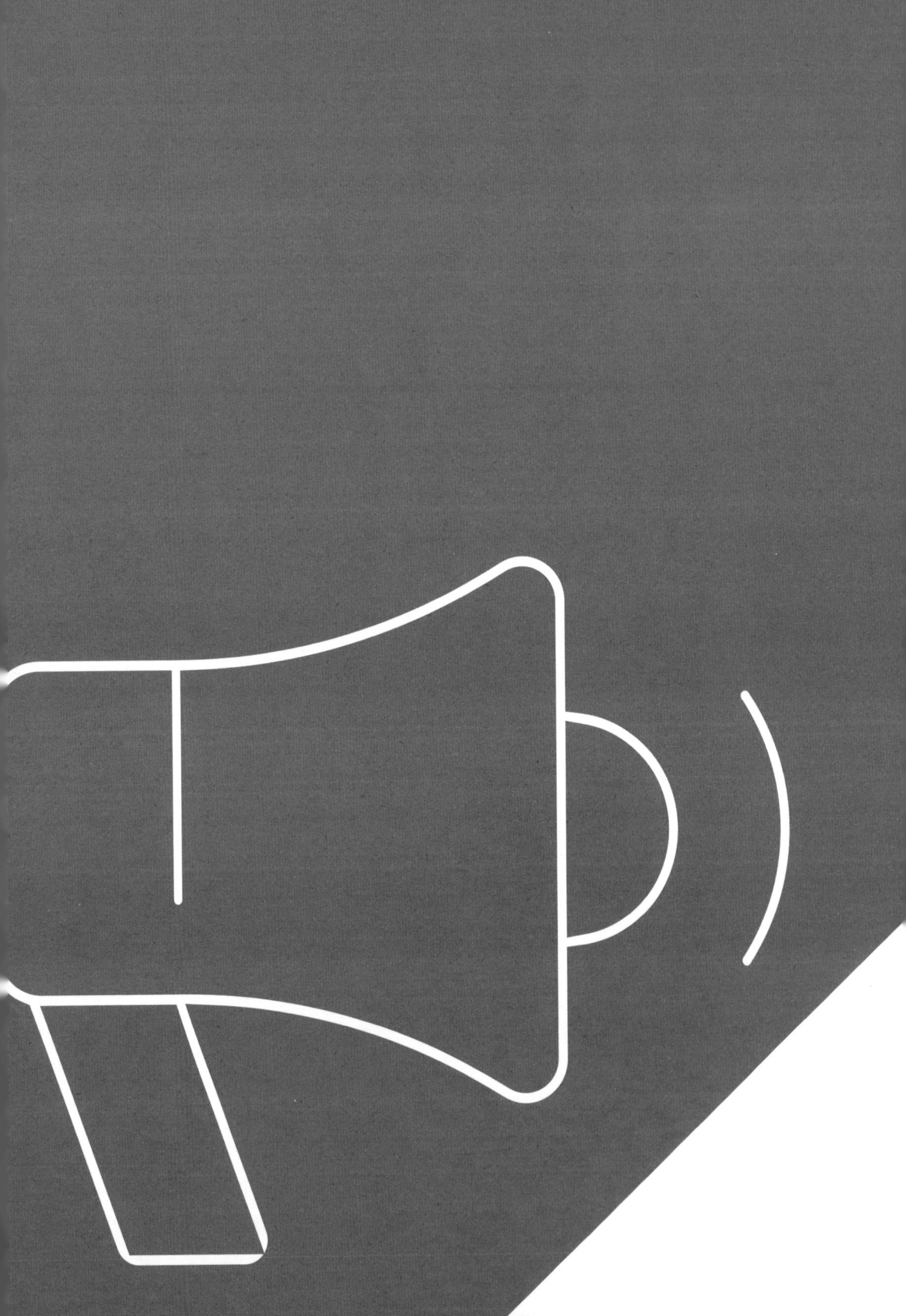

CHAPTER 1

微留学实践

专家、老师、家长有话说

尹建莉：国外的教育政策更成熟，出国是一个不错的选择

尹建莉：青少年教育专家，教育学硕士，从教多年，现从事家庭教育研究及咨询工作。著作有《好妈妈胜过好老师》《好妈妈胜过好老师2》《最美的教育最简单》，首部译作《小王子》已经上市

主编：您自己的女儿留学海外，您觉得带给她最大的改变和收获是什么？

尹建莉：国外教学模式更有利于个人意志的发展，给学生留下较大的自主学习的空间，所以主要是学业方面大有收获。另外在生活能力及处理事情的能力方面也都有不小的收获。

主编：对有留学计划的孩子和家长，您有什么好的建议？

尹建莉：优秀的教育与地域无关，只和做教育的人有关，包括家长和教师。人性是相通的，所以教育也是相通的。国外的教育政策更成熟，出国是一个不错的选择。有条件的话，出去走一趟是很好的。但如果条件不具备，有些人家为了孩子出国，全家紧衣缩食，这就不划算。或者有的人家，家长没条件陪孩子出去，委托给别人，孩子长时间见不到父母，这也不好。

Part 2 应光：微留学有助于孩子更多维地理解世界

应光：中国教育学会家庭教育专业委员会理事，中国家庭教育学会理事

主编：您身边或您本人家庭是否有海外留学的案例？

应光：我的女儿读大学一年级，多次去海外微留学体验。我身边的家庭大多有微留学经历。

主编：您如何看待越来越多低龄学生的短期海外体验？

应光：短期海外体验可以让孩子们感受不一样世界，开启孩子探索新世界的好奇心，也有助于孩子更多维地理解世界、理解课本。如果家庭条件允许，值得提倡。

主编：如果有机会让孩子参与短期海外体验，您最关注什么问题？

应光：关注真正的互动和文化体验，希望少一些走马观花式的参观。

主编：对孩子留学，您最关注什么问题？

应光：我最关注的是文化的融入和独立思考能力的培养。在留学过程中，掌握学习整体的方法论，而不仅仅是学习某些知识。今天，世界已然是一个地球村，孩子的职业选择更国际化，家长在培养和教育孩子的过程中，应该视野更宽广，引导孩子在做自己的学习目标和成长规划时，应更加多元化，并拥有世界公民的意识。

赵宏阳：短期国际化体验有助于学生理性选择留学国家学校专业

赵宏阳：北京爱迪国际学校面试官，连续8年负责该校学生招生

主编：作为致力于将国际化教育引入中国的资深人士，您认为未来世界需要什么样的人才？

赵宏阳：以我常年在国际学校跟孩子打交道来看，未来世界，孩子需要有多元化的思维能力、沟通能力和表达能力，这对他们将来进入社会，特别是融入国际环境是至关重要的。

随着世界的发展，更需要跨行业、跨领域，特别是能够以自己母语为优势，同时兼容英语的人才。所以，中国学生出国留学之前，应该努力提高英语能力，让自己能够用英语精确表达自己的真实想法，以及情感、情绪变化。这很重要。

我们询问过孩子们同样的问题。大部分人的回答是，第一要有沟通能力、质疑权威的能力、演讲的能力以及有独立思考意识。第二要正直善良诚实，有自己的信仰。只有这样，才能让一个人人格更加完整，内心更加强大，也才能真正深入实践一些事情，并且坚持下去。

主编：根据未来全球化对人才的需求，您认为中国孩子的优劣势是什么？

赵宏阳：综合看来，应试教育对学生学术能力的强化优势我们是认同的。但是到了高中阶段，如果还是以应试教育为主，可能会造成孩子某些能力的缺失，所以，我觉得这不是中国孩子的优势劣势问题，而是教育体系如何适应孩子未来发展的问题。

同样，中国孩子以中文为母语，在这个世界上会占据优势的。未来，中文、英文包括其他官方语言，会是多元化存在，随着国力的强大，中国在国际上的话语权越来越多。中文必定会受到世界的重视。现在，我们要思考学校教育如何顺应孩子未来世界的发展，如何从技能，包括人际关系，情绪方面对孩子进行教育和引导。

主编：有报道说，微留学逐渐从小众走向大众，您如何看待这种现象？

赵宏阳：实际上，对于微留学，一定会有一个观望、热衷、理性的过程，最后会变成学生和家长的一种选择。现在，只要你有购买力，出国门不是难事。关键是要了解出国学习的目的是什么，目的不同，选择也不同。

主编：在您看来，越来越多低龄学生短期海外留学体验的利弊有哪些？

赵宏阳：短期体验的益处是可以定制化，比如一开学就可以开始设想，假期要去哪些国家看看，能对自己的课程或未来发展起到什么帮助。但是这要求孩子心智很成熟。年龄小的孩子，可能大部分时间就是玩，甚至有些初三的孩子参加留学，也是玩。高中生的目的性更强，他们会问自己想要什么，不然时间成本、金钱成本就白白消耗了。利与弊要个案分析，但整体来讲走出去看看，终归不是一件坏事。

主编：对有留学计划的孩子和家长，您有什么好的建议？

赵宏阳：家长和孩子要提前沟通好，并且一定要目标明确。留学有一定风险，如到了美国可能会遇到枪击、种族歧视，但是瑕不掩瑜，留学的目的是为了学会跨文化的思维方式，学习一些高精尖的知识，这对自己未来的发展有一定帮助。

低龄留学，要看家庭财力支持，真正优秀的海外中学的学费要远高于大学，而且还必须有监护人陪同。所以，我建议，计划留学的家庭一定要充分考虑自身家庭的财务状况，以及未来家庭规划，这是一项长期的投资计划。以美国、加拿大、英国、澳大利亚4个主流留学国家为例，我的学生每年毕业300～400人，大概有50%的学生去澳大利亚，30%去美国，剩下20%去加拿大和英国。

留学不仅是一项投资计划，更是一个成长规划，最重要的前提是不要伤害到孩子。我自己在爱迪学校从事8年多的招生工作，以我个人经验，学生本科阶段应该在国外，这样，回到中国职场上，爆发力会更强，年龄阅历都比较成熟，如果仅仅硕士出国，时间太短，对国外了解不够深入就毕业回国了，英文不足以支持你在职场未来的发展。

姜丽蓉：要根据孩子的条件和特点，制定留学计划

姜丽蓉：北京理工大学外国语学院教授，新东方资深考研辅导专家。曾留学多伦多大学和伊利诺伊理工大学，曾任拉各斯大学孔子学院中方院长

主编：在低龄留学逐渐成为趋势的情况下，您是否关注插班生、海外童子军、夏令营以及游学等孩子短期的国际化微留学体验？您身边或您本人家庭是否有这样的案例？

姜丽蓉：没有特别关注。拉各斯大学孔子学院曾组织过尼日利亚青少年访华夏令营，年纪最小的学生只有12岁。有的女孩子甚至连自己的头发都不会梳，自律性也差些。但是他们对中国的好奇、喜爱和留恋令人难忘，而这种国际化的体验也使他们成熟了许多。

也有一些大学本科应届毕业生应聘国家汉办的汉语教师志愿者，到国外教汉语及宣传中国文化。拉各斯大学孔子学院的汉语教师志愿者们，他们的年龄一般在23岁左右，出国前有的甚至连在家里刷碗的经历都没有，而通过一年的国外生活锻炼，他们的生活自理能力、活动组织能力、动手能力、自律能力、社交能力、教学能力都有很大的提高，有的为自己竟然还有做主持人、活动策划的潜质而惊讶万分。而这些素质，如果他们一直待在国内，短时间是历练不出来的。

主编：有报道说，微留学逐渐从小众走向大众，您如何看待这种现象？对有留学计划的孩子和家长，您有什么好的建议？

姜丽蓉：不能一概而论随大流，要根据孩子的自身条件和性格特点，顺其自然。

低龄学生可以通过短期海外体验开阔视野，增加对世界的感知能力，扩大交友范围，体验不同的文化氛围。但是如果年龄太小，自理能力、理解能力、社交能力及心理承受力都不够成熟，过早脱离父母远离家庭，会对孩子的身心健康产生一定的负面影响。

所以，我建议家长不跟风不盲从，明确自己的奋斗目标，仔细制定实施计划，因人而异，量体裁衣。

Part 5 刘乃忠：让孩子参加一些国际化的体验挺重要的

刘乃忠：北京市和平街第一中学党总支书记，曾荣获全国优秀教师、全国中小学优秀班主任等称号

我想分享一下我儿子的成长经历。他既没有在国外留学，也没有参加国外的营地。目前，他在国内的一个国际学校学习IB课程。

我儿子在这里学习后收获很大，所以，我觉得多让孩子参加一些国际化的体验是很重要的。而且，随着国内营地发展的成熟，在国内参加国际化的夏令营、课程也不失为一个好的选择。

那么，我的孩子为什么会选择在国际学校读高中呢？

几年前，我参与了北京中学最初的创建，在创建过程中发现我们设计的一些课程可以给学生提供一个体验式学习的环境，不但可以在实践中学习，而且可以系统性学习。它打破了传统的中国课堂常规授课的单一模式。学生们的快速成长让我看到了这种方式带来的可能性。我的孩子也很渴望参与这样的课程。

后来，我们接触到了UWC世界联合学院。参加完学校的招生咨询会之后，儿子决定选择这样一所学校。作为家长，我们遵循“你选择，就要对自己负责”的理念，不过多干涉孩子选择。IB课程与传统学校相比还是有难度的，在知识的宽度和研究深度上要求也高。另外，它的实践体验类的课程非常丰富。每学期会有项目周，真的要孩子到实践中去体验，去服务，如，他们去阳朔帮助农民建房子，到河南去支教等。

儿子在学校变得积极，并富有担当，总是很热心去做一些事情。比如他申请和同学们共同创办UWC夏令营，来传播学校的文化理念。UWC夏令营从创办到落地，课程，资金运营等整个过程，孩子们面对很多困难和挑战，遭遇不少挫折。但在运作这一项目过程中，我发现孩子成长真的很快。当他看到自己带领的营员通过营地活动快速成长，竟然体验到了当“父亲”的感觉。

我做管理之后才明白怎么去用人。而他经过这次历练，学会怎么把合适的人放在合适的位置，且明白了不能够用“我”的标准去要求所有人等一些管理哲学。

我不认为，中国现在的体制内的学校不够好。它有自己特点和成功之处。比如在对知识深度挖掘方面、对知识精度掌握方面，老师做得比较深入。而国际学校，可能更注重对知识宽度的掌握和对能力的培养，接触真实的社会更多一些，对孩子未来走入社会的考量和准备会更多一些。

Part 6 武玉洁：我的学生微留学回来后更自信开朗了

武玉洁： *府学胡同小学教师，北京市优秀班主任，有着27年教龄的骨干教师、兼职教研员*

主编：您关注微留学、海外童子军、夏令营，以及游学等国际化体验吗？

武玉洁： 当然是非常关注的。因为这会让孩子更有创新精神，孩子思维的灵活性、深度，都会有所提高。我也希望有这样的机会，让自己的孩子去参加，我想孩子一定会有收获、开阔眼界。这是一件特别好的事情，但特别让人信任的机构好像还是不太多或者没找到。

主编：您身边是否有这样的案例？他们回国后有哪些变化？

武玉洁： 我的学生曾经有过这样的经历，有的是去澳大利亚微留学，还有现在上初二的学生在美国留学，我亲戚的孩子也在加拿大上大学。

首先是这些孩子自信了、放得开了，也开朗了，这种体验还是挺好的，有机会应该让孩子多多体验、多多走出去，树立远大的志向，这对孩子的成长是有利的。

主编：您如何看待微留学这种现象？在您看来，低龄学生短期海外体验的利弊有哪些？

武玉洁： 我觉得这是必然趋势，随着人们思想开放、接受新事物能力增强，会有越来越多的微留学形式出现，越来越多的家长也会选择参加。

有利的方面，首先是语言上一定会有进步，孩子年龄小，可能会很快适应、融入当地的学习，对孩子的自信，将来树立远大目标埋下了“种子”，是特别好的事情。不利的方面，孩子的个人能力，比如自我管理能力、生活能力，有时还是比较让人担心的，文化、思想会不会有冲突，这种差异对今后孩子的发展是否有利，也要考虑。

主编：如果有机会让孩子参与短期海外体验，您最关注什么问题？

武玉洁： 首先是安全问题，其次是学习内容是否适合孩子，学习的内容与未来有什么连接，我更关注的是思维。通过微留学，或者短期的海外体验，孩子能否从思维上更开阔、更灵活、更有创意。其次，要多考察，看看这所学校是否适合自己的孩子，第三是孩子的自理能力，能不能应对一些生活上的问题，是否能够独立面对这些问题，是否需要提前做些自理能力的训练。准备要更充分一些。

Part 7 宁远：游学旅行，孩子带给我很多惊喜

宁远：金话筒奖主持人，作家，成功报道过2008年汶川地震，后辞职创业。她常带着女儿去旅游，到当地插班留学

主编：您是否关注微留学、海外童子军、夏令营，以及游学等国际化体验？

宁远：我很关心这方面的信息，如果有机会、有时间，我随时准备把孩子带出去，一是让他们见见世面，其次是跟他们一起体验另外一种不同的生活。

主编：作为喜欢带孩子走世界的家长，您觉得这种经历带给孩子哪些变化？

宁远：在这个过程里，孩子带给我很多惊喜，我发现，孩子会特别知道主动付出她的爱。她的沟通能力、适应能力、生存能力比我想象的要好。记得在泰国，我在餐厅吃饭，她一个人在大堂里玩了好久，我走出来看她时，发现她跟服务员聊得很开心，虽然她的英语不算很好，服务员估计英语也不算好，但是，她们能够毫无障碍地有情感的交流，而且很开心。这让我很佩服她，换作我都不一定能做到。通过带她出国旅行，我发现，她见到陌生人，会主动释放自己的善意和接纳。

对我来说，最大的收获，就是跟孩子有了一个相对集中密集的相处时光。离开了周围熟悉的环境和亲朋好友，到了异国他乡，我们需要共同面对不同的环境，接触不同的人，我们一起向外探索，在这个过程中，我跟孩子之间心灵靠得很近，我很享受这样的亲子时光。

主编：对于孩子参加的微留学或者留学、夏令营，您最关注什么问题？

宁远：现在，我的大女儿马上就7岁了。明年夏天，在她8岁的时候，我会带她去夏令营，然后我会离开，让她独自面对。在这种情况下，我比较关心的是安全问题，还有就是夏令营的组织者是不是真的对教育、对孩子充满爱，尽心尽力。

家长郭女士：孩子的经历比死学知识更重要

郭女士：大学本科学历，中直企业管理人员，后自己创立公司经营至今。目前陪孩子在墨尔本读书

主编：您如何看待越来越多低龄学生短期海外体验的现象？

郭女士：如果经济条件允许，完全可以让孩子参与海外体验活动，毕竟可以拓宽视野，了解不同生活，孩子的经历比死学知识更重要。但也要辨清游学机构资质，避免事与愿违！

主编：作为把孩子送往海外留学的家长，您觉得这种经历带给孩子哪些变化？

郭女士：孩子的独立思考能力、处事能力、动手能力一定会有所提高。

主编：对于孩子参加的微留学或者留学、夏令营，您最关注什么问题？

郭女士：最关注游历的过程，对时间的安排，对孩子有目的性的训练！不仅仅是观光与旅游，更多的是与外国同龄人接触，融入他们的日常生活。

家长王洪燕：将来，我还会带儿子出去微留学的

王洪燕：大学行政管理人员，喜欢走走摄摄，也喜欢带着儿子游走世界。2016年8月，陪着小学4年级的儿子在悉尼微留学2周，感触颇深

作为高校的行政管理人员，深知高层次人才的必备条件之一就是要具备站在国际视角看待问题、思考问题的能力。而随着国力的增强，越来越多的家长有能力在孩子很小的时候，就带着他走出国门，融入外面的世界。

之前也听说过很多10岁左右的孩子利用假期微留学，我很认同这种方式，不但可以让孩子们在小学阶段就能有机会去探索和认知不一样的世界，而且不用担心影响国内的课程。

2016年暑假，儿子的好伙伴邀请他一起去悉尼微留学，孩子自己也非常乐意。最初我的想法就是让儿子在纯英语的环境中练习英语（尽管在国内我们也为儿子请了外教，但是做不到高密度地上课），但儿子在悉尼上了2周的小学，我们发现，他的意外收获远大于语言方面的学习。

离开之前，儿子恋恋不舍地说了一句：“我好喜欢这里的制度”。一个10岁且并不善言谈的孩子，能说出这样的话，我还是有些吃惊的，并陷入了思考。悉尼的这所小学校，更重视个性的释放，让孩子尽情做自己，不知道这是不是儿子理解的制度。在短暂的2周里，儿子学会了转呼啦圈、倒立、侧手翻，而这些都是在时间充足的课间活动中及放学后和同学们“切磋”中学会的。可以说校园生活更接地气，更像我们那时候的童年。在国内数学成绩一般的儿子总说自己的数学棒棒的，那是因为老师给他制定了适合他的课程，小班教学及个性化的教学模式让儿子更加自信了。融洽的师生关系、多方面的表彰制度、更多的观察和动手机会，虽是在语言不同的环境下，但儿子体会到有趣和幸福。

这次儿子在悉尼就读完了一本英文原版的简单读物，我们也买了一些英文原版书回来，结合国内的英语学习，让儿子认识到学习英语可以读到更多有趣的故事，激发起学习的兴趣，逐渐了解更多的文化从而丰富自己的内心。我还会在假期带儿子出去微留学的。

Part 10 孟强：短期海外体验，对孩子影响有限

孟强： 哲学学者，就职于中国社会科学院哲学研究所，2016年在斯坦福大学做访问学者，携女儿同行

主编：您如何看待越来越多低龄学生短期海外体验的现象？

孟强：低龄学生短期海外体验是好事。一方面可以让孩子了解国外教育的一些状况，另一方面可以开阔孩子的眼界与见识。但是，我认为短期海外体验很难有深入的理解，对孩子的影响有限。

主编：您让6岁的女儿插班美国小学，这种经历带给孩子哪些变化？

孟强： 首先，我的女儿非常喜欢美国的学校。这里的学习压力较小，孩子没有压迫感。其次，孩子的外语水平有大幅度提高。第三，这里的学生比较自觉地遵守规则，学生之间的关系极为融洽。第四，孩子的户外活动较多，对他们的身体成长很有利。

主编：您为女儿挑选学校时，最关注什么问题？

孟强： 首先关注孩子的生长环境，即是否安全、人际关系是否融洽等。其次是学校的教育质量，包括文化课与体育课。

主编：未来，如果将孩子送往国外留学，您最关注什么问题？

孟强： 这取决于孩子的年龄大小。如果是大学留学，当然首先关注大学的位置及其教学质量。但是，留学不仅仅是拿文凭。作为家长，孩子成为怎样的人与她的受教育水平同等重要。

Part 11 张哲：5岁到12岁是不错的微留学阶段

张哲：1999年，任《国际航空报》人物版主编，2001－2003担任《旅游休闲》杂志主编，创始人。2005年加盟《经济观察报》，任《商务生活》主编及报社战略发展部总监，主编、出版过《决胜营销》《杰出营销案例精选》。2012年，加盟法制日报，任《法治周末》运营总经理。2015年，创办《漫游家》文化，倡导心随自然、漫读、漫游、漫生活

主编：您是否关注微留学、海外童子军、夏令营以及游学等国际化体验？

张哲：是的。仿佛是突然之间，发现自己和周围的朋友以及远在故乡三线城市的故友都开始关注孩子们的游学、海外夏令营等微留学国际化体验。

主编：您身边或您本人家庭是否有这样的案例？

张哲：从我自身出发，我始终觉得教育国际化是必然的趋势。当国内的教育越来越趋同于去个性化、标准化的应试教育，作为家长对孩子的独立思考能力和价值取向产生担忧。我的孩子在初中二年级的时候曾经游学美国，高中参与了学校的国际交流项目，从而去到美国，孩子自己选择了留学美国。

主编：有报道说，微留学逐渐从小众走向大众，您如何看待这种现象？

张哲：微留学与海外夏令营，我个人的观点是始终是小众的，因为每个孩子的特点不同，家长为孩子选择项目的出发点与诉求点不同。所谓的“从小众走向大众”，仅是在数量或者规模上有一点增长吧。

主编：在您看来，越来越多低龄学生短期海外体验的利弊有哪些？

张哲：微留学不同于留学，首先是在时间上，因为是短期的海外教育体验，一般选择的是寒、暑假时间，对于低龄孩子来说，自己很难单独成行，一般是父母或亲人随行。作为一种亲子生活体验，无论是孩子还是家庭，这都是一种锻炼和机会。目前，微留学的低龄学生越来越多，无非意味着有这种需求的家庭或有这种意识的家长越来越多，大家逐渐产生共鸣：一个是希望孩子能够早点接触到纯正的西式教育，在

语言上更早地受到熏陶；二是可以充分感受到异域文化，融入国际环境。就孩子的语言学习而言，5岁其实就是很好的年龄。

但是因为微留学也是正式地在异国学校进行相对正规的学习，低龄儿童的生活料理是家长必须全面考量的。那么在时间上就对家长提出了不小的挑战。

主编：对于计划让孩子参与短期海外体验的家长，您有什么建议？

张哲：如果是达成共识的家庭，确定将来要送孩子留学，那么我个人的建议是适当的微留学是有益的，家长可以和孩子共同尝试新的生活学习方式，从而甄选最适合自己的地域和方向。5岁到12岁都是不错的微留学年龄段。12岁以上的孩子也可以参加一些海外游学项目，这时候就不一定需要家长的陪伴，孩子可以通过自己的体验来衡量对海外留学的兴趣与需求。

主编：对于计划留学的孩子，您有什么好的建议？

张哲：计划留学的孩子，有两种能力是必备的，一个是良好的语言能力；一个是充分的生活自理能力。

语言能力是孩子对外沟通的基础和未来学习的要件。所以计划留学的孩子，语言能力必须放在第一位。

第二，充分的生活自理能力大致包括：在生活上能自已处理日常生活琐事；性格相对开朗，能够独立处理一些事务；在学习上能独立思考，独立理解。家长要放手让孩子学会承担，自己的事情自己做。家长要树立良好的榜样，同时给孩子提供充分的机会，让他们融入家庭建设中。

学习与生活，始终是不可分的。计划本科留学的孩子，我个人的建议是高一之后就可以开始准备，去国外上高中或在国内直接着手准备申请大学均可。如果家长没有移民计划，不建议送太低龄的孩子留学，因为孩子对中国文化的积累与认知还没有达到基础的水平。孩子成长过程中，学习是重要的内容，但是更多的与家人的亲情培养与分享会影响他的一生。真正的爱，始终贯穿在亲子教育中。

Part 12 李嘉音：现在的家长给孩子规划海外体验时都特别有心

李嘉音：环球营主席。美国哥伦比亚大学国际关系学院硕士。2015年，带着3岁女儿湾湾和1岁儿子晃晃从北京移居纽约

主编：您是否关注微留学、夏令营、童子军等这些短期国际化体验？

李嘉音：我的工作就是推广全球好的夏令营，所以，肯定是关注的，我也去参观过美国童子军营地，也很不错。

主编：您身边有亲人或朋友参加短期国际化体验吗？

李嘉音：与我沟通参加海外夏令营的家长越来越多了。

主编：有报道说，微留学短期国际化体验逐渐从小众走向大众，您怎么看？

李嘉音：在我看来，现在还是很小众。以美国为例，之所以看着这么火，是因为美国签证放开了，持中国的护照出国越来越容易。目前，北上广深等大中城市的家长接受度更大，而一些二三线城市还是了解的少。

主编：在您看来，越来越多低龄学生短期海外体验的利弊有哪些？

李嘉音：短期海外体验，肯定是利大于弊。中国孩子比较娇惯，我去美国的夏令营营地参观过，总体上来说条件还是比较艰苦的，住宿条件不算很优越。我不知道中国孩子能不能适应，但是听家长的反馈，孩子到夏令营以后，看到大家都在这样的环境下，中国孩子似乎也就无所谓了。所以，夏令营还是比较能锻炼孩子的生活自理能力的。他们可以接触到外国孩子， 些完全不一样的群体，对国外的教育有不同的体验，可以增长见识。国外比较重视体育，中国孩子也会在体育方面得到很大的锻炼。

我看了很多参加海外夏令营的孩子给我们投的稿件，他们普遍认为这种体验很好。

说到弊端呢，我想跟孩子性格有关系。不是所有的孩子都很喜欢传统夏令营，我美国朋友家的孩子也不是都喜欢。国内低龄孩子如果考虑去参加海外的夏令营，也有可能会完全不适应。家长要慎重考虑。

还有一种情况是，有的孩子可能对美国教育特别认可，回到中国以后反而不认可中国教育，回国以后，就不想在国内上学了，总期待到美国上学。

我一个朋友的孩子参加完夏令营后，他很喜欢美国鼓励孩子挑战老师，回国以后，他也经常挑战老师，但是中国老师不接受，认为孩子破坏课堂纪律，孩子也比较受挫。

还有的孩子是玩疯了，一下子要回国，面对紧张的学习，有可能会不太适应。

所以，如果决定参加夏令营，还是要多想想各种可能性。

主编：对有留学计划的孩子和家长，您有什么好的建议？

李嘉音：我对家长的建议就是放手，中国家长最大的问题就是不放手。等到孩子要出国留学，才发现孩子完全不适应。他们不会做饭，不会看地图，很痛苦。如果家长打算让孩子长大出国留学，就一定要让孩子多参加几次海外夏令营或者微留学，让孩子及早体验一下，这对孩子是有好处的。

孩子出国留学，家长只要把保险买好，把一些生活用品准备好，就不用再操心了，尽量让孩子们大胆去尝试，孩子都有很大的潜力。

美国学生申请大学，家长都要带孩子去学校参观，让孩子自己选择。中国孩子就没有这样的机会。我当时报美国大学时，看个名字就报了。这其实风险还是挺大的。如果有条件，家长可以利用假期带孩子到美国的校园参观一下，或者到美国大学参加一些相关夏令营，也是不错的选择。

主编：您对带孩子参加短期国际化体验的家长有什么建议？

李嘉音：我建议去之前，要给孩子播放一些夏令营的视频，预览一些夏令营相关文章，或者提前带孩子到国外，倒倒时差，到周边玩一玩，预热一下。如果家长没有时间过去，也要找一个可以托付的朋友，让孩子有安全感。

很重要的一点是要尊重孩子的选择。我的孩子才4岁，但他已经有自己的想法了，所以我尊重他的意见。

随着接触越来越多的家长，我发现，对海外夏令营、微留学等短期国际化体验，他们的态度是积极的。因为，很多家长不太认可国内的本科和基础教育，都想带孩子到国外去看看，将来让他们有机会出国读书。2016年，我的一些客户很让我感动。他们说，第一年去新加坡参加夏令营吧，到有华人的地方，第二年去美国。这也是个思路，一点点来，先去亚洲，然后再去北美洲，你会发现，现在很多家长在给孩子规划海外体验时都特别有心。

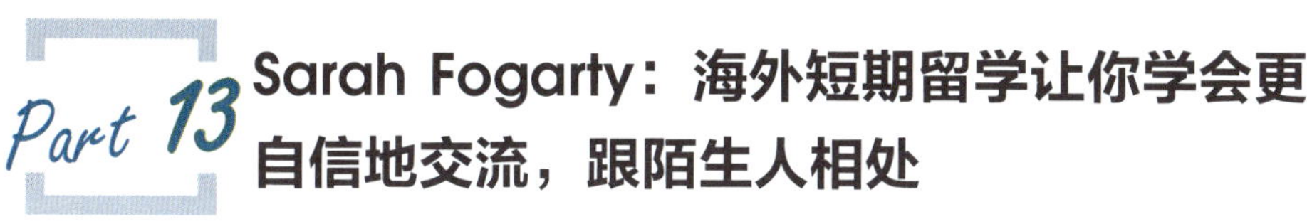

Part 13 Sarah Fogarty：海外短期留学让你学会更自信地交流，跟陌生人相处

Sarah Fogarty: Office Manager of Athena School

主编：How many Chinese students have been to the Athena School for Study Tour winthin one year? Is the number increasing in recent years?

Sarah Fogarty: We have 30 approx study tour students come each year. This number has been about the same for the last 4 years. We do not accept any more than that because it would distract from our regular school services. I would guess that 1/3rd of them are Chinese but I do not have the exact details to hand. I could find out but this will take me too much time I am sorry.

主编：What's your impression of the Chinese students?

Sarah Fogarty: They are usually very polite and do not complain. They seem very confident to join in and play with the other students. They seem to want to learn as much as they can.

主编：In your opinion, what will the Chinese students gain after they study at your school?

Sarah Fogarty: Confidence in talking and meeting new people. They will improve their english because they have a translator available but not all the time. Students that come for 4 weeks get to do a very special course that helps them improve their spoken english.

主编：Would you like to give the students studying for a short term some advice?

Sarah Fogarty: Those coming to Athena...

Come for 4 weeks at least if you want a bigger improvement in social and language skills would be my personal advice and opinion.

Expect to meet some very friendly and good people and expect to have fun.

Part 14 张迪：短期国际化体验是培养国际公民意识的好方法

张迪：聚焦留学网CEO，资深澳大利亚留学专家，曾任澳大利亚某教育集团市场总监。专注于通过互联网帮助海外留学生学习、生活、创业

主编：您是否关注微留学、海外童子军、夏令营以及游学等国际化体验？

张迪：一直在关注。从2015开始，很多家长开始带着孩子利用寒暑假进行海外留学，从之前粗放式游学升级为深入当地的学校插班上学这种高质量的留学。目前，国内有很多机构开始做微留学这样的项目。

主编：有报道说，微留学逐渐从小众走向大众，您如何看待这种现象？

张迪：我认为短期的国际化体验可以为未来留学做铺垫，是一个不错的选择。

我自己也曾经是一名留学生，有一个非常大的感受，中国学生普遍欠缺国际公民的意识。欧美国家的孩子，他们从小就是以国际公民的形态在成长，接触的信息是多元的，能很从容地融入留学目的地，适应那里的生活。中国学生了解海外信息少，出国留学后，比较难融入当地社会。如今，随着中国经济快速发展，开始逐渐转向文化的提升。不少家长开始向往国际化的教育体验，希望拓宽自己和孩子的眼界，带着孩子进行国际留学体验，而且很多孩子未来也是有留学打算的。

主编：低龄学生短期海外体验的利弊有哪些？

张迪：低龄留学生，安全是一个很重要的因素，在海外生活一个月，如果没有家长陪护，或者考察不够仔细，有安全隐患。

很多低龄孩子没有形成完整的价值观，也缺乏判断能力，对他们来说，短期海外留学，可能感受更多的是玩，没有转化成学习的能力。或者说，通过这种方式学习到什么是比较难以测算的。但好处也很明显，短期留学体验可以开阔视野，通过跟当地人互动，了解当地生活、文化、风俗习惯，有助于学生未来快速适应留学。

据我了解，很多人都有留学打算。但是留学之前，并没有深入了解国外课堂是什么样子，自己是否能够适应。而通过这种短期的体验，可以提前适应和对留学有一个

规划。

主编：对于计划让孩子参与短期海外体验的家长，您有什么建议？

张迪：家长们可以选一些愿意接收海外短期留学生的学校，让孩子可以深入学习，充分体验。有时候，不是学校名气大，孩子在那里就能有实质的体验的。

如果孩子已进入中学，家长可以让孩子独自去国外微留学，还可以让留学目标大学的学长带他（她）去体验某个学校的生活，如课堂旁听、在图书馆学习等，进而制定更符合孩子需求的体验线路。

我一个朋友的弟弟有到国外留学的计划，专门找了斯坦福大学的学长带他深入学校体验。

在微留学中，要尽量把关注点集中在教育差别、学习知识方面，而不是旅游。国外的学习体系与中国完全不一样，只有体验了，才可以有的放矢地规划。当然，建议去之前，要尽量提高英语能力，把学习英语当作一个兴趣来培养，不是为了应付考试。

主编：对于计划留学的孩子，您有什么好的建议？

张迪：很多学生出国留学目的其实很模糊，也不知道自己喜欢什么，常常在留学快结束时，才知道自己想做什么，目标是什么，但时间来不及了。通过微留学这种途径可以深入思考，自己未来到底做什么，然后选择适合自己的国家、学校、专业，这样更加客观，也更有针对性。

CHAPTER 2

短期海外微留学体验实例

6岁小妞追随学者爸爸留学美国

萱儿

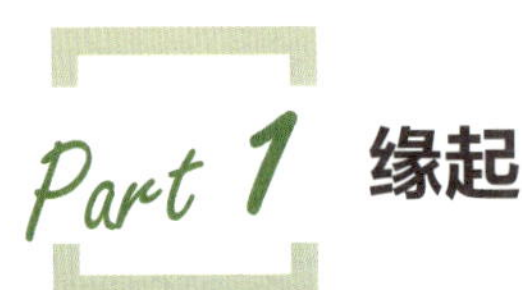

缘起

我先生申请到一个国家留学基金项目，得以到美国斯坦福大学哲学系做访问学者，进行学术交流，为期一年。

早就听说美国教育是以鼓励孩子为主的，同时，也是个让小妞学习地道英语的好机会。所以我们决定，举家一起去美国待一年，顺便也让小妞感受一年美国的小学生活。

• 美国教育体系是怎样的

美国义务教育从5岁开始，小学阶段是K-5年级，6年制；初中为6～8年级，3年制；高中为9～12年级，4年制。

对英文基础一般的孩子而言，我认为5岁到美国上幼儿园，或者6岁上小学一年级是非常适宜的。第一，5岁可以上公立学校了，能享受免费教育。在美国，私立学校非常昂贵。有的私立学前班，每月学费1000多美元。当然不同的城市，学费也有高低。第二，小学一年级是全天制的，而幼儿园只上半天，剩余半天还需要家长陪伴。第三，小学已经开始全面学习。美国学校非常注重阅读，从幼儿园就已经开展初步阅读。小学一年级，水平高的学生可以进行更深度的阅读。

• 美国教学内容有哪些

美国中小学共设有8大课程，分别为语言艺术（Language arts）、数学（Mathematics）、科学（Science）、社会研究（Social studies）、健康卫生（Health）、艺术（Art）、音乐（Music）、体育（Physical education）。

学校没有统一的教材，只有各州颁发的教学大纲。美国小学的教师会根据孩子阅读水平选择合适的分级教材，不同阅读水平的孩子都可以找到适合自己的题材。

Part 2 小妞：留学美国一年

孟乐水 / Amy：在美国上小学时，小妞6岁多，在国内公立小学仅上了一年级上学期，英文水平一般，只能听懂简单的问候语，字母没认全，也不会写。

爸爸是哲学学者。

妈妈曾经是中学教师，后做全职妈妈至今。妈妈曾经自创结合国画、古诗的艺术早餐，爱做手工，也喜欢与大家分享文字。小妞在妈妈的熏陶下，颇有艺术气质。

赞美和鼓励使孩子更容易找到自信，更热爱学习。

• 因祸得福，接收学校从7分到10分

美国采取就近入学的原则，入学手续非常简单，向所在区教育局提交合法身份证明、住址证明以及体检报告等资料就可以申请入学了。所以我们到美国的第一件事就是租房子。签好租房合同后，我们把入学所需要的资料提交给区教育办公室。一般而言，当天下午办公室工作人员就会发邮件通知学生入学的学校和日期。但不巧的是，我们所在的加利福尼亚州帕罗奥图市，不承认在国内国际体检中心所做的TB（肺结核检测）报告，必须在本地再做一次。我们赶紧找了个最近的美国药房连锁店（CVS）里的诊所，做了TB。医生给了阳性的诊断书，还需要做个血检。因为中国人一出生就打了肺结核疫苗，一般皮试会是阳性。我们得先预约医生，请他开出血检单，然后做检查，3天后出报告。一系列的意外事故使得小妞的入学时间整整推迟了一周。

“塞翁失马，焉知非福”，我们所住的区对口小学是个7分学校，因为推迟一周上学，教育局说对口小学没位置了，便把我们安排到距离小区较远，但却是10分的学校。后来我们得知，在美国，满分的学校和非满分的学校，师资、硬件等各方面还是有较大差异的。美国孩子上学也要看学区，好学区与差学区差别很大。

提交材料后，当天下午我们就收到学校秘书发来的邮件，介绍了小妞上学的班级

以及老师，并且提醒我们可以提前预约参观学校，秘书会回答我们提出的所有问题，并被告之入学日期是下周一。

周五一早，我们就去了学校办公室和秘书会面。她带领我们参观校园。小妞的学校，从K到5年级，共有23个班级，500多人，算是个规模较大的学校了。教室都是平房，围着中间的大草坪而建。就500多个学生而言，孩子们的活动空间算很大了。秘书说，学生可以自带午餐，也可以在学校买饭，每顿4美元多，周一把钱放在信封里，写上名字和班级，放在办公室指定桌子的第一个抽屉里。食堂就在办公室对面，午餐时间，孩子们可以排队领午餐，然后到各自班级的指定餐桌吃饭。餐桌都摆放在教室外面的走廊里。秘书给了我们一份下周的午餐菜单，可以提前了解。秘书还介绍，学校有课后班，可以到学校网站了解并报名。

• 上学第一天："我好紧张。"

周日晚上，我们开始准备周一要带的书包，只需要带上一瓶温水和用于加餐的非坚果类点心，我们和小妞商量好要点的午餐，怕小妞不知如何点单，我们还把午餐写在小纸条上。

周一阳光明媚，上学第一天小妞并不放松，走在路上和我说："我好紧张。"我安慰她："宝贝，这很正常。如果妈妈到一个新的班级，也会紧张。不过妈妈相信你一定行。"

我们找到小妞的教室Room29，见到了班主任Mrs.Hart老师。Hart是一个比较年轻的孕妈妈，很温和地和小妞说话……见面就递给我一些资料，让我回家看看，然后说有什么问题尽可以问她。我问她，带加餐（snack，10点钟时他们有个加餐）有什么要求，对服装有什么要求。老师说，孩子可以带任何她喜欢的食物，还可以穿任何她喜欢的衣服，连衣裙也没问题。除了周三会有比较多的活动，最好穿运动鞋，其他没有要求。小妞高兴坏了，这回她可以尽情穿自己喜欢的裙子了。

我说："你看起来好年轻！"老师赶紧说："但我已经是工作7年的老教师了。"我忽然意识到这是个不同的文化概念，在中国，年轻是赞美，但美国人可能会以为你认为她没经验，所以我赶紧又说了句："你如此年轻却非常有经验。"老师笑了："我很早就开始做老师这个工作了。"

打铃时，老师让孩子们先在教室外面排队，再进教室。孩子们都知道今天来了一个新同学，很热情地停下来跟小妞打招呼，还有的用中文对小妞说："你好！"老师把班里几个华裔同学邀请过来告诉小妞，这几个孩子都会说中文，他们可以帮助你。

我如实告诉Hart，小妞英文很一般，老师安慰我说："不用太担心，也许她刚开始会跟不上，我们都会帮助她。学校还会有老师专门辅导小妞。每周两次，每次1.5小时。"

后来我了解到，学校为英语非母语的孩子开设了ESL课程。小妞刚上学没几天，学校就派专门的老师对小妞进行英语水平测试，她被判定为英语初学者。学校指派了一位辅导老师，每周2天，3个小时，总共6周，为小妞辅导英语。如果孩子需要继续辅导，可以延时。学校还有一种ESL（English As Second Language）项目，为全校英语非母语的学生开设。小妞学校有3～4个ESL专家，每周不定时给学生单独上课。总之，学校会想很多办法来帮助学生学习英语，真是很贴心。

• 这个学校棒极了

下午2:40，我们准时去学校接小妞。铃声响起，小妞班主任Hart打开教室门，站在门口。孩子们一个个排队出来，有的和老师拥抱一下，有的向老师挥一下手，还有的把脸贴在老师的大肚子上，一一告别。小妞和老师拥抱告别后，蹦蹦跳跳，满脸笑容地向我们走来。

我惊喜地问："宝贝，今天感觉怎么样？"

"非常好。"小妞笑嘻嘻地说，完全没有一早的紧张。

"能听得懂吗？"我又不放心地问。

"听不懂也没关系。我的同桌会帮助我。他是个中国人，会说中文。他叫Mark。"小妞轻松地回答。

我问Hart，今天小妞表现怎样。老师笑着说："Amy非常nice，很爱帮助人，爱画画，今天吃了热的午餐，还交了几个朋友"。我表示了对小妞英文的担心。老师宽慰说，虽然现在英文跟不上，但再过一段时间孩子会跟上，这个学校经常有转学来的孩子，一般3个多月后，孩子的英文就会进步非常大，而且也会开口说了。老师让我们不要太着急，给孩子时间。然后还说，如果小妞有任何困难或者需要，随时都可以和老师提出。

在回家的路上，小妞特别兴奋地和我们聊今天上学的情况。"这个学校棒极了，我特别喜欢，和在中国上学有很多不一样的地方。上课想去洗手间，不用报告老师，只要拿着一个写着'girl'的通行证，放在自己的座位上，就可以去了，回来时，再把通行证归位。上课很自由，有些孩子可以躺在地上、桌子底下……老师不会骂人，如果孩子做错了事，老师只会说，某某同学，请不要这样。”

• 老师的礼物袋里装了什么

小妞带回了一个写着她名字的文件夹（folder），封面上印着几个大大的词，分别是责任、秩序、行为、所有权、年表。翻开后再看，左边写着家庭作业，有几页数学习题的纸和一首韵律诗。这是要在家完成的，每周一带回家，周五上交老师。美国老师差异性比较大，也有的老师周五发放作业，要求周一上交。我比较喜欢小妞班级老师的安排，这样小妞周末就不用硬性做作业，时间自由。

文件夹的另一边写着信件通知、表格、学生作品等，里面有一张小妞的画作。小妞说，今天在教室画画时，所有的孩子都围过来看，并且不停地说：“It's so beautiful！”小妞对此很得意，也收获了很多自信。

书包里还有一个小的白色的纸袋子，小妞说这是老师给她的礼物。我们打开一看，有铅笔、书签、橡皮、聪明豆、救生圈糖果、贴贴纸，还有一封信，信里对每一样小礼物的含义都做了一一说明。铅笔代表你所要学的东西，也许在学校生活你会遭遇一些困难，但同时也会有很多乐趣；书签代表你将要读很多很多书，所以送给你一个书签让你开始阅读；橡皮表示即便你犯了错误也没有关系，都可以改正过来，并且可以用橡皮擦去；聪明豆意味着，老师明白你很聪明并且非常特别；救生圈糖果提醒你，无论你遇到什么困难，我都会和你在一起并且帮助你；贴贴纸意味着我们全班同学要作为一整个团队紧紧地团结在一起，努力合作完成我们的任务。

这些对孩子的鼓励真的很温暖。难怪小妞说，尽管刚开始很紧张，但上完一节课后就再也不紧张了，而且整个学期中，她没有一天不盼望着上学，甚至周末或者放假时都舍不得离开学校，巴不得早点结束假期回到学校。可见学校对小妞的吸引力有多大。

美国课堂的氛围自由、宽松，但并不是没有规则

来美国之前，关于美国的课堂的传说很多，给我的印象是美国的课堂毫无规则，大家可以随随便便。

有次小妞放学回家自言自语，说："妈妈，老师太宽松了，如果不那么宽松，孩子们可能会听话些。"

我不禁十分好奇，美国课堂到底是怎样的呢？真的像传说中那么乱七八糟毫无纪律可言吗？如果真是这样，老师上课的质量该如何保证？事实到底如何呢？为了更好地了解小妞在学校的情况，也为了亲眼观察美国老师如何教学，我向学校申请了义工。通过亲身参与课堂后，我发现，美国的上课方式与中国的有很大差别。

• 上课期间，校长为何来了

周二我在班主任课堂跟了一天的班。上课时，老师召集孩子们到教室一角的半圆桌前，给大家讲解这个月要完成的一个家庭作业，就是写"timeline"（时间线，类似成长轨迹），每个孩子可以在父母的帮助下，做一个时间线贴画，从出生到现在（6岁），每一年选出一件有意思或者印象深刻的事情，洗出一张相关的照片，画画也可以。老师做了一张自己从出生到6岁的时间线贴画，给孩子们一一讲解。

老师要求大家认真听讲解，不能随便插嘴。如果有孩子不认真听，老师会温和地说，某某同学，请你先到自己的座位上做准备，如果你认为自己准备好了，随时可以过来加入我们。在讲解时间线的过程中，有3个男孩分别被要求去做准备。有个名叫威廉的男孩特别调皮，第一次去做准备时，还没走到座位就说自己准备好了，然后过来听。但一会儿又插嘴，老师又一次说："我觉得你还没做好准备，请你再去准备一下。"老师不会规定要做多长时间的准备，孩子们即便还没走到位置就认为自己准备好了，老师也不会否定他，而是选择信任他。这就是所谓的"time out"（暂停）——只要孩子破坏规则，老师马上会停下讲解，及时阻止，让他去做准备，语气和讲课时一样平静，没有流露任何否定，也不带情绪，表情如常，所以孩子们不会感到不舒服。老师讲解完后，有一个自由提问时间。这时的规则就是举手之后再说话，而不是胡乱抢着说。

在下午词语学习环节，男孩威廉又有好几次不遵守规则，随便插话，被老师警告了几次之后还是没有好转，老师当场打电话到校长办公室。自由阅读时间，孩子们都分散在教室各处阅读时，我发现校长推开教室的门，悄悄地进来了。

校长、班主任和威廉坐在一张书桌前，轻声聊了大概5分钟，又悄悄推门走了。和校长聊过后，接下来上课时，威廉的表现就好多了。

这样看来，其实美国课堂并不是传说中的毫无规则，孩子违反了纪律，老师还是会采取措施的。比如“time out”或者“call the office”，但是他们的课堂却是自由的，比如在自由阅读时间，孩子们就可以随意，有的躺在地上，有的钻在桌子底下，有的趴在地上，有的躲在角落里……

• 没有课间休息……老师什么都教

有一天，小妞回家说：“妈妈，美国小学和中国有很多不一样的地方。”

“有什么不一样啊？”

“我们不是一节课一节课的上，没有10分钟课间休息时间。不过有加餐时间，10点的时候，大家都可以吃加餐，也可以去操场玩。”

“老师很厉害的，什么都教。”

后来我去做义工时，才知道，原来这里小学上课的形式和中国真的完全不一样。小妞所在的学校，都是按照教室编号来分班的，比如，小妞的教室是29号，就称为Room 29。老师固定在这个教室，不会随着孩子的升级而升级。老师是教一年级的就一直教一年级。每学年开始都会迎来一年级新生。而升级的孩子全部重新分班。所以每学年，孩子们会去不同的班级，遇见不同的老师，认识不同的同学。升到五年级时，我想大概孩子会认识学校里同一年级的每个孩子，认识全校的大部分老师。

除了音乐、体育、艺术和科学实验分别有专门的教室和教师，小妞班级的其他主要课程，比如阅读、写作、数学和社会研究都是在Room29，由班主任老师来教。而且一年级最主要的课程，阅读、写作和数学每节课都长达1个小时。课与课之间没有休息，上完1个小时的阅读，马上接着上1个小时的数学。上午和下午的课间也没有很长的休息时间，除了50分钟吃饭时间，午饭时间一结束就开始下午的课程。

但孩子却没有感觉到累，这得益于多样化的上课形式，比如，上阅读课，并不是孩子们坐在固定的位置一直听老师讲解。而是有多种形式，比如，老师为大家朗读，分小组朗读，老师也会分组指导阅读和讨论。而在自由阅读时间，孩子们随便怎样都可以。

早就听说美国是个热爱阅读，全民阅读的国度。来美国半年多了，这种感受越来越深。我经常在路上遇见美国人边走路边看书，在图书馆，人们都拿着大大的购物袋，借一袋子书。而在小妞学校隔壁的公园里，我经常看到一个在垃圾箱里翻找东西、花白胡子的流浪汉也坐在桌子旁入神地读书。

美国全方位支持阅读，甚至连流浪汉都沉浸在阅读中，美国人热爱阅读，名不虚传。

• 课程表上，阅读是一门独立的课

上学第一天，我认真阅读了班主任给的资料，内容包括老师和班级的联系信息、学校的户外活动信息和安排、班级的一周之星活动、家庭作业的要求细节、班级的一天课程安排等，非常详细，看了之后，父母对孩子在学校一天的活动了如指掌。

看看一年级学生都要做哪些作业？果然重视阅读。每周，老师会让学生带回2本适合学生阅读水平的书，每天要求最少阅读20分钟，每本书在归还之前每周至少阅读2次。数学每周会做4页作业，每天一张，周一发放，周五上交。每周要读一首诗，每周至少读3遍。

再来看看他们的课程表：半小时做作业；1个小时写作；20分钟加餐；1.5小时学习数学和单词；50分钟吃午餐；下午15分钟大声朗读；1个小时阅读；半小时学习科学或社会研究；最后10分钟打扫清洁。下面还注明，周一和周三有特殊课程。后来得知这个特殊课程是每个年级每个学期轮到一个班级，当天下午有1/3的孩子去上体育课，1/3的孩子去图书馆，1/3的孩子去上音乐课。周五还有科学实验课。从课表时间来看，阅读和写作占大头。阅读作为一门独立的课，这与国内“课外阅读”不同，在国内阅读是孩子的额外作业，在课程表上不受重视。美国小学重视阅读真是名不虚传。

• 每个教室都有一个小小图书馆，每个孩子都有一个书盒

只要走入美国小学教室，就会发现，每个教室都有很多书。有些教室甚至会特地留出一块空地，布置成一个小小的图书馆，有舒适的沙发，矮矮的书架。孩子们闲暇时可以随时挑选自己喜欢的书来阅读。

每个孩子都有一个小小的书盒，里面有老师为孩子们挑选的适合他们阅读水平的材料，主题内容丰富，体裁多样，每个月还会更换一次。

学校图书馆从早上8:00一直开放到下午15:30。在这期间，孩子只要有时间，随

时可以去图书馆看书。放学之后，家长可以带着孩子去图书馆阅读。每个孩子都有自己的借书卡，可以随时借自己喜欢的书，借书时间为2周，期满后还可以续借。

每周都有一节图书馆课。在这里，图书馆员会为孩子们大声朗读，还会带着孩子们做各种游戏。小妞很喜欢，经常回来说，图书馆课时间太短了，觉得没上够。小妞也会经常借回自己喜欢的书和我们一起阅读。

学校还时不时举办阅读竞赛。每个月发放一张阅读记录表，孩子每读完一本书就记录下来。如果谁最先阅读完200本书，就可以得到学校的奖励，奖品也是书。

• 阅读“一帮一”

有一天，小妞回来说：“妈妈，今天有五年级的孩子来我们班级。我认识了一个会说中文的姐姐，她在中国待过4年呢。”

“是吗？那太好了。五年级的大孩子来你们班做什么呢？”

“陪大家一起念书。小孩子念给他们听，他们会提问题。”

在之后上学的过程中，小妞还经常提到，又有大孩子来教室和他们一起阅读，有时还给他们表演，有五年级的，也有四年级的。后来我才明白，原来这就是美式的“一帮一”活动。

小妞刚去美国时，还不能阅读，大孩子就陪着她一起读，或者读给她听。选的书是教室阅读角或者小妞书盒里取的，也有校图书馆借的。后来小妞慢慢开始阅读了，大孩子就会让小妞读给他听，问一些简单的问题，还夸小妞读得好，努力有进步。小妞回家不止一次说起，自己真的很喜欢大孩子来课堂，还和其中几个大孩子成为朋友，在学校里遇见，彼此打招呼。

我想，这大概就是他们学校设计和安排的常规性教育活动。大孩子和小孩子都会有收获。大孩子培养起提问、辅导、归纳的能力以及帮助他人、从小做义工的习惯。而小孩子天性就很亲近大孩子，会因为大孩子的帮助和赞美而更喜欢阅读，一举两得。

• 社区图书馆，一键搞定

在校外对阅读进行支持的便是这个城市发达的社区图书馆。我所在的硅谷帕罗奥图小城，面积不过60多平方千米，人口不足10万，却有5个大大小小的社区图书馆。

其中有1个是儿童图书馆，另外4个综合图书馆里都设有儿童部，一般占楼下大半部分空间。

社区图书馆之间是联网的，资源共享。你可以在A图书馆借书，在B图书馆还书。除了取书和还书必须得亲自去图书馆，借书也可在网络上进行。

比如你要借一本书，可以在线查找，系统会列出所有图书馆该书的状态，若有可借的，你可以预订（hold），然后在离你最近最方便的图书馆取，工作人员会把该书放在你要求的图书馆预订处，你在规定的时间内去取就可以了。如果你对取书时限有要求，可以在预订时，设定某某时间后就不需要了。如果在你要求的日期内，该书不能有效利用，系统就会自动取消你的预订。这种规定同样适用于借阅DVD、CD。

如果该地区所有图书馆都没有你要借的书，你还可以要求跨区借阅。图书馆会帮你查找，有结果时邮件通知你。

图书馆对借阅数量没有限制，你一次借多少本书都没有关系。我有一次最多借了60多本。借书到期前两天，图书馆会发邮件通知你，你可以在线一次性续借，还可以多次续借。

还书也很简单，不需要借书卡，一些先进的图书馆外还有自动还书机器，一本一本扫描就可以。儿童图书馆还未普及这种还书机器，大厅一旁的墙上有两个窗口，一个窗口还书，一个窗口还DVD和CD。虽然是人工还书，但窗口也没有工作人员，窗口下面放着一个大筐，你把所有的书放到窗口里的大筐内就可以。

在我所在的区，儿童书籍没续期也没按期归还要求，无需缴罚款。据一个朋友说，如果不小心弄丢了书籍，也不用赔偿。当然正常情况下，我们总是尽量保护书籍，按期归还的。

无论是校图书馆，还是社区图书馆的儿童部，图书类型都非常丰富，大致分为以下三大类：绘本（picture books）；虚构类（fiction），主要侧重于各种虚构类故事；非虚构类（nonfiction）。按照主题和内容的不同，图书又被分为很多小类，比如运动类、科普类、历史类等。而每一类别的图书，又有难易等级之分，以适应不同阅读水平的孩子。

在图书馆不仅可以借阅书籍，还可以参加各种活动。比如为不同年龄的孩子所设的故事时间（story time），有专门的志愿者来给孩子读故事。图书馆也会经常邀请作者来与孩子互动。

图书馆还经常会举办阅读比赛活动，比如，暑假就举办了读书活动，只要在线登记自己读的书就可以注册参加。

总之，图书馆会想尽办法向孩子推广阅读，举办各种活动来吸引孩子阅读，创造各种条件为孩子阅读服务。

• 美国人的数学真的很差吗

我不止一次听说美国人数学很差，有人说买东西时，售货员算半天账，还算不对，得借助计算器。这样看来，美国人口算或者说心算能力比较差。但实际上，自从发明了计算器，口算和心算速度的快慢已经变得不重要了。

其实就数学研究而言，美国、法国和俄罗斯处于无可争议的领先地位。如果美国人数学真的很差，为何数学研究却远远走在世界的前列？

小妞带回的数学作业，都是与本单元数学学习相关的练习。每个单元都有一封写给家长的信，简单描述本单元孩子要学习的新概念、作业特点，可以借助什么工具或者游戏来进行练习，后面还有习题的答案。

我去小妞班级做义工的那天，刚好由班主任来上数学课。这样我也近距离观察到老师教数学的过程。

数学课时长1小时20分钟，学习10以内的加减法。这也是中国小学一年级的数学内容。但国内的数学学习，主要是通过做大量习题来提高运算速度，并不解释概念。小妞美国学校的一年级数学，是要解释清楚概念的。《加州数学教学大纲》里是这样描述的：研究孩子的认知发展，以及数学逻辑结构。因此美国数学教学会强调数学的基本概念和逻辑思维。

数学课开始时，老师先讲解数学作业，那天讲解的是数学练习上的一种数学工具“算式三角式”（Fact Triangles）：三角形中的3个数字体现了这些数字之间的加减关系（如三角形中三个角分别写有7、3、4，中间是＋、－号，孩子们要知道这代表着这样的算式：3＋4＝7、4＋3＝7、7－3＝4、7－4＝3）。孩子们做了好几种不同数字的算式三角式，来练习加法和减法。

第二个工具是数字会谈（Number Talk）。老师在一张大白纸上列出一个减法等式17－9＝______，让孩子思考，自己用什么方法得出答案？答案不重要，重要的是你用什么方法，是怎么思考的，要和大家分享你的思考过程。孩子要说出自己的想法，老师会根据孩子的表述，在白纸上一步一步写出推算过程。我觉得这个工具从多方面锻炼了孩子：第一，让孩子关注推算的过程；第二，让孩子意识到，可以用很多种不同的方式去寻求答案；第三，锻炼了孩子表达能力；第四，在这个过程中，孩子还可以把相关的数学知识联系起来，进行整合应用。

讲完数学作业，接下来孩子们就分成3组去做数学游戏。班里有7台苹果笔记本电脑、7台Ipad。一组孩子在苹果笔记本上做数学作业。有一组孩子玩一种叫“Make My Design”的数学游戏，游戏和现阶段学习的形状相关。孩子面对面，中间用纸质书夹隔开，各拿相同片数的形状，其中一个孩子用这些形状摆出图形，边摆边用语言表述摆法，对面的那个孩子根据表述也摆图形，完成后，孩子们把中间的书夹取掉，比较一下双方摆出的图形是否一样。这个游戏也锻炼了孩子的表达能力、理解能力、认识图形的能力以及位置关系。

第三组孩子玩的数学游戏也和形状相关：叫作接火车游戏。游戏道具有5种形状，每种形状有红、黄、蓝3种颜色和大、小2种尺寸，每次可以更换其中的一种。比如，一个孩子先拿一块红色的小三角形摆上，那么第二个孩子可以说，我想换一种形状，然后拿除三角形外的其他4种形状，但颜色必须是红色，尺寸也必须是小的。然后就这样不停地接下去，直到接成一条长长的“火车”。老师通过这样的游戏让孩子们认识图形的属性（形状、颜色、大小）。

每组孩子玩到一定时间就会相互交换，直到每个孩子都轮流玩完所有游戏。我觉得每学一个数学内容，老师们就用不同的教具和游戏让孩子们掌握相关的知识和方法。以游戏的方式来学习，趣味性很浓，所以1个小时20分钟不间歇的数学学习一点也没让孩子觉得漫长。

由此可以看出，美国的数学课结合了老师讲解、学生讨论、游戏等多种形式，内容上更注重对学生数学思维的塑造而非仅注重解题能力和技巧，更接近数学研究的方式。学校采取分层教学，数学程度好的孩子可以到更高层次的班级去上课，每个孩子都可以得到适合他们的教育。

“文明其精神，野蛮其体魄”，只要给予空间和机会，每个孩子都能享受运动的乐趣。

• 如此多的运动场所，孩子怎能不爱运动

来美国之前，我听说美国胖子比较多，但不知为何，在帕罗奥图并非如此。

小妞学校没有一个肥胖的孩子。我想，这得益于孩子们超强的运动能力，以及随处可见的运动器械和园地。

只要开车在帕罗奥图转一下，就可以看到，这里到处有标准的足球场、网球场以及篮球场。我们小区附近一座很好的学校——帕罗奥图高中里就有一个标准的足球场，每次开车经过，总能看到男孩或者女孩在那里踢足球。

小妞学校隔壁的Mitchell park里面也有大片的草坪和网球场、网球练习场。每天放学后，很多孩子都在这里运动。也有一些成人在网球练习场练习。我经常看到一对头发花白，但背影非常年轻的老夫妻在练习。

对于更小的孩子来说，这个公园至少有5个区域可以供他们玩耍。公园的设施配备适合不同年龄段的孩子，有沙坑、带保护带的秋千，还有滑梯，公园的地面铺有碎木屑或塑胶地垫，最大程度保护儿童运动安全。

小妞学校也有大块的草坪，围绕着草坪的是操场，操场上有好几个篮球架，和一面练习网球的墙，还有至少3处的学生乐园，有滑梯、攀爬的绳索架以及Monkey bar。一到放学，校园里非常热闹，孩子们有打篮球的，有攀爬的，有玩滑梯的，有在草坪上跑步的。这里的孩子很喜欢玩Monkey bar，玩的时候，他们动作灵活像极了小猴子，我猜想，这就是这种器械叫Monkey bar的原因吧。

小妞的运动能力算很不错了。但来这之后，我第一次看到美国孩子玩Monkey bar还是惊呆了。他们矫健灵敏，不亚于杂技表演者或者体操运动员。有些孩子能来回玩5～6次，而且很轻松，有些孩子还能转圈……在他们的带动下，小妞现在也能玩一个来回，开始练习高难度的动作了。

小妞学校除了周三是13:40放学，其他都是14:40放学，所有年级都一样。只要一放学，小妞总是在学校和公园里玩到16:30才回家。再加上上午的20分钟的加餐时间和50分钟午饭时间，小妞一天的户外活动时间至少有4.5小时。这对一个天生爱动的孩子来说足够了。

在学校，我遇到一些中国家长，与他们聊起的孩子的情况，多是刚来时啥都不敢，运动能力比较差，在这里待久了，现在和美国孩子差不多。看来只要有机会，给予他们场地，每个孩子都会发现自己的运动天赋。

• 体育课就是游戏课

每一个新学年伊始，学校会在校长说明会发放各种资料，通过家长会等形式来与家长沟通，使家长对学校开展的课程和各种活动都非常了解。这不，小妞上二年级时，就收到体育老师的一封信。在信里，体育老师介绍自己从事体育教育已有20年，是土生土长的本地人，喜欢徒步、水上运动、滑雪等各种运动。

在信中，老师还列举了这学年体育课的主要内容，就是各种游戏，在游戏中强调团队合作。高年级会有专门的肌肉训练、跑步比赛等难度比较高的活动。

小妞经常回来说，体育课就是玩各种游戏，比如，Tag游戏、分组抱球跑游戏、列队喷水游戏等。小妞很喜欢上体育课，体育课对服装没有强制性要求，只强调要穿运动鞋，对动作也不会有任何要求，所以每次体育课她都上得轻松愉快。

每周五下午，是全校孩子的“Have fun day”，即户外自由活动时间。这天下午不安排任何课程，学校的体育室开放，孩子们可以去借各种器具进行运动，比如篮球、足球、跳绳等。此时班主任老师担任着监管者的角色，也要在操场上巡视，保护孩子。

美国孩子在课后也会去上很多兴趣班，以体育类课后班最多，这些兴趣班有私人主办的，也有城市机构主办的，与小妞学校合作的运动课后班有一对一篮球、跑着玩等几种，这些课后班收费也比较合理。

我们所在的城市还有足球俱乐部，招收从4岁～16岁的男生和女生。我曾经带小妞去试训过，俱乐部有专业的教练指导，低年级的孩子们分组以游戏形式完成。小妞有个同班女同学，参加这个俱乐部两年了，技术和脚法还不错。孩子们每年都会穿着专业的足球服进行足球比赛。这其实是足球基础建设，为更高一级的俱乐部培养输送专业人才。

美国的家长很喜欢送孩子参加集体运动项目。有个家长跟我说："这样可以很好地培养孩子们的团队合作精神。"

在小妞学校，孩子们一般不考试，即使考试，孩子们也不知道成绩排名。但如果一个孩子在某个体育运动项目中表现突出的话，很容易得到其他孩子的羡慕和崇拜。小妞就经常回家说，哪个同学Monkey bar非常厉害，哪个同学能够在草地上连续空翻等，口气里满是仰慕之情。

文明其精神，野蛮其体魄。羸弱的身体撑不起文明的精神，人在小学阶段就该多做体育运动，而不是静坐书斋。研究表明，增加户外活动时间是预防孩子近视的最好方法。在美国，确实很少见到戴眼镜的小孩子，这与美国社会、学校、家庭注重孩子体育运动分不开。

对科学实验的规范，并不因为孩子还在小学阶段而忽略。

• 大开眼界的科学课

在体验小学课堂时，我目睹了科学课的过程。

那是一堂关于种子的课。首先，老师发给每张课桌一把浸泡过的芸豆，让孩子们把芸豆的外壳剥掉，观察它的各个部分。老师还发给每个同学一个芸豆样小记录本，

记录本的第一页是芸豆的剖面图，老师带领孩子认识豆衣、豆身、豆芽和豆叶部分，并把这些部分涂上不同的颜色。接着，老师又发给每个孩子标有自己名字的透明一次性杯子和几张餐巾纸及4颗芸豆种子。孩子们把餐巾纸揉成松松的一团，放在杯子里，再把芸豆种子放在餐巾纸的不同位置，但都能从杯子外面看到。老师拿着小喷水壶，给每个孩子杯子里的餐巾纸喷水，然后把这些杯子放在教室的窗台上。孩子每天去上学，第一件事就要观察芸豆，并在记录本上用绘画和文字的形式记录下种子的变化。

孩子们要观察记录一周，直到芸豆发芽，然后把这些发芽的种子移植到学校的菜园里。学校教室外专门有一大片土地，用来种植各种蔬菜和水果，以便孩子观察和了解植物生长的过程。

经过他们的菜园，可以看到孩子们上学期种的南瓜都结出金黄的果实，苹果树上也挂满了红苹果。

5月份学校会举办Science lab展览。孩子们可以申请一个主题，根据科学实验的步骤和要求，做一个实验，然后形成报告展示给大家看。到了实验展览那天，家长们都去参观。

孩子们做的实验五花八门，什么都有，真的是叹为观止。有测试马铃薯是否导电的，也有通过齿轮转动来生电的……更有其他很有趣好玩的实验，比如有人会观察一片面包在什么温度和湿度下，细菌会生长；还有一个爱美的女孩测试哪种牌子的指甲油最牢固。这些实验特别好玩有趣，有仅仅用图片文字展示的，也有可以操作的。孩子们展示的实验报告也丰富有趣，有画图、有照片、有图表，孩子们都在试图采用各种方式和手段来完善自己的实验报告，而且写法相当规范，全部具有以下内容结构：提出问题或假设—使用材料—实验过程（步骤）—实验结果—实验结论。无论实验主题如何奇怪，实验报告都很规范。老师们并没有因为做实验的仅是小学生而忽略任何细节。

这样的实验报告展览每学年一次。如果不是因为小妞刚来没多久，我们肯定也要申请一个主题来参与。

学校和老师会想尽各种办法，采取各种形式来吸引孩子参与到课程中来，并且享受自己的创意带来的成就感和愉悦。

• 2个月后，小妞口语进入爆发期

儿童的语言学习很大一部分是在模仿中进行。仅仅在学校耳濡目染两个多月，小妞就进入口语爆发期了，回家后会模仿老师和同学，即便有听不懂的单词，她也能模仿出读音，然后问我们什么意思。

在一次出游路上，小妞甚至要求我们全部讲英语，不能用中文。尽管她当时才刚刚上学两个月。她还经常自己编英文儿歌来唱。

从进入学校的第一天起，我们就到图书馆借适合她的书来读，并采用小妞先跟着我们读一遍，再自己读一遍，最后一起读一遍的方式。每天读一本书，每本书读3遍。长期坚持下来，她阅读进步明显。从刚来时，不能独立读完一本Level 1的书，到现在能独立阅读简单章节书本（字很多，图很少）。我按照书里的方法给小妞测试了阅读水平，她现在独立的阅读水平是2-B（Hard Second Grade），而在指导下的阅读水平是3-A（Easy Third Grade），已经跟上相应年级的平均水平了。

一学期结束迎来了暑假，我给她报了两个音乐剧夏令营。我当时非常担心她无法融入全英文环境，她要记台词、学动作，还要听懂老师的指导。没想到，夏令营第一天，小妞就非常兴奋，她喜欢表演，不但把自己的台词、歌曲、舞蹈记得一清二楚，还把其他人的一些台词、歌曲和舞蹈表演得很顺畅，甚至跃跃欲试准备在家里自己写剧本来表演。

二年级开学后，小妞说上课没什么困难，老师和同学讲的大部分她都能听懂。她回来转达的老师的信息也都十分准确。

由此看来，只要浸泡在全英文的环境中，输入足够多的英文，她的口语就很快熟练起来。

而且，我相信，在美国一段时间的学习，带给小妞的不仅仅是口语的改变，更多的是看待世界多元化的思维方式。

Alice的YMCA之旅

陈晓颜　采写

Alice：13岁，就读于武汉外国语学校，8岁时独自飞往美国参加YMCA夏令营。
妈妈：曾经为公务员，后致力于推广探索中国的营地教育。
爸爸：高科技企业CEO。

曾经，我是一个无忧无虑的女孩子，在父母的期待中做着好学生，然后按部就班地在政府机关工作，生活波澜不惊。女儿Alice2004年5月出生后，看着她懵懂纯净的眼神，我突然间意识到：这个小孩儿的未来与我休戚相关，在她还没有能力做判断的时候，如何引导她，是我们家长需要思考的问题。回望我们这代人走过的道路，我多么希望她能够尊重内心的声音，走一条属于自己的精彩之路。

家长说

从女孩变成妈妈，充满惊喜和幸福，但从此也踏上了一条自我觉醒和成长之路。在陪伴Alice成长的过程中，我选择了不盲从，不急躁，站在她背后默默支持。

• 7岁之前，每一天都告诉她：“Baby，have a nice day。”

Alice3岁之前，我希望她像公主一样善良、可爱、无忧无虑。我把她的房间装饰成粉色公主房，为她买粉色蓬蓬裙，请老师教她学芭蕾。6岁之前的Alice是家里的开心果，每天都滔滔不绝给我们讲述幼儿园的故事，展示她的各项“绝活”。

6岁，Alice就读国际学校后，开始酷爱运动，无运动裤不欢。她不再喜欢“公主范”，迷上了街舞、HI-POP，我又请了来自俄罗斯的古典爵士老师教她声乐。她不再喜欢跟我们分享自己的生活，甚至未经她的同意，我们不能擅自在朋友圈发布她的信息，Alice变成了一个酷酷的小女生。

曾经Alice喜欢绘画，我也认为提笔画出眼中的世界是人生一大幸事，于是，把她送去学画画……

她还喜欢钢琴，喜欢游泳，喜欢各种运动……

我希望自己成为女儿身后那个默默支持她，给她力量的人。所以，我像一只猎鹰，陪伴她寻觅着未来飞行的方向。

她兴趣太广泛，也太善变。作为妈妈，我就站在她的身后，喜欢，就陪她往前走，不喜欢了，我们就中途停止，彼此很少纠结。

唯独英语和旅行，我们似乎也达成共识，谁也没有放弃。

我跟Alice说："我们是世界的孩子、地球的孩子，中文是美丽的语言，但还应该掌握另外一种语言，就是英语，只有这样，你长大以后才能够走出去。"因此，Alice3岁开始学习英语，一直坚持到现在。

我一直相信"读万卷书不如行万里路"，Alice很小的时候，我们就开始带她去旅行。6岁之前，我们去的主要是香港地区、日本、东南亚这些比较近的地方，还曾经带着她坐邮轮去迪拜，里面有儿童中心。早上，我们把Alice送去，与来自世界各地的孩子一起玩，她自己安排时间，每天玩得乐不思蜀，很晚才回来。我们希望她能够从小就学会与世界各地的孩子交朋友，这样她长大以后，才能更快融入这个多元的世界。她7、8岁后，我们开始带她去美国和欧洲。

应该尊重孩子成长的特性，把属于他们的时间和空间还给他们。

• 女儿9岁，我把她推出舒适区

我跟Alice的爸爸都很忙，但我们还是坚持在她7岁之前，每天陪她一起吃晚饭，聊聊一天发生的有趣事情，晚上跟她说晚安，给她一个睡前吻。早晨，当她背着书包离开的时候，跟她说，宝宝，好好享受这美好的一天，让她在成长过程中充满安全感。她7岁之后，我们开始慢慢学会放手，试着跟她分开一周、10天、一个月，当她再回到家里时，会更加珍惜享受家庭带给她的温暖和爱。

2012年暑假，我们带着Alice去美国朋友家拜访，很奇怪他们的孩子都不在家。朋友说，美国的孩子一到暑假就会去参加各种夏令营。

我们在当地报了一个旅行团，坐着大巴游览美国的东西海岸，一圈走下来，感觉很累，很枯燥，大部分时间都坐在巴士上，正所谓"上车睡觉，下车拍照"，孩子更是觉得无聊。巧的是，车上有一个跟她年龄相仿的混血小孩，他们两个人一路玩着各种游戏，不亦乐乎，而大人眼里的美景对他们来说毫无意义。这件事引起我的思考，7岁之前的孩子对自然环境带给他们的冲击到底有多大感悟呢，是我们站在大人的角度过于安排孩子的生活了吧。后来，我们去体验了地中海的豪华游轮，我又把Alice放在全英文的环境里，她早上背着自己的书包到儿童中心，自己吃饭，自己安排时间，很晚才回来，非常快乐。这时候，我在想，也许，我们应该尊重孩子成长的特性，把属于他们的时间和空间还给他们。

2013年暑假，朋友说："你把孩子送来美国吧，给她报一个为期2周的YMCA坎贝尔夏令营。"虽然，Alice才9岁多，从没有独自远行这么长时间，我还是想尝试着把她推出舒适区。但Alice似乎有点异议，她说："我不是特别想去，怕自己会想家。"我跟她说："你总有一天会一个人面对这个世界的，现在只是一个预备练习而已。"Alice说："那好吧，就去试一试。"于是同意了。"

初次独自一人到美国，Alice有点紧张，朋友安排她先在家里住了几天，适应一下美国的日常生活，然后再去营地。Alice说："开始的那几天，我发现美国人都很友善，也比较热情，紧张的神经就逐渐松弛下来，开始期待夏令营的生活。"

如同音乐，参与各项活动也是世界通用语言，在一个需要大家协作的团队里，融入是不需要理由的。

• Mary的拥抱让Alice放松了

朋友把孩子送到营地，Alice在签到处找到自己的Camp No。按照营地的要求，孩子们的手机都要由教官统一保管，出营后再发还给大家。

然后要完成多项健康问卷的调查。包括当前身体状况，是否对某类食物过敏、爱好、性格有哪些，不喜欢做什么，不能做什么等，夏令营会通过这些问卷对孩子有一个初步了解，以便对他们进行更加细致周到的管理照顾。

营地的工作人员还会对参加夏令营的孩子们进行身体检查，并对个别孩子带入营地的所有药物或辅助药物进行检查和登记。家长需要将药物的名称、作用、服用方法等标明清楚并签字，在药物瓶上贴上标签。

进入营地后，眼前的美景让Alice惊呆了。

“营地太美了，山水相依，绿树成荫，到处都是小木屋，我们Team的8个女孩，还有一个生活老师Mary住在这里。Mary来自澳大利亚，是志愿者，既漂亮，也很nice。她24小时陪伴我们，照顾我们的生活起居。不过，走进木屋，当我看到房间里大部分都是西方面孔，有美国人、欧洲人，还有一个日本人，并没有自己熟悉的中国人时很紧张。Mary给了我一个大大的拥抱说‘欢迎你，Alice，遇到困难请告诉我，我会帮助你。’然后，我们大家围坐在一起，开始自我介绍，最后Mary说‘大家都来自不同国家，需要团结在一起’，我们Team的同学们都很热情友好，几个女孩很快就熟悉了，开始聊之前看过的几部美国特别火的电影，还聊各个国家的特色。我完全放松了下来。”

初到陌生环境，Alice有一点内向，但由于她从小坚持学英语，又在国际学校上学，交流不是很大的问题。我也相信，运动是世界通用语言，它会成为孩子们交流的纽带，所以，把孩子交给营地教官后，就放心地离开了。

那一刻，孩子们开启了真正的夏令营之旅。

YMCA坎贝尔夏令营有很多水上活动，比如水上滑板、排球、游泳比赛等，所以，孩子们到达夏令营的第一件事就是进行游泳测试，并根据测试级别佩戴黄色、绿色、橙色手环，直到夏令营结束。如果经过测试，游泳级别很高，则佩戴绿色手环，意味着教官在活动中不需要特别注意这个营员的安全，如果会一点点游泳，则需要佩戴黄色手环，需要教官进行安全警戒，如果一点都不会游泳，则佩戴橙色手环。在整个活动过程中，教官会特别关注橙色手环的学员们，可以让家长放心的是，教官与参加夏令营孩子们的比例为1:8。夏令营结束时，孩子们都能学会游泳。

入营第一晚的篝火晚会令Alice很难忘。Alice后来回忆说：“老师们表演着各种绝活，有魔术，有笑话，还有老师的绝技。我们被逗得捧腹大笑。他们亲切、幽默，极富感染力，在他们的带动下，我们不由自主也跟着High起来。这个晚会也是一个增加沟通交流的机会，同学们彼此可以增进了解。坐在夜空下，第一次，觉得自己距离天上的繁星这么近，我被快乐的气氛感染了。”

“回到树屋，熄灯准备入睡，我突然有点思念爸爸妈妈，这是我第一次离开他们独自在外面过夜，不知道他们在做什么呢？在想我吗？”

“早上7点，我被Morning call叫醒，不经意抬头，发现窗边有一只小鹿望着我，跟它打招呼，小鹿竟然不害怕，隔着窗户，我们互相对视，第一次有这样奇妙的感受，自己就生活在大自然中，而不是城市的建筑森林中。不过，早晨的时间还是很紧张的，我跟小鹿嬉戏一会儿，就赶快穿衣起床，开始一天紧张的活动了。”

• Alice像赶场明星，辗转于各营地之间

YMCA坎贝尔夏令营的活动安排得丰富充实，家长完全不用担心孩子会无所事事，更不用担心他们会想家。看看日程表，你就会发现，他们几乎没有闲暇时间。

上午	
7:00 am	Wake up
7:45 ~ 8:00 am	Morning inspiration
8:00 ~ 9:00 am	Breakfast
9:00 ~ 9:45 am	Clean up
10:00 ~ 11:00 am	Activity
11:15 am ~ 12:15pm	Activity 2
12:30 ~ 1:30 pm	Lunch
下午	
1:30 ~ 2:30 pm	Rest hour
2:45 ~ 3:45 pm	Activity 3
3:45 ~ 4:00 pm	Snack
4:15 ~ 5:15 pm	Activity 4
5:15 ~ 5:45 pm	Cabin time
5:45 ~ 6:00 pm	Flag
6:00 ~ 7:00 pm	Dinner
晚上	
7:15 ~ 8:15 pm	All camp game
8:15 ~ 9:00 pm	Campfire
9:15 ~ 9:30 pm	Cabin closings
9:45 ~ 10:00pm	pm Bed time

我与Alice聊起在夏令营中印象最深的事，她说："要说对夏令营印象最深的，除了丰富多彩的活动，就是那个非常大的餐厅了。餐品很丰富，有沙拉、水果，还有酸奶、麦片、汉堡、三明治、蔬菜，不同国家不同民族的喜好都能兼顾到。夏令营工作人员很贴心地把容易引起过敏的食物过滤掉。早餐是自助，午餐、晚餐都需要自己点。我们跟生活老师还有教官围坐在一起，像家庭聚会。最开心的是午餐，吃完主食，我们就开始唱歌，不一会儿，甜品就端上来了。这可是我们孩子们的最爱。"

夏令营的课程非常丰富，第一次看这些课程，很多人都会出现选择困难。Alice也不例外。但是，她喜欢美食，热爱大自然，喜欢游泳，最终选择了烹饪、徒步、射箭、水上排球。

YMCA夏令营课程表

艺术体验	戏剧、珠饰加工、烹饪、手工制作、音乐、舞蹈、新闻、摄影、绘画素描、雕塑、皮革制造、录音和写作、时尚设计、园艺学、影子绘画
探险项目	背包旅行、攀岩、生态学、徒步旅行、射箭、自然学、越野、拓展活动、绳索课程
水上乐园	水上乐园、水上跳跃、跳水、游泳、水滑梯、水上排球、水球
体育活动	篮球、足球、英式橄榄球、飞盘、Gaga球、足球、垒球、板网球、排球、高尔夫、攀登墙练习

上午10点，营地开始进行夏令营的第一场活动，第一天，Mary耐心细致地指导孩子们如何找到自己的活动场地："每个项目都有相关的负责老师，只要根据活动手册找到集合地点，就可以跟着老师去上课。

第一个活动是烹饪，Alice对这个项目充满期待。

“我们把从树林里捡来树枝当作木柴，为了让它们充分接触氧气，需要把柴火架起来。老师教我们生火，看到火苗蹿起，就把烧烤架放在上面，我们被分成几个小组，大家分工合作，在上面烤蔬菜、主食，还有火腿，自己做自己吃。在我9岁的时候，第一次体验到在野外自己生火做饭，是很奇妙的感觉。”

“制作苹果派比较简单。老师自己先制作完成一个，然后放在台面上展示，再把器具分给我们，我们按照老师的步骤自己做，很快就完成。”

“早就听说，烹饪课上可以学到如何制作冰激凌，我从小就喜欢吃，当然想知道如何做了，一直很期待。终于，等来了那一刻。老师告诉我们把牛奶倒入一个模子里，加上白糖和鸡蛋，然后使劲搅动，加热一下，冷冻，这个过程还需要搅拌，看着变成固体了，就可以倒出来吃了。品尝着自己制作的冰激凌，觉得很神奇很幸福。我憧憬着，回到家里，可以做给爸爸妈妈吃了。”

第一场活动结束后，赶紧寻找第二个活动场地，然后快速跑过去。Alice笑言，自己像个赶场明星，辗转于各个场地之间。

另一个项目，Alice选择了徒步。

“我喜欢大自然，而且，YMCA坎贝尔（夏令营）的徒步很轻松。老师带着我们在山上走，边走边讲解沿途遇到动植物的相关知识，比如它们的特点、习性、属于什么科。如果我们在走的过程中，看到自己不认识的动植物，也可以问教官，他会很认真地讲解，教官像个万事通，似乎没有能难倒他们的动植物，因此，一路走下来，能学到很多知识。沿途不时会遇到小鹿、各种鸟类，松鼠更是随处可见。面对我们，它们照样悠哉闲哉地散步、觅食，不会躲避，也不会惊恐。印象比较深的一个可怕场景是远远看到

过一条蛇，老师不让我们靠近，然后就从它身上的花纹讲起，介绍蛇的种类、习性。每次徒步有1个多小时，走2千米的路程，很快就完成，总是意犹未尽。”

Alice很小就学会了游泳，测试结果，她可以佩戴绿色手环，因此，水上排球运动对她来说，就是充分享受跟水亲密接触。

“我们被分成两个队，每队有一个老师，中间设网，有一个兼救生员的裁判。游泳池1米多深，在游泳池中打排球可不容易，一边观察判断着球可能落水的方向，然后迅速游过去抢球，还要边游边把球发过网，如此反复。大家拼尽全力比拼，互不相让，老师们随时观察着队员们的情况，确保大家是安全的，裁判也很认真，公平公正。带着游戏的放松心情，又带着必胜的竞争状态，我们玩得不亦乐乎。不过，也累得筋疲力尽。”

射箭这项运动，Alice之前从来没有体验过，男孩子可能更青睐。但是这次，Alice说，她要体验一下金庸笔下成吉思汗“弯弓射大雕”的豪迈。于是，在YMCA坎贝尔夏令营，她选择了射箭。

“教官给每个人发一张弓。我们要站在一个类似栅栏的栏板后面，面向比较远的的箭靶射去，箭篓就在脚下。箭靶上有几个圈圈，里面标示1～10环，最中间的圆心是10，每一轮有两个人去射箭，差不多一轮下来之后每个人可以射上5箭。对于我来说，弓有点沉，拉起来很吃力，但我还是用尽力气，拉开弓，把箭射了出去。第一次，一箭都没射中，很失望。练习了几次，我发现了一个窍门，弓里面有个孔，只要让孔对着你想射的地方，十有八九是可以射中的。接下来，3环、5环、7环、8环，以至于最后的2次10环。我兴奋极了。大家都觉得射箭的轮数太少了，玩的不够尽兴。我们请求教官再多给几轮，他狡黠地笑着说‘no，next year!’看来，是诱惑我们明年再来，不过，为了能够再次玩这些游戏，我还真有点动心了。”

课程与课程之间，教官还会带着孩子玩游戏，锻炼大家的反应能力和团队合作能力。我们观看Alice带回来的视频，看到一个节目很有意思。10个孩子排成队，树上有绳索，下面是沙坑，孩子要从左边抱着绳索荡到右边，然后站在右边一个小木板上。木板不大，10个孩子不可能舒舒服服站在上面。绳索迅速荡回左边，下一个孩子抓住，再荡到右边，一个接一个，整个过程中，如果哪个孩子跌落在沙坑里，或者跌落在右边的地上，都要返回去重新开始，很有原则，孩子们很团结，配合很默契，互相也很关爱。在视频中，我观察Alice，她非常谦让，但很努力。大概是第一次跟外国孩子合作完成这个项目，她有点小小的紧张，在尝试着跟这些孩子交流。

我猜，这大概是她刚刚去YMCA时的状态，有一点点害羞，一点点不安，但是，跟同伴们相处几天后，Alice就变得完全不一样了。

“从第三天开始，我就交到了很多好朋友，有我们树屋的，还有其他树屋的。大家经常一起聊天，好像有聊不完的话题，出去的时候，也总是手挽着手，非常亲密。虽然偶尔交流不畅，但不影响我们说悄悄话，夏令营配备懂中文的老师，实在不行，会去找翻译。参加活动时，有一个小朋友跌倒，情急之中，我第一时间去找懂中文的翻译，请他协助寻找医务人员处理。与国内小朋友相比，来自世界各国的夏令营同学更加友好热情。记得，第一天午餐打饭的时候，有一道菜，我不知道如何用英语表达，一位皮肤很白，金黄色头发的女生主动走过来，帮助我跟打饭老师解释，那一刻，我觉得很温暖。如果是在国内，除非是好朋友，否则，别人是不好意思主动走过来帮忙的。

夏令营期间，有一个美国小朋友过生日，他妈妈给营地快递了3～4个蛋糕，老师特意选了生日歌，在音乐声中，我们每个人都为他送上了祝福。那天，我们放假，没有参加任何项目，就在营地一个活动场地上开心地玩。我猜，过生日的小朋友一定会终生难忘吧，这么多世界各地的好朋友陪她度过。那一刻，我还幻想，如果自己也能在这样的氛围中过一个生日该多好！”

旅行、留学、夏令营，都是让孩子坦然面对不同文化差异，学会接受，从而自省的契机。

• 面对舞台，美国同学“秀”的自信，Alice则“敬畏”

篝火晚会仿佛夏令营的一道甜点，是每个孩子的最爱。每个夜晚都有晚会，每次的内容和主题也不一样。有时候是魔术，有时候是歌剧，还有话剧，老师们同学们都表演得很认真，很投入。

“跟我们在国内参加的各种表演、晚会不一样，在YMCA，不一定要有很好的才艺，也不需要表演得很完美，只要想到台上展现自己就可以。我的那些美国同学，他们很自信，喜欢‘秀’自己，每个人都觉得自己是独特的，舞台对她们来说，是轻松随意的。但是，从小受东方文化的影响，舞台在我心中是神圣庄严的，只有准备好，我才有勇气走上去。”

• 分别时刻，所有人的眼泪都在飞

在夏令营的最后几天，Alice他们开始了排练，为最后的告别晚会做准备。“那是一个歌剧，每个人都有一个角色，还有几个同学自创了一首歌，在晚会上边弹吉他边演唱。我和几个同学说旁白，每人一句，人家演的都是打酱油的角色，但是，大家并不会因为角色小而不用心排练。”

“转眼，两周一晃而过，有的同学选择继续留在营地，体验其他的项目，还有一部分同学会离开。营地为孩子们举办了告别晚会，大家依依不舍，彼此拥抱，眼泪横飞。孩子们在晚会上一首歌接一首歌地唱着，以此来舒缓离别之情。老师们也对学员们依依不舍，搂着他们说：“我会想你们的。我们不说‘Goodbye’，我们只说‘See you later！’。”

“我最舍不得生活老师Mary，她是我来夏令营见到的第一位老师，对我们很友善，也很耐心，照顾我们生活起居。她也同样舍不得我们，边流眼泪边说，‘希望我们还能再见面’。同学们每个人都拿着小本子，留下各自的联系方式。”

虽然，Alice跟这些同学们现在联系不多，但也许有一天，他们会在哪里相遇。说起共同经历的那段美好时光，便是共有的回忆。所以，我常常告诉她，不要辜负你度过的每一段时光，因为，它们都会留在你的生命里，说不清楚未来的哪一天，它们会溜出来，滋养你的心田。

我们欣赏这样的教育，唤醒了孩子内心的快乐和自信，给了孩子更深的力量。

• 希望更多的孩子体验营地教育

Alice第一次远离我们，只身飞到美国参加夏令营，虽然只有两周时间，但我觉得像两年一样漫长。她回来那天，我和她爸爸很早就到了机场。因为飞机航班延误，我们等了2个多小时。我们站在出口处，远远地，看到一个小女孩瘦瘦地从远处走过来，手里抱着一个睡袋，背着硕大的背包。她头发有点长，有点乱，像是好久没有洗过，皮肤晒得黑黑的，像小乞丐从非洲回来，但眼神却坚定清澈。我无法自控，眼泪哗哗地流下来，老公看到我的那种状态，自己去迎接孩子。而我在远处一个角落平复情绪后，才跑向她。

经过了20多个小时的飞行，Alice依然精神很好，叽叽喳喳跟我们聊着她在夏令营的各种经历、故事，还有她的那些好朋友们。我觉得孩子变了，曾经，很长一段时间，她不太喜欢跟我们分享自己的事情，性格变得有一点内向。但从夏令营回来，她像换了一个人，开朗、热情、充满力量。回到家里，她主动地帮我们分担家务，体恤家长，日子仿佛又回到了她的孩提时代。这是一个多么令人欣慰的变化。

我很好奇，到底是怎样的一种教育，让孩子可以在短短的时间内，有如此大的变化。于是，我开始探究这种教育，向美国的好朋友请教。朋友告诉我，美国非常看重的营地教育是美国教育不可或缺的一部分，孩子们平时在学校上课，暑假就会报不同的营地项目，比如有的在这个营地做蛋糕，却又到另外一个营地绘画，再到下一个营地探险。整个暑假，孩子们就在营地之间辗转。美国家长看重的是，营地不仅可以让孩子学到技能，还能潜移默化地影响他们的人格。

2013年，中国还很少有人谈论营地教育，我对此也非常陌生，而美国在这方面已经有了150年的历史。

我从美国的一个营地协会了解到，美国有3200个营地，其中YMCA营地和童子军营地是最大的两个，分布广泛，遍布全美。YMCA坎贝尔营地也有快100年的历史。

美国的营地几乎都坐落在湖泊、高山、森林里，跟户外运动紧密联系。最初，公立营地比较多，工作人员不拿薪水，都是来自教会的志愿者，或者对教育有浓厚兴趣的老师，因此收费低廉。后来，私立营地慢慢发展起来，营地工作人员是聘用的，领薪水的，活动也更加丰富，当然收取的费用也比较高。

YMCA坎贝尔夏令营似乎成了Alice的一个兴奋点，她常常在家里提起，因为想念，她强烈要求再参加一次。于是，2014年，她再次启程去美国参加了YMCA坎贝尔夏令营，与第一次去时有点局促不同，这一次，她一进入营地，就跟孩子们打成一片，结交了很多朋友，天天跟世界各地的孩子们待在一起，几乎没有沟通障碍。

看着Alice从一个内向小孩儿蜕变成能够从容坦然面对来自世界各地的孩子们，接受差异，并迅速融入，我是欣慰的，同时，我也希望更多的孩子能够接受这样的体验，于是，我有了在中国推广营地教育的想法。

8～15岁，是孩子世界观形成的阶段，家长应该多寻找机会带着他们感受诗与远方。

• 即使孩子小，也不要让他们错过探索远方的机会

有的妈妈问我，孩子几岁参加夏令营合适？我给她的建议是7岁。如果孩子不是很外向，随着年龄的增长，会逐渐形成固定思维，很难改变，突然进入一个陌生的环境，难以融入。

Alice第一次去美国参加夏令营是9岁，不太懂得拒绝。其实，她胆子很小，跟我说："妈妈，我不愿意坐飞机去那么远的地方，我不愿意跟陌生人在一起"，如果我完全听从孩子的意见，可能她就会失去探索远方的机会。我耐心跟她沟通，她接受了。所以，我认为，孩子最初参加这样的活动，家长需要与孩子商议着确定方向。

也正是因为有了这样的锻炼，Alice与世界各地的孩子交朋友都变得很容易，从那以后无论何时把她交给更大的世界，作为妈妈，我都已经坦然。

通过Alice的例子，我再一次感受到，家长一定要把孩子早一点放在陌生的环境里，让他们主动去适应。

一个朋友的孩子，第一次去YMCA营地的时候刚满7岁，当时连26个字母都不太会，为了让他更快适应，我让他离开爸爸妈妈，暂时住到我家里，Alice陪着他练口语，同时也观察一下他交朋友的能力。最初，他说话从来不看我的眼睛，有点害羞，还有点不自信。但是，我不会特别担心，因为，到了YMCA后，美国老师会俯下身来，倾听每个孩子内心的声音，站在孩子的角度思考问题，与孩子交朋友，甚至被孩子们的恶作剧捉弄，也依然开怀，而且给孩子们很高的评价和鼓励，即使孩子个性上有什么问题，老师也会耐心引导，尽力化解，所以，当孩子们离开夏令营的时候，自信满满。

夏令营结束时，我去接他，作为最小的营员，教官说他很努力，很棒，有很大进步，我给了他一个特别的拥抱。一上车，他就开始滔滔不绝地讲营地故事，清楚记得每个营地的教官，哪个教官很有趣，哪个同学很好玩，然后跟我说："下次还要来，太好玩了，我太喜欢了。"他的发音已经变得很标准。后来，这个孩子又陆续跟我去欧洲、日本参加各种夏令营。他是一个让我震撼和骄傲的孩子，不迷恋电子产品，喜欢户外运动，热爱观察大自然。

他爸爸曾经在哈佛大学进修过一段时间，珍藏了一顶哈佛的帽子，并把这顶帽子送给了他。最初，他不以为然，但是，在美国参加完夏令营，又去斯坦福大学、麻省理工学院、哈佛大学参观后，他开始珍惜这顶帽子。他妈妈对我说："孩子现在特别爱学英语，学习方向也很明确。他还说，'我不一定选择哈佛，斯坦福也不错'。"

通过走出去，他的眼界开阔了，他的目光已经不局限于中国，而是全球，他的奋斗目标也不仅仅局限于北大、清华等国内的顶尖大学，他站在更高的平台上确定自己的人生方向。

探索营地教育后，我深深体会到，每一位从夏令营回来的孩子都确定了自己短期的方向——努力学好英语，他们甚至开始主动学习英语。所以，我常常跟朋友说，如果你的孩子在学习英语的过程中遇到困难，一定要带着他走出去，让他体会一下跟世界的距离，找到学英语的意义和动力。

• 看过世界后，安安静静完成高中学业

8～15岁，是孩子一生中很重要的阶段，是孩子养成好的思维习惯，形成价值观、世界观、启发创新教育最重要的阶段。因此，我努力让Alice走出去看世界，去寻找诗与远方。

度过了这个阶段，该看的世界已经看过了，开始高中生活，孩子的方向性就会很明确。接下来，孩子们会自己选择进入美国高中、英国高中或者中国高中。我们计划让Alice到美国读高中，其实，每个国家的高中都非常辛苦，需要全力以赴，没有太多时间看世界了，那就心里藏着诗和远方，安安心心坐在教室里学习吧。未来的某一天，当他们能够掌控自己的生活，有足够的经济能力为梦想买单的时候，我选择继续站在孩子的背后，默默支持。

13岁与CTY夏令营相遇

陈晓颜 采写

为什么选择CTY夏令营

• 它是权威的“天才教育机构”之一

CTY是约翰霍普金斯大学“天才少年中心（Center for Talented Youth）”的缩写。

它1979年由朱利安·斯坦利博士在约翰霍普金斯大学创建，主要目的是鉴定出学习能力超强的学生，并给予这些学生在学校之外接受更高一级学习挑战的机会。至今，它已经成为全美历史最悠久、最权威的天才教育研究机构之一。校友包括了Facebook创始人扎克伯格、谷歌创始人谢尔盖·布林、歌星Lady Gaga以及政治、科学等各界的精英人物。

• 它能满足从2年级到12年级孩子的需要

CTY的课程按年龄段分为2～4年级、5～6年级、7～12年级；按领域分为人文课程、数学课程、计算机课程、科学课程、写作课程、领导力课程、全球问题研讨课程。

7年级以上的学术课有29门分支课程，7年级以上强化课程有41门分支课程，这些课程满足了目前99%以上学生的需求，学生所学习的课程包括宏观经济、微观经济、密码学、数学逻辑、博弈论、工程原理、高中生物、高中化学、计算机编程、机器人、火山活动、古生物学、晶体聚合体、数学与货币、飞行学、证据检查、天文、运动中的物理学、基因学、写作和哲学等，这些课程都由最顶尖的大学教授来教授。

自1979年以来，美国已经有100多万中小学生参加了霍普金斯大学的“天才少年搜索”计划，其中10万人通过考试进入CTY学习。

Part 2 我的CTY之旅

一辰 / Gregory：2014、2015年连续两年参加CTY夏令营。曾就读于北京人大附中早培班。2016年5月份申请普林斯顿国际数理学校（俗称：人大附中美国分校），被录取。

爸爸为建筑工程师。

妈妈在外企从事财务工作。

视野与人生高度总是在互相作用中交替上升。

一辰一出生，我们夫妻就达成默契，双方共同参与孩子的教育，并且在他很小的时候，就有了基本规划。但是，我们的目标并不是把他培养成所谓的“学霸”，而是让他成为一个全面发展，身心健康的孩子。

一辰从小天资聪颖，从幼儿园到小学直至考入人大附中早培班，机会似乎格外垂青于他，他一路比较顺利，参加的几次关键性考试都取得了不错的成绩。

俗话说，机会总是垂青有准备的人。对我们来说，每到机会来的时候，我们全家能够清晰地意识到，并全力以赴去努力争取，因此，一辰能够一次次进入更好的平台。

在这样的平台上，他有了跟更优秀的孩子在同场竞技的机会，开阔视野，同时新的机会又出现在他面前，似乎视野与高度就这样互相作用，交替上升。

• 在人大附中与CTY相遇：语文是难点，数学So easy

2013年10月，学校发了一个关于CTY夏令营的通知，并说明需要通过SCAT考试，被录取后才能参加。我们对这个夏令营一无所知，用百度搜索，得到的信息也很少。我跟儿子说：“你先报名参加考试吧。”儿子却说：“参加考试要交155美元，这么贵，我不去考了。”我坚持让儿子先报名去考试。

报名的人很多，考试在电脑上进行，是全英文的选择题。考试内容分为Verbal（语文）和Quantitative（数学）两部分。SCAT主要考察学生的词汇和逻辑推理能力。Verbal部分是中国学生的难点。据我们所知，儿子同学里面没有人能通过语文的考试，相反，数学考试全都通过，因为对中国学生来说，理科的内容是很简单的，可能是小学二、三年级的水平。

一辰通过考试后，我委托在美国的朋友了解一下CTY，他反馈说，这是一个很不错的夏令营，并详细介绍了情况，我们当即决定参加。

第一次参加CTY夏令营，儿子选择了自己感兴趣并且熟悉的领域——计算机科学，开设课程的地方位于西雅图大学校园内。那一年，儿子的学校共有40名学生参加夏令营，校点都分布在美国不同的州。

• “破冰之旅”原来没有那么难

7月15日16点，一辰第一次在没有爸爸妈妈的陪同下，开始了长途飞行。

“到达西雅图的时间是下午14:00，妈妈在美国的朋友把我们接到营地——西雅图大学，然后办理登记、入住，一切都很顺利。因为时差，我有点晕。入住后，宿管RA把大家召集起来，讲了2小时，我只听懂了10%，其他的只能意会。我有点紧张，不知道他们的习惯是怎样的，宿管要管哪些，我什么都不知道，只好一直跟着大家走，我想，反正其他人都跟我一样不知道，以后慢慢适应就好了。”一辰这样向我讲述他在夏令营第一天的感受。

18:30开始破冰之旅。班上十几个孩子被集中在教室，大家互相认识，助教老师是一个看起来刚毕业2～3年的年轻人，他带着一辰和同学们上了第一堂课。一辰说：“我们3个人一组，用报纸搭一个最高塔，老师讲了一下要求。布置任务时我先听，心想可能100%听不懂，或者能听懂10%～20%已经很不错了，但是实际参与根本没困难。我跟同学们能够正确表达自己，并且能听清楚对方在说什么，连猜带说能保证100%搞懂，合作还是挺好的。”

在孩子感觉无助的时候，告诉他“你很棒！坚持！”越过高山，就能看到更美的风景。

• 上课第一天，有点累，3周很漫长

早晨7:30，孩子们在RA的带领下集合去食堂吃早饭。

“8:00，我们已经坐在机房里，等待着霍普金斯大学计算机系的教授进来授课。我有一点紧张，未来的3周，我就要跟着这位老教授探索计算机的世界了。随着机房门轻轻推开，一个和蔼可亲、个子不高，身形胖胖的老教授走进来，他笑眯眯地跟我们打招呼，语速很慢。”

“第一天上课，老师就进行了一个摸底考试。目的就是检验一下我们的计算机知识掌握得如何，有一些题目我不会做。老师最终也没有告诉我们考试成绩。”

“然后老师开始讲课，我依然是做好了听不懂的准备，但是事实却不是这样，教授讲计算机的逻辑单元1和0，告诉我们基本的概念，比如1加1是10，1加0是1，0加1是1，0加0是0。老师说话的口音不是很重，语速很慢，我听得很轻松。我喜欢问问题，但第一次上课，我绞尽脑汁也想不出来问老师什么。就那么一瞬间，我就适应了。”

下午，教授讲授电脑的构造，一辰在小学计算机课上都学过，他觉得比较简单。每堂课持续1.5小时，中间休息30分钟，午餐后继续上课，直到15:30。晚上依然有课，只是教授不再出现了，助教带他们。有时，助教会给孩子们讲这门课的延展知识，或者复习白天课程，还有时带着大家看纪录片。直到20:00，孩子们才能回到宿舍。22:30熄灯。

据一辰介绍，他们的教授有一个特点，基本的常识、很重要的知识，会重复好几遍。假如你问一个问题，他不先直接回答，而是把他讲的内容再重复一遍，这样的话，很容易使人理解，缺点是效率有点低。

参加CTY之前，一辰已经在课外班学了一年C＋＋语言，学会了很多函数和指令，还编出一些小游戏自己玩，但计算机基础知识知道的不多，比如，操作系统、软件、网络安全，计算机每个部件的功能，如何组装计算机，CPU是什么，CPU和硬盘、内存之间的关系等，他都不了解。因此，这样的课程设置对他很有吸引力。

13岁的儿子第一次离开我们就去了遥远的美国，作为家长也有一点忐忑。我们一直等待着他下课后的“汇报”，所以，当电话响起，我迫不及待地拿起听筒，听他讲述第一天的生活：6:30起床，7:30集合吃早餐，8:00～11:30上课，中间30分钟休息，13:30～15:00上课，之后参加夏令营专门为孩子们安排的课外活动，晚餐后接着上课到20:00，22:30熄灯休息。因为时差还没有倒过来，一辰说觉得有点累。他在电

话中跟我说：“难道我还要这么紧张地在这里待3周吗？感觉好害怕。”那一刻，我感觉到了孩子的无助，但是我们告诉他：“虽然是第一天上课，你沟通已经没有障碍了，这说明你很棒，从明天开始，你的CTY生活会越来越好的，别有压力。”

• 洗澡，居然要抢时间

与国内夏令营几个人一个宿舍，每个房间都配有卫生间不同，CTY夏令营的每个宿舍里只有2个人，空间非常大，每人都配有一个大衣柜、一张巨大的桌子，还有一把转椅。

但是整层楼只有一个卫生间，一层楼住有20多个孩子。“据我观察，大概80%的人早上洗澡，40%的人晚上洗澡，也即是说至少20%的人早晚都洗。洗澡间空间有限，时间也短，因此，洗澡似乎成了一场‘战役’。所以，要学会判断，哪个时间段一般没人去洗，我就迅速冲进去，快速完成，逐渐地，我发现自己是同学当中洗澡最快的。”

一辰的室友来自美国本土，也是13岁。他非常喜欢自己的小室友，友善、宽容、好学。他们相处得很愉快。一辰说：“我们俩有很多共同语言，第一个晚上就开始深入交流，先是研究怎么用报纸搭高塔，再往后我们就聊时事，我跟他说中国教育，他给我说美国教育，我们谈论两国教育的区别。他甚至很好奇，怎么用电脑键盘敲出中国汉字。”

• 课外活动，总有一款适合你

每天15:00课程结束，所有的同学都由教授和助教带到集合点，然后由一个老师安排活动。那个时候，校园是沸腾的。

活动种类很多，有阅读、打牌、体育锻炼、和各种球类运动。还有一些很神奇的活动，是由研究助理开设的。比如某个研究助理喜欢下国际象棋，他可能开国际象棋课。有的课有名额限制，有的没有，如果有名额限制，那就抽签决定谁去参加。反正总有一款活动适合你。一辰经常选择阅读。“我还选过一个非常神奇的球类运动，规则有点像棒球，之前从来没玩过，估计是研究助理自己发明的，设计得还挺有意思。我的大部分同学都玩得很High。”

一辰去美国的时候带了几本英文原版书，但是平时基本上没有时间来读，他给自己规定每天必须花一个小时进行阅读。“我的很多同学都读英文原版书，有人不管干什么，都拿一本英文书读，他们的英文阅读能力实在太强了。虽然，我不太喜欢读，但也得逼着自己去读，否则去美国上学是会不适应的。如果你阅读能力好的话，学托福、SAT会简单很多。我第一次考托福阅读，感觉时间根本不够用，文章特长，所以，阅读能力很重要。”

• 西雅图的汉堡用篮子装

一辰参加CTY夏令营，应该说提前体会到了住校生活。他们的一日三餐都在食堂吃，食堂有很多窗口，每个窗口有厨师，只需要出示学校的门牌卡，就可以随便从里面拿东西。

“食堂中西餐都有，但是这里的中餐做得不好吃，不能让我回想起家乡的味道。索性，我就吃西餐，西餐做的比中餐地道。每顿饭都吃得挺香。”

“早晚餐都比较简单，主要是牛奶，还有鸡蛋沫、薯条、培根、肉肠。午饭有比萨、意大利面、汉堡。在这里，我见识了正宗的汉堡。千万不要认为麦当劳汉堡就是正宗。真正的汉堡面包上面搁的是燕麦，而且比麦当劳的汉堡大一圈，里面夹层什么都有，有西红柿片，洋葱、酸黄瓜、芝士，你想要培根，也可以有。而且，他们用一个大篮子给你装汉堡。”

• 一周课程结束，CTY成为心目中的家。

去之前，CTY会给每个学生提供一个课程进度表，但是实际讲课的时候，老师是自由的。

“第一周，教授主要给我们介绍0和1的逻辑关系以及电脑的结构，如何拆装电脑。我在听课中语言已经不是障碍了。”

“上了一个星期课之后，我知道美国人对老师的称呼也跟国内有所不同。比如，年轻助教并不喜欢我们称呼他Sir，而是要求我们直接叫他的名字，他希望我们以朋友相待，如果称呼他Sir，他会不高兴。而教授，我们称呼他为Mr＋姓。”

“Mr很幽默，脸上总是挂着笑容，课上讲得非常清楚，还会照顾到每一个学生。面对他，我们很放松。这一周的内容，我在国内都学过，所以觉得比较简单，也没有什么可问的，有时候会绞尽脑汁问一些拓展性问题。他总是很耐心地回答，如果他也不知道，会坦诚地承认自己也不了解，建议我自己google一下。”

下课后，Mr有时候会跟孩子们一起打牌，一起玩。如果他不会打这个牌，就先观摩几局，有时候学会了，还是不知道怎么打，孩子们就开玩笑逗趣他。

“我们有一个老师，会讲5种语言，他觉得不会中文非常遗憾，于是，就拉着我们几个夏令营里的中国学生教他中文。一般都是他问‘这个词怎么说’，我们告诉他，或者他说一句，我帮他翻译一下。他模仿完，就问我他的发音准不准。应该说，他很有语言天赋，但他还是感慨地说，中文是世界上最难的语言。”

一周过后，一辰再打电话给我们，已经说最初觉得漫长的3周竟然有种时光如梭的恍惚感，CTY夏令营已经成为他心目中的一个家了，很温馨，所有事情都可以和别人互相商量，他跟RA、同学、老师都相处非常好。我们也很欣慰，他终于克服了一个又一个小困难，在CTY这个平台上找到了自己的位置。

鼓励孩子在该尝试的年龄段走出去、多尝试，即使犯了错也值得。

• 中美老师上课大不同

一辰在夏令营结束回到北京后，说起中美老师授课方式的不同，感触很深。

“午餐时间，也是我们恳谈会的时间，大家会坐在一起聊天。因为班里只有我一个中国学生，他们对我很好奇，他们想了解中国，也只能跟我聊，甚至跟我学中文。助教问我很多问题，中国上课的时候一个班有多少人，大家怎么个坐法，你们教室很大吗，老师和学生经常有互动吗，你们上课时考试多吗，你们的课程多吗？等等。”

“聊完，我们发现，中外教育很不一样。首先，老师讲课的方式有差别。比如，如果老师想问一个问题，美国老师会说，你们谁有什么想法？中国老师会问，你们谁有答案。因为让学生给出答案效率更高。美国同学在说想法时，至少有一半是给不出答案的，他们可以天马行空随意说，老师总是饶有兴趣地听，不时跟同学们讨论几句，而我，大概是已经习惯国内的思维方式，总能给老师确定的答案，老师也非常高兴。他认为我这方面掌握的不错。

中美两国老师在授课方式上还有不同。比如，中国老师要讲一个问题，先在黑板上列一个提纲，告诉你要讲哪些东西，然后写大标题，再写关键词、小标题等。最终的目的是要让学生用学的定义把难题做出来。美国老师是先讲故事，再说是什么、为什么。比如，讲光电效应，中国老师会先告诉你光电效应定义。但是美国，先引入现象，一点一点靠近主题，最后你才发现老师说的东西跟这个题目有什么关系，老师想让你注意思考的过程，而不是那个精确的结果，老师通过这样的方式，想办法让你把定义刻在脑子里。

大概是美国课上学生人少，老师可以关注到每个人的想法，也容易启发大家天马行空地想，讨论得更加充分。在CTY上课，我们讨论的时间占到30%～40%，这还仅限于就老师提的问题讨论。如果老师给我们布置任务，让我们在一个星期内完成，这个时候就100%的时间都讨论了，在中国基本是10%的讨论时间。我更喜欢CTY的上课模式，觉得参与感比较强。”

• 在CTY的周末舞会上生平第一次约女孩跳舞

周末的活动还是很丰富的，周五晚上是周末舞会。周六、周日，老师有时候会带着孩子们去学校附近的星巴克娱乐，或者组织大家到礼堂看电影。

一辰对跳舞不感兴趣，我们鼓励他，试着约女孩跳一曲，我们希望他在这个年龄段多一些体验。一辰有些抗拒，但还是照做了。

“周五晚上的舞会在一个大厅里，灯光昏暗，音乐震耳欲聋，舞池旁边摆放着零食、棋牌。我原本是不喜欢跳舞的，但爸爸给我‘派了任务’，也只好硬着头皮去了。我忐忑地邀请了一个美国本土华裔女孩跳一曲交谊舞，女孩没有拒绝，我们跳了10分钟，似乎都觉得有点无聊，就放弃了，不过也算是体验过了吧。

环顾整个舞厅，所剩人已经不多，只有RA投入地跳着，他使劲蹦、使劲转，满头大汗。据说教授已经回房间睡觉去了。

“周末，RA会带我们去附近的星巴克玩，美国本土的孩子都非常开心，而我却觉得咖啡不好喝还很贵，第二周就自己留在房间里写作业了。”

还有时候RA会组织大家在操场做游戏，打篮球、踢足球。

“有一次，在西雅图大学的草坪上，我们玩泼水，有点像冰桶挑战，不过里面没有冰，只有水，大家追逐着，巧妙避开所有人浇的水。去之前，老师建议我们每个人带3块浴巾。有一半人是穿泳装去的。”

“踢足球、打篮球，我们中国孩子似乎不是美国本土孩子的对手，他们在体育课上就是踢足球、打篮球，而我们体育课是篮球过杆，每一步跑到哪都给你规定好了，就10秒钟，相同的步伐我练过好几百遍了，跟真正打篮球实际没有什么关系。这是我们中考体育的一个项目。我敢保证科比退役的时候，他篮球过杆都跑不了满分。”

• 为残疾同学点赞

一辰回来后，念念不忘在CTY遇到的那位美国残疾同学。说实话，我们也很惊讶，既佩服美国父母对孩子的信任，也佩服孩子的自强自立。

“第一次见到他的时候，我很惊讶，他才14岁，来自美国，没有家长陪伴在身边，跟我们一样，住在CTY宿舍中。跟我们一起上课时，我常常忘记他的特别，因为他开朗热情，思维活跃，积极参与课堂上的互动。下课的时候，除了足球、篮球项目以外，他也跟我们一起做游戏。做项目的时候我们分在一组，他积极参与，贡献着自己的智慧，我们合作得非常愉快。”

“美国的残疾人设施也比较完善。无论是卫生间、洗澡间还是电梯都有专门的设施。虽然，他的轮椅有一个把手，可以自己推着往前走，但我和RA还是常常一起推着轮椅陪他去上课。每次，他都对我们报以感激的微笑。看着他那么积极上进，我忍不住为他点赞。”

给他机会成长，孩子会给你惊喜。

• 很享受跟老师观点不同的辩论

过了一周轻松的课堂生活，第二周，老师开始讲难度更高的基础知识，比如CPU和内存如何工作，这是一辰在国内没有涉猎过的。

“我最初有一点惴惴不安，担心自己听不懂。但是，一开始上课，我便释然了。Mr的讲课特点是，看似很难的东西，他会循循善诱，把你从什么都不知道变成什么都知道。而且还能讲得特别简单，所有同学都能理解。老师给我们布置作业，也非常容易。”

“在CTY课堂上，我第一次体会到了传说中的‘批判性思维’。老师潜移默化地引导你去批判，比如给我们说一个事实，然后问，‘你能找出什么问题呢？’或者‘是否同意我的观点？’‘如果不同意，请说出你的观点来。’当你提出一个跟老师不一样的观点时，老师往往会很兴奋地跟你探讨，我们常常讨论得很High，最后也不一定要有结论。我很享受这个过程。”

CTY夏令营被称为“天才夏令营”，虽然，对这个说法，我们不太认同。因为，一辰和他的那么多同学都通过了考试，天才毕竟是极少数人。但是，夏令营里的孩子还是有一些共性，都才思敏捷，积极上进。一辰无数次跟我们说喜欢这里。

“每次老师给我们布置项目，大家都很兴奋地一起讨论、完成，我觉得大家都很有才华，设计的游戏有趣、大胆。老师们宽容、开放，坦然接受我们的差异，在这里，我可以按照自己所能想到的任何思路和方法，来解决问题，从任何视角看待世界。”

“在CTY计算机的课堂上，我们学的是Python语言，但是我比较喜欢用C++语言，因为C++可以调用很多函数，设计出来比较有意思的游戏，比Python的指令更高级一点，语言难度也比Python大很多。因此，最后做项目时，我申请用C++完成编程，老师说‘no problem’，并给我拷贝了一个英文版C++。”

“最后一周的主要任务就是分组做项目。老师放了一遍电影《TRON》，要求我们把电影的一个场景用游戏来实现。大家首先讨论怎么设计这个游戏，设计成什么样子，要做出什么效果，最后考虑代码是否可以实现。”

“我们组一共4个人，大家讨论细节，努力想把游戏设计得有趣些，最后由我利用C++语言来实现。尽管编程过程中也遇到各种问题，但是我还是把我们的想法完美实现，做的效果很不错，西雅图大学的校长都来玩这个游戏。我非常有成就感。”

“成果展示的时候，我上台给大家讲解。没做特别多准备，因为我很熟悉这个话题，是什么就讲什么，只需告诉人家我们是怎么做的，遇到哪些困难，如何解决的。我也没有很努力地组织语言，有时候会用错一个词，或者一瞬间不知道该如何表达了，但似乎不影响大家对这件事情的了解。”

• CTY给了我一个更优秀的儿子

CTY夏令营最后一天是家长开放日。我们没有想到的是，学校已经悄悄把孩子们在夏令营的生活录制下来，坐在礼堂里，看着孩子们3周的生活如何度过，我们感慨万千。

曾经，一辰喜欢宅在家里，跟同学们交流似乎不那么热情。但是，在CTY，他跟同学们谈笑风生，主动帮助残疾同学，下课或者就餐的时候，还喜欢跟教授、助教、RA探讨问题。

他制作了通讯录，把CTY同学们的联系方式全部整理出来，发给每一个人。告别的时候，大家彼此拥抱，依依不舍，其中一个男孩，拥抱了一辰5次。我有点恍惚，这还是我那个有点傲娇，有点害羞的儿子吗?

“班里的人全都混得挺熟，吃饭在一块，聊天也有共同话题，还一起做游戏。我跟室友聊得非常深入，我们聊两国的教育理念，课上学什么内容，做什么事，常常宿舍熄灯后还能聊2小时。也许，CTY结束后，彼此联系不会太多，但我们朝夕相处3周的这段时光已经深深刻在我的记忆当中了。”

家长开放日，老师也会跟家长进行1对1交流，各位老师都给了一辰很高的评价。最让我意想不到的是，一辰的行李箱居然整理得非常有序，给同学们准备的礼物也已经有条不紊地送给了大家。

尽管只有3周的时间，我的儿子还是变了，变得更优秀。

“回到家，生活又回到原点。虽然，CTY夏令营与我目前的学业没有太多必然联系，但那些过往却时时跳到我的脑海里，每当夜深人静的时候，独自坐在书房，想起教授们的幽默睿智，想起同学们的热情开朗，我都禁不住会心一笑。”

“所以，当2015年CTY夏令营再度来临，邀请大家参加时，我毫不犹豫报了名，这一次，选择了颇有点神秘的‘密码学’。这个学科是最接近计算机学科的。”

• 再度出发，已经游刃有余

这一次一辰去的是美国南部宾夕法尼亚州的富兰克林与马歇尔学院，它是一所著名的文理学院。一辰和几个小伙伴独自坐飞机去学校报到。有了去年的经验，今年，无论是家长还是一辰都淡定了许多。

“这次到学校后，我已经轻车熟路了，根本不需要适应期。只是对即将要学的密码学充满好奇，不知道我又会和同学们如何High翻课堂。”

• 破译密码如同中国发射火箭般兴奋

“密码学，顾名思义是研究编制密码和破译密码的技术科学，是研究如何隐秘地传递信息的学科。”

“密码与我们的生活息息相关，比如QQ、微信，都需要加密。还有网购，如果你留心网站的协议，就能找到公钥，公钥就是加密的公共钥匙，大部分公钥都是一串十六进制数字。另外，还有私钥，光有公钥破不了密码的。如果加密不好，黑客就把你所有客户信息盗走，所以，要不断地升级，不断地加密。

我小学就试着用密码跟同学交流，比如，把中国汉字用两个数字表示，那个字在字典里是多少页第多少个数字，就用这种最弱爆的办法。

也许，在我的心里，很早就种下了密码的种子。

第一天上课，老师先给我们讲例题，看大家都懂了，就开始让我们做习题。

与计算机科学课不同，密码课上老师讲了破解方法，就不断出题给大家，这是一个人不可能完成的任务，我们每次都分工协作，全神贯注，利用几个小时或者一天的时间破解出来。我们每天都很兴奋，很想迎接新的挑战，但是每当老师布置作业时，我们都会觉得好难啊。于是，我们冥思苦想，但一旦把题目做出来，又觉得自己好厉害呀。基本上每天都是这样的状态。”

有一次课堂上，老师给了一辰他们一篇全是英文字母的文章，老师说，这是一篇新闻，但是被加密了，很长，没有一个空格，所以，大家不知道单词长短。然后老师告诉学生每一个字母对应的是另外一个字母，但是不告诉大家如何对应，要靠自己的推断把这个密码攻克。

“我们10个人一组，立刻进行了分工，把这些字母输入老师推荐的网站。让电脑统计出每个字母出现的频率，用推断频率的方法大概推出这些字母可能对应哪个字母。比如字母E、S、T出现的频率比较多，其次是元音字母也比较多。但是又不能和正常英语文章的频率完全对应，好在这只是一篇文章。因为文章没有空格，所以，我根本不知道哪些字母是一个单词，也不知道单词大概是什么、如何把单词填进去、在文章中划出来，只能连蒙带猜再试。

比如这个字母都标成E，或者标成S，这个字母假如是A，组成一个单词看行不行，然后再试，多试几次。最初，我们发现试的全是错的，大家不气馁，接着再试，看如何断句。同学们开动脑筋，发现两个字母完全一样，还连在一起，比如连着的两个E，可能对应的是look这种包含两个相连字母的单词。我大概能判断出十几个字母的对应关系，这时文章的一半就已经出来了，也大概知道文章讲的是什么内容。剩下的字母频率都很低，比如S、Z、G，而且在这篇文章中出现的频率也不高，但我把这篇文章读懂了，也就大概猜出其他字母是什么了。

“比如讲比尔·克林顿的文章，找到Bill这个词，然后找到Clinton，我们就可以猜出来这篇文章大概讲的是什么，并且用一些可能会出现的关键词来套。我们组里没有Leader，大家都自觉分组，比如谁去测试这几个字母，因为有好多种可能性，大家不能一起试，你试那种可能性，我试这个可能性，最后看哪个可能性靠谱，不靠谱的就试别的，这么一点点地攻克。比如美国、白宫等单词，最后还猜得挺多。剩下一两个，基本就用组单词的方法，差两个字母，看它能是什么单词，哪个单词放在文章中能说通。10个人围在一起，每当最后就剩一点，马上完成时，我们就欢呼，开始拥抱，简直就像中国把火箭发上天那么兴奋，然后告诉老师，我们搞定了。最终，整篇

文章被破译出来，读上去很通顺，大家都非常有成就感。”

“为了破译出这篇文章，大家可谓绞尽脑汁。午饭时间，大家在去往餐厅的路上几乎不说话，全部都在思考问题，吃饭的时候，就开始聊可能的答案，吃完饭后回到教室继续讨论，默默思考，甚至抱头撞墙。”

“逐渐地，班上同学都学会了这门课，教授给我们布置难得上了天的任务，我们最后还是做出来了，教授也很惊讶于我们的能力。”

• 每个老师都是哲学家

一辰从美国回来后说，2015年的CTY夏令营，他真切地体会到了中外老师之间完全不同的教育理念。每个老师都像哲学家。

“上课之前，老师先给学生们传教。讲理念，有的老师说‘我信奉努力学习’，有的老师说‘兴趣是最好的老师’，有的老师说‘实践出真知’，还有的老师说‘要泡在图书馆来学习’。”

“老师讲课时的思维方式也各有不同，但他们共同的特点是都很负责，不管用什么办法，他们都会想办法把你教会，总会让你觉得这个老师真好，这个课程真有意思，我还想再学点。”

“比如，密码学教授总是很狡黠地跟我们说‘我正等着你们说失败呢，可是你们每次都成功！’在破译的过程中，老师有时候会意味深长地说‘你们这样做不行，再继续吧’，那时候，我们就是觉得，Mr，我服我服。”

有时候，我也在思考，为什么美国的老师个性差异如此之大呢？大概是美国学生从小接受的是批判性的教育，这些孩子都有自己的想法，他们长大变成了老师，他们的思维方式就是不一样的，他们的教育理念当然也就不一样，然后再把这些灌输给学生。

“比起美国老师传递价值观，国内大部分老师更相信刷题。美国老师常常会说，我是这样理解的，你们想想有没有道理。国内的老师一般会说，就是这个样子的，继续刷题吧。”

“两次的夏令营，让我深深喜欢上了美国的老师。他能够让我有自己的思考。在国内，一般情况下，老师会告诉你怎么做，然后告诉你在哪本练习册上刷题，刷多少页。老师不期望我们质疑，因为，老师会有点尴尬，会自责自己怎么会出现这样的错误。有一次，老师在讲题，我们告诉老师，您这一块讲错了，老师脸上充满恐怖，说，‘完了，我那3个班都是这样讲的，那不是全讲错了？’而美国老师希望学生质疑，他是高兴的。”

也许孩子是对的，长大了，剩下的路让他自己走。

• 圆梦美国高中

参加了2年CTY夏令营，一辰说意犹未尽，总念叨还要去。他说更喜欢美国的教育，过了一段时间，他郑重地跟我们说，要去美国上高中、读大学。

“中国的父母都过度焦虑，我的父母也一样，他们太害怕失败了，每次都跟我说，再多准备准备，总觉得我还差好远。我整个求学过程还是比较顺的，父母焦虑，觉得太顺未必好，但是如果我遭受挫折了，他们也焦虑。我在夏令营的美国同学们，每个人都自信阳光，而中国的学生似乎总是心事重重。所以，现在我长大了，我想用这种方式告诉他们，放轻松，我一定能行。”

当然，最后下定决心让孩子去美国读高中，还有一件事也让我触动很深。有一个家长带初高中的孩子们去颐和园做公益讲座。他说：“初中的孩子朝气蓬勃，有热情，有兴趣，有好奇心。高中的孩子表情呆板，也不知道提问。高中大量刷题的教育方式让孩子们的心理和精神都受了影响”。所以，我觉得与其这样，还不如让一辰去国外换一个方式接受教育更好，少一些时间刷题，学一些解决问题的真本领。目前，国内的初三学生已经开始大量刷题，孩子和家长压力都很大，休息和学习产生严重冲突。其实，去美国读高中压力也很大，孩子们经常熬夜，做不完作业，尤其是前两年困难更大，但是比起在国内单纯刷题，美国的教育方式应该更有意义吧。

目前，一辰已经通过了美国高中的考试，2016年9月份赴美进入普林斯顿国际数理学校。

青岛“花木兰”从“军”记

Amelia　殷晓虹

Part 1 为什么选择美国童子军

• 美国童子军的诞生

美国童子军起源于19世纪的英国。当时的英国社会十分动荡，英国经济面临危机，年轻人的体质日趋弱化。在这样的背景下，童子军运动成了挽救社会的一剂良药，随后便扩大到全英和其他国家。而今美国童子军已是美国最大的青年团体，成员超过100万人。

美国童子军的故事起始于1909年。当时，芝加哥出版商威廉·迪克森·鲍伊斯在英国伦敦大雾中迷了路。一个男孩主动帮助鲍伊斯找到了他要去的地方。伊利诺伊州渥太华童子军博物馆的执行主任莫利·佩罗介绍说，鲍伊斯对这种行善助人的行为印象深刻。那个英国男孩则说，那是善事——a good turn。佩罗说：“那个男孩给鲍伊斯讲了1907年罗伯特·巴登·鲍威尔勋爵在英格兰创立的童子军项目。他最后领着鲍伊斯去参观了巴登·鲍威尔的总部。”鲍伊斯跟鲍威尔见了面，并就童子军运动进行了交谈。两人建立了终生的友谊。鲍伊斯携带着大量关于英国童子军的材料回到美国之后，把好几个松散的青少年组织聚集在一起，在1910年2月8日成立了美国童子军。100年后，美国童子军成为了美国最主要的青少年组织之一。前童子军专业辅导员艾利森说：“多年来，有一亿多人参加过童子军，参加者主要是男孩子。现在美国有大约有350万青少年参加童子军活动。”鲍伊斯在1929年去世。但每年都会有来自美国各地的童子军去渥太华，纪念这位美国童子军的创建者。

佩罗说：“我坚决相信，假如一个男孩在生活中信守童子军的‘诚实可靠，忠诚，乐于助人，友善，礼貌，慈善，节俭，勇敢，清洁，虔诚’这些誓言和规则，就会成为一个最好的人。”

目前，全球185个国家拥有500多个面向男女青少年的童子军项目。

美国童子军根据孩子的年龄分为虎童子军（一年级学生或6岁儿童）、幼童子军（一至五年级学生，或8～11岁儿童）、少儿童子军（11～18岁）、华西提童子军（14～17岁青少年）和探索童子军（14～20岁青少年）5类。这样不但方便对各年龄段的孩子进行针对性的锻炼，而且有些活动还给了每个孩子公平的获得晋升的机会，让孩子们在参加完活动之后，能感觉到自己获得了进步，赢得自信。

在训练孩子的综合素质方面，童子军的守则很好地体现了对孩子成长的要求：值得信赖（Trustworthy）、忠诚可靠（Loyal）、乐于助人（Helpful）、为人友善（Friendly）、谦恭有礼（Courteous）、平易近人（Kind）、服从命令（Obedient）、乐观豁达（Cheerful）、勤俭节约（Thrifty）、勇敢无畏（Brave）、整洁纯朴（Clean）、虔诚恭敬（Reverent）。

• 童子军教给孩子什么

童子军有很多有益的活动，从简单的系鞋带、打领带、叠国旗，到用锤子、钉子制作简单的木器。这些活动能提高孩子的动手能力，让孩子掌握基本的生存技能。在攀岩、划船、打火枪、急救等训练项目中，让孩子认识“自己”，学习“他人”，提高社交能力及综合情商。

美国的童子军活动是面向全世界的，孩子们在这样的氛围中可以体验到不一样的文化，从而实现语言上、心理上的自我突破，学习来自世界的规则、差异。

童子军也是提高孩子社交能力，培养团队合作精神，磨炼他们的意志，激发他们想象力和创造力的好机会。童子军把孩子放到一个全新的集体环境里，这对孩子来说是一种前所未有的挑战。在和队友的相处中，他们会学到很多与人交往的技巧和礼节，体验到平常在课堂里体验不到的东西，比如他们学习轮流做Leader，轮流分工协作，补充了学校和家庭教育的不足，得到了独自面对挑战的机会。

童子军还注重培养孩子们的礼仪礼貌，活动场所周围都会贴着关于餐桌礼仪、与人交往“礼节”的标语，如：

1. Don't talk with your mouth full.（嘴里含着饭时不要说话。）

2. Courtesies cannot be borrowed like snowshovels，you must havesome of your own.（礼貌行为不是像雪锹一样可以借来用的，你必须自己具备这种品德。）

3. Hold the door open for the person behind you.（为你身后的人开门。）

除了礼仪和动手能力训练，童子军对孩子的爱心教育也没有忽视。童子军们会在活动中纷纷化身为“小雷锋”，收集来自美国居民们的捐赠，然后将捐赠品送到教区，并对其进行清点。最后这些物品将会被送到穷人的手中。

• 童子军的经历是美国名校的敲门砖

童子军提升孩子多种品质的锻炼在美国得到广泛肯定。以升学为例，美国名校的入学标准非常严格，不单单看成绩。童子军最高荣誉Eagle Level会为你的履历加分，引起美国多所名校关注，因为得到Eagle Level非常不容易，一般要经过4年甚至8年时间，美国大学认为一个孩子能够为一件事情坚持这么久，那么4年的大学课程他也一定可以坚持完成，而且成绩非常优秀。

Part 2 北北的童子军历程

北北 / Amy：16岁，小学就读于青岛环境最美的嘉峪关学校，中学就读青岛升学率第一的私立中学青岛大学附属中学，12岁赴美国参加童子军夏令营，后赴美读高中。

爸爸：毕业于北大计算机系，企业高管。

妈妈：殷晓虹，42岁，山东大学汉语言文学学士，原为政府公务员，2014年辞职转行教育产业。

• 面对现实，无奈出走

和大多数家长一样，我们对北北的教育很重视，对孩子的期望很高。但是一路走来，教育的方向盘其实是在不断修正的。孩子小时候，我们为她规划了未来：本科考到她爸爸的母校——北京大学，然后到国外读研究生。于是，北北首先进入一流小学就读，然后通过自己的努力考入一流初中，就这样一路择校长大……她聪明懂事，学习不错，在班级里，成绩一直名列前茅。照此努力，基本上能够按照我们的规划走下去。

但是，事实也不容忽视，孩子学得越来越累，刷题用的卷子、讲义越来越厚，没有多少时间学习一些可以提升个人内在素养的人文知识，这方面的储备也越来越苍白。同龄人都在上补习班，她没有上，我既纠结又忐忑，老师上课时讲的内容都听懂了，为什么要补习？一周5天都在学习，周末还要补习，这样长时间的学习，孩子没有时间玩耍，没有时间思考，只有低着头刷题、背题……只为了考出高分，让排名再靠前一些，究竟是拔苗助长还是大势所趋？可是不上补习班，北北在老师、同学眼中似乎成了“另类”，她又能坚持多久？

沉浸在刷题的海洋中，做一个只会考试的孩子不是我们的终极目标。

2014年，经过反复考虑，我们家庭做出了重大抉择，我辞去公职，创业成立了国际教育公司，陪孩子到美国上学，同时把美国的教育资源引入国内。

我只身前往美国，首先进入社区大学，一方面学习语言，寻找合作伙伴，同时，也为北北考察学校。我向我的老师、同学打听美国当地孩子寒暑假都会去哪些夏令营，他们介绍了很多，有艺术类的、科学类的，似乎和国内没有太多区别。我继续追问有没有以动手、运动、野外生存为主，让孩子们融入自然的夏令营。同学Sara给我推荐了童子军夏令营。

有一天傍晚，我在住所附近的公园散步，看到几个成人穿着米色军服，带着一群少年在扎帐篷露营。教官在教孩子如何叠国旗，如何扎帐篷，孩子们学得很认真。我走过去，好奇地询问，原来这就是美国童子军，教官热情地向我推荐了他们的网站，仔细研究后，我大概了解了童子军。

了解这些之后，我立即决定让还在青岛上学的北北参加一次童子军夏令营，亲身体验一下这种我向往已久的营地教育。

当我兴奋地打电话跟北北讲述童子军夏令营的故事，并告诉她为她报了名时，北北却不情愿。她说："童子军是什么？我有些害怕。它是部队吗？我参加过一次军训，很不喜欢。"

"妈妈给我看了很多照片，穿着军服的小孩儿们各种玩，有骑马、射箭、射击、划船……好像很不错哦。我被吸引住了。爸爸没有时间，给我办理了无人陪伴服务，从青岛出发，一路非常顺利，妈妈早早等候在机场，我们母女在美国大会师！"

孩子从最初害怕军营，到后来不舍得离开。童子军的训练方式一定有它独特的魅力。

• 进入神秘的美国童子军营地

2014年8月3日，北北终于到达美国童子军营地，它位于海拔2000米高的国家森林公园，旁边就是秀美的大熊湖，很多美国人来这里度假。

北北后来回忆起入营的情景，"Angel阿姨带我办理了入营手续，并检查了我的疫苗手册、保险、家长授权书等好多文书。这个营地有5座小木屋是丰田公司捐赠的，和我一起进营地的有6个中国孩子，我们住在一个小木屋里，屋里有4个淋浴房、4个卫生间、8个摆放着木头高低床的卧室，客厅里还有厨房，可以说设施很完备。而山下的平地上，搭建着很多简陋的帐篷，那是美国孩子住的。他们的条件很艰苦，只有帐篷和行军床。”

北北最初很紧张，她以为这是军营，会有严厉的教官和铁一样的纪律。进来以后她才发现，这里的教官非常友善，遇到每一个人都会微笑着说“hello！”

童子军营地是民间组织，不以营利为目的，它的财物大多是民间捐赠的，工作人员也基本上是志愿者，这里年龄最大的工作人员是营地的司令克瑞丝汀，而最小的志愿者才16岁。北北所在的营地是洛杉矶最大、最好的营地，占地2000英亩，第一大股东是洛克菲勒家族，微软公司、丰田汽车都捐赠了很多财物。周围慷慨的农场主经常把南瓜、玉米、牛肉捐赠给营地。美国当地孩子6岁就开始利用周末时间参加童子军的活动，比如募捐、义工、运动、手工、野外生存技能的培训，长此以往，这些孩子们友爱、善良、乐观积极，他们的组织能力、领导能力、野外生存能力、遇到困难解决问题的能力也得到锻炼。

美国孩子们积极地为积累勋章而努力，最后得到最高级的Eagle Level（雄鹰勋章）。北北所在营地的教官大多数是雄鹰勋章获得者。

“这里的男孩十有八九都参加过童子军，我在进美国海关时，那个工作人员问我来美国干吗，我说参加童子军夏令营，他惊喜地说‘是吗？我也是童子军，祝你好运，勇敢的女孩！’”

• 笑着记住了营地的规矩

美国童子军已经有100多年的历史，安全管理体系很成熟，有很多规矩。营地实行封闭式管理，外人进不来，当然，里面的人也出不去。

“到营地第一件事就是游泳水平测试。根据测试等级，营员们分别戴上白、橙、蓝3种颜色的手环。一旦不慎落水，教官可以凭借手环颜色迅速做出反应。我的左右手腕上各有一个手环，一个绿色，表示我身体健康，无过敏；另一个是橙色，表示我水性一般。我的上海朋友手腕上一个是红色手环，她对暴晒过敏，一个是白色手环，表示她不识水性。还有的人戴着蓝色手环，表示他水性良好，掉进水里也没事。”

“做完测试后，教官做水中示范，教给我们营救落水营员的技能，这会让我们受益终身。这是童子军营地活动的第一关，确保每一位营员的安全。阳光下的游泳池碧波荡漾，我不禁感慨，在童子军夏令营，一个简单的水中项目都能学到很多呀。”

每个地方都有它的游戏规则，童子军营地也有，你能想到哪些方法让别人记住这些枯燥无味的规则呢？童子军的管理人员（Staff）用演小品剧的方式。“比如，在营地不许穿露脚趾头的凉鞋，就有两个Staff穿着拖鞋表演踢石头，踢着踢着，两人突然同时大叫倒地，另外两个胖胖的Staff就扮演救护车‘呜哇呜哇’地鸣笛把他们拖走。营地规定，一天必须喝8杯水，果汁和牛奶不算在内，一位Staff便在地上挣扎爬行，哀求着‘would I have some water？（谁给我一杯水啊？）’然后很假地晕过去，‘救护车’们立即将一整瓶水倒在他脸上，OMG，可怜的Staff一定没想到同伴会这样阴他，因此他一连吐了好几口水，被‘救护车’拖走时还在吐水！而他的同伴则绷不住地笑！我们也在大笑之余牢牢记住了规矩。”

• 不同的民族，同样的欢声笑语

美国童子军夏令营敞开怀抱，欢迎来自世界各地的营员。北北所在的这一期，除了美国本土孩子以外，还有来自中国、埃及的营员。每个国家都有自己的文化和特色。“埃及人经常做祷告，吃饭时祷告、睡觉时祷告，跟他们在一起，我感受到了浓浓的穆斯林文化。他们虔诚的样子也让人非常感动。有一次我们的领队老师和一位埃及领队聊天，聊着聊着，感觉埃及领队如坐针毡，正在我纳闷的时候，埃及领队忽然站起来，面朝一个方向跪下来，嘴里念念有词。原来到了他们穆斯林祷告的时间了。穆斯林女领队头上有的包着白头巾，有的包着黑头巾，蒙住嘴巴，只露出眼睛。第一次近距离接触这样的文化，我们内心充满尊重。营地里的美国人轻松幽默，很自信，中国孩子友好，内敛。虽然来自不同的国家，有文化和习俗的差异，但是聚在了一起，大家彼此尊重各自的民族信仰和习惯。在这个全英文的环境里，已经没有语言、国别，还有种族的界限，哪里都是我们的笑声……”

• 从未经历过的升旗仪式

夏令营每天清晨6:45要举行升旗仪式。“在中国，升旗仪式庄严肃穆，而美国童子军的升旗仪式则让我瞠目结舌。首先是餐前祈祷，大家积极报名做领祈祷者（可以有最先吃饭的福利），带领大家说一段简短而独特的像绕口令一样的童子军版祈祷词，大体内容就是感恩上帝，兄友弟恭之类的，其余人则跟着领祷者叽里咕噜乱念一通，之后便是升旗了。我们这些来自中国的营员们都很积极，基本上每人都参加过升旗。我升起的是埃及国旗，手握埃及国旗，心里有一点特别的感觉，我似乎感到身后的埃及队友在向我行‘注目礼’，是不是有点不相信我能完成好这个任务？我则暗暗想‘放心吧，相信我没问题！’升过国旗后，当天的值日Staff站在树桩上高声呼喊‘good morning staffs！’边说边用手势指挥其余Staff们，他一个人或高或低，或长或短，甚至是九曲十八弯地发出怪音。全体Staff则乖乖地怪模怪样、怪腔怪调地呼应他，‘good morning＋值日长官的名字’，从低八度赫然冲到高八度。接下来就轮到我们这些可怜的营员们了，但别担心，为了不为难我们，其他的Staff会在值日长官指挥时去骚扰他，扒他的袜子，有时还将他的两只鞋带系在一起！值日长官只好像麻雀一样跳下来追打同伴，我们笑得一塌糊涂，庄严的升旗仪式就这么结束了。”

• 你见过这样的比赛吗

北北从童子军夏令营回来，给我讲述各种见闻，让我也大开眼界。“妈妈，你想不到吧，排队用餐，居然也有花样！Staff每天都会出一个题目让大家竞争首个进入餐厅的团队。题目五花八门，比如谁的水壶最大？谁做俯卧撑时间最长？有一次居然是比谁的袜子最长，全体营员一起脱鞋扒下袜子举起来，长的短的，香的臭的，一时间场面很壮观！我们团队的广东姐姐求胜心切，一咬牙，毅然把连裤袜扒下来，吓得staff全体向后转，扭过头去，不敢直视。结果不用说，谁也比不过姐姐的连裤袜，我们赢了，在其他队羡慕的注目礼中，我们得意洋洋第一个进入餐厅！第一个冲进餐厅并早早坐下来边享用美食边看其他营员陆续进入的感觉好爽！当然，餐厅很大，营地的餐食品种繁多，兼顾了不同国家、民族的饮食习惯，营养丰富。”

• 我是神箭手

虽然是女孩子，北北却钟爱射箭。“在射箭靶场，我终于可以像《饥饿游戏》里的女主角‘猫薄荷’一样搭弓射箭，顿时勇敢的梅莉达附体，扮酷到底！看我拉弓的姿势，真是英姿飒爽，感觉自己无比神勇。结果，我居然是神箭手，箭箭中靶，人称‘小李广’，全营地第一！在营地第4天，《环球东方——北美区》的记者们还来采访了我们这群孩子！由于我优异的射箭成绩，记者姐姐顾不上吃午饭，专程跑到射箭靶场采访我，还让我帮助她们采访了两位教官。在这个夏令营，我还体验了一把当记者的感觉，真是爽。”

• 满山跑的自然课

洛杉矶常年艳阳高照，雨量稀少，可是北北进入营地的第一天就下起了大雨。教官高兴地说，是新营员带来了好运。“雨水很急，把山土冲了下来，教官们用石子修平的小路也被大雨冲毁。童子军夏令营第一晚的篝火晚会没能够如期举行，稍微有点遗憾，但是，大雨也带来了意外惊喜，夜晚泥泞的山路上，Black bear（黑熊）的脚印留在了路上，哈哈，可逮住你了！前面几队夏令营的孩子们没有这个意外收获吧？我们在自然老师的指导下兴奋地认识了它们。之前，谁也没有如此近距离地接触过熊掌印啊！”

“在教室里，教官教我们识别不同的植物种子，看各种蝴蝶、动物标本，还有兽皮，我们也充满好奇地打量这个童子军营地里唯一的教室——自然教室。但是大多数时间我们会跟着Staff漫山遍野到处跑。没想到教官们的知识居然那么渊博，随便指一棵植物，他们都能讲解出很多超级有趣又让人难以置信的自然知识，真是太好玩啦。印象很深的是一次很生动的自然课，每个孩子通过扮演一种植物或动物来学习生物链。我扮演一棵能结出自然课教官最爱的那个口味薯片的树，这可比在课堂上只学理论的效果要好很多。”

“自然科是生物课的一部分，在我们童子军夏令营里教授自然课的教官是美国正规学校的老师，他们在假期没有工资，有些人便喜欢到童子军来授课，孩子们学习的生物知识可以折算成学分，回到学校后，对应章节的生物课就可以免修了。自然教官中有个叫Mike的，除了教我们植物知识，空闲时间还教我们好多益智游戏，大多数时候都很搞笑，充满趣味，大家非常喜欢参与，后来才知道，其实他是在用美国孩子的方法巧妙地教我们英文。”

• 真枪实弹，连连失利

第一节射击课，用的是bb枪（射水晶蛋的玩具枪），之后可就是真枪实弹的训练了！在中国，有白纸黑字的法律，严禁普通公民携带枪支，北北没想到，在美国，居然可以用真枪试试身手啦。她既兴奋又紧张。“虽然美国枪支管理不严格，但是射击场的教官可是十分谨慎的。第一课，教官告诉我们‘treat every gun as a loaded（把每一支枪都当作是上膛的枪）’。别看射箭我可以弯弓射大雕，我的射击成绩居然是0环！我一次又一次尝试，弹弹虚发，不知是准星不好，还是我眼力不好，还是面对真枪很恐惧，总之，这创下我在童子军历史上最耻辱的一页，不忍再回忆！”

• 用毅力赢得北极熊（Pole Bear）勋章

在童子军，通过获取勋章晋级是每一个营员的梦想，大家都为之不懈努力。“我们都在暗暗竞争，争取得到最多的勋章。有一枚勋章叫‘北极熊（pole bear）’，如果能够在早晨5:00起床去游泳，坚持3天，就可以得到这个勋章。我在竞技方面自信心不足，但是这个比毅力的勋章，我很想得到。第二天早上5:00，我咬牙起床，海拔2000英尺的山上，早晨温度不到10℃，我穿两件外套来到游泳池，换好泳衣，教官让我们躬身像北极熊一样绕水池热身，然后用高压水管往我们身上浇水，最后让我们滚到游泳池游泳，只游了一半，教官就叫‘come back’，整个过程一共30分钟，美国教官已经很手下留情了，我却冻得嘴唇发紫，估计一半是被冻的，一半是被吓到了。”

晚上，北北跟我说：“妈妈，为什么我这么瘦，他们胖一点的都说不冷，我明天去不去了？”其实，我知道，她嘴上说不想去，第二天早上一定会咬牙坚持的。果然，第二天，北北依然早早起床了。“令人高兴的是，美国教官给我们把水加热了，一点也不冷，看来童子军也知道中美国情不同，人种体质不一样，他们怕冻坏了中国小孩，所以，把我们呵护得无微不至。第三天早上，我毫不犹豫地起床游泳，终于获得这枚来之不易的北极熊勋章。美国小孩拿一枚勋章要几个月甚至一年，我们中国小孩坚持3天就可以得到，真不知道该高兴还是难为情。不过，也不是所有的中国营员都能得到这个勋章，有几个比我还壮的小伙伴第二天就放弃了，我好自豪。希望他们明年能够更加勇敢，拿下代表毅力和勇气的勋章。”

• 原来，马也可以很温顺

最早的美国人都是拓荒生活的，骑马狩猎是基本技能。童子军的初衷就是培养男孩，提高他们的生存能力。“营地有14匹马和一头驴，每一匹马都有名字。我的马是最温顺的女生Lucy，大家都喜欢它，它从不乱发脾气。马术课由认识马匹，爱护马匹开始。教官先带我们认识马具，告诉我们怎样给马清理蹄子上的泥土，怎样安装马鞍子、嚼头，怎样保护自己，还手把手教我们刷马，马很温顺地忍受着这些笨拙的新手。教官还教我们上马、下马、骑马，最后戴好头盔，自己翻身上马，被教官牵着，在山上走一圈。教官很敬业，教我上马时，为了让我搞清楚脚应放的位置，不惜单膝跪地，让我瞬间有做女王的感觉。马术训练课，是让马听你指挥，有个男孩学会了指挥马倒着走，兴奋不已，逢人就显摆，天天让他的马倒着走，最后，大家列队向前走时，忽听他‘哎哎哎’，原来，他那可怜的马已经习惯倒着走了。在国内时，看到有人穿得很绅士很帅气地骑着马狂奔，我一直很羡慕，也很想尝试，但有点怕怕的，这次终于有了跟马的亲密接触的机会，我发现，其实马很温顺呢。”

• 第一次睡在自己搭的庇护棚里

在童子军夏令营里，有一枚勋章叫Cameing，它要求营员在野外自己搭建一个庇护棚（Shelter），并且住一晚上。这对国内衣来伸手、饭来张口，养尊处优的小皇帝、小公主来说，实在是新奇、有趣又刺激。“为了晚上住得舒坦，我和队员卖力地干活。我们首先选择一棵长在地势平坦又背风的山谷里的大树，然后再漫山遍野地寻找粗大的树枝、木棍，扛不动就拖，拖不动就俩人一起抬，用3根木头做支架，用教官教授的方法打绳结，把粗大的枝干捆起来，再四处寻找金黄色、柔软的干草，并把它们厚厚的在地上铺一层，再铺上睡袋，哈哈，好舒适的房子啊！这让我想起阿尔卑斯山的小海蒂。教官在我们的‘房子’周围撒上药粉用来驱赶蛇。那一夜，他一直陪伴着我们。夜幕降临，硕大的星星点缀着墨蓝色的天空，弯弯的月亮像稚嫩的我们，听着蛐蛐的叫声，如同在自己的故乡，这么多年。我似乎是第一次仰望这么美的夜空。教官躺在棚子外面为我们守夜，而我们却兴奋得难以入睡。大家感慨着，今天我们可以睡在自己搭建的庇护棚里，明天，还要做多少不敢想象的事情呢？”

• 不想说再见

“短短5天的营地生活转眼过去，到了该说再见的时候。还像初到时一样，营地为我们燃起篝火，用精彩卖力的演出对我们说再见。教官们在台上列队站好，与我们握手拥抱，依依惜别，虽然只是短短5天，大家却是朝夕相处，在一起流泪流汗，同吃同住，我们已经和教官们建立了深厚的感情，告别的时候，我哭了，最喜欢我的自然课老师Mike轻声问道‘你还会来吗？’我坚定地说‘会的，我一定会再来！’该回宿舍了，大家沉默地走在山间的小路上，身后，教官们一遍又一遍地唱着童子军军歌，他们要用歌声为我们送别，直到最后一个队员离开，歌声才会停。‘轻轻地落日降临，渐渐地篝火熄灭。默默地每个队员都应该问，是否完成了我的任务？是否点亮了荣誉？是否可以安心入眠？我是否已经做好准备’”

参加童子军、在美国读高中，我突然发现，原来女儿如此喜欢这“折腾”的人生，我希望她的回忆录丰富多彩。

• “折腾”的美国高中生活开始了

童子军夏令营结束后，北北跟我说，她对美国的教育方式充满向往。“同样是学习，为什么美国就这样有趣、实用，和我平时在学校的学习太不一样了！我好喜欢这样的学习，充满挑战，充满激情。”

而通过夏令营的训练，北北说自己最大的收获首先是英语听说能力，其次是野外生存能力的提高，“我的胆子变大了，自信心增强了，视野开阔了，这次的经历对我未来会产生巨大的影响，遗憾是时间太短，还有很多课程参加不了。”

“因为童子军夏令营的美好经历，一年后，北北飞赴美国读九年级。“现在，我已经升入十年级，回想一年的留学生涯，满满的经历，厚厚的回忆。我很开心可以学到不同的文化，结交不同国家的朋友，接触不同的老师。还记得，九年级时我最好的韩国同学时丽亚，她漂亮又潇洒。她爸爸是飞行员，她因此跟着爸爸到处走，出生在新加坡，长在香港，学在美国，九年级结束后又回到了韩国。她习惯了别离，告诉我和朋友们，在一起就尽情地欢乐，这样，临别时才不会遗憾。直到今天，她还和我在网上联系，要求我暑假一定去韩国找她玩，包吃、包住、包导游，如果我不去，她会‘杀’了我……哈哈！多么可爱的女孩。现在呢，我从洛杉矶转学来到休斯敦，从阳光灿烂的加州西海岸来到粗犷辽阔的德州。美国不同的州差别很大，自然风光和气候就不必说了，德州人淳朴、保守，洛杉矶外来移民多，更开放、自由。在休斯敦的学校里，我参加了当地棒球比赛开幕式的国歌演唱，参加了学校学生会竞选，参加了当地小镇的美术比赛，参加了学校志愿者去外地慰问的演出活动。上历史课时，老师讲到中国的历史，讲中国的文化，谈到美食时，给大家看各种美味佳肴，我的同学爱丽看到北京烤鸭，恐怖地大叫‘啊！你看它的头！居然还在上面挂着！’中国男生布朗平静地说‘不然它应该在哪？’‘应该砍掉啊！不能在上面。’这就是文化的差异吧。”

“Mrs Cookie是剧团的老师，是全校同学都喜欢的甜心，不仅擅长音乐戏剧，谈起历史来，也让我们听得入迷。听说我会弹古筝，她特意跑到华人区为我买来古筝，让我练习，后来得知，她居然是校长夫人。白人男孩瑞思平时不太爱说话，一说话就腼腆地微笑，他从幼儿园起就在这所学校就读，他的消息特别灵通，原来他妈妈是学校董事会成员。白人女孩蕾丝是现任学生会主席，十二年级的大姐大，做事风风火火，雷厉风行，特别有老大的范儿，新生注册那天，刚刚认识我就直接给我发布指令，Amy，给我你的电话号码，有事可以通知你。谁知道这个女汉子居然很小就失去了妈妈，是爸爸把她抚养成人的。黑人姑娘Angel特别呆萌，很二次元，仗义又勇敢，在排球课和手球课上，为我挡了好几次球，自己却被男生的发球砸得晕晕乎乎……还有越南姑娘夏洛特，现在是我在合唱团最好的朋友，人又聪明又漂亮，经常要我教她说汉语……我很喜欢我的新学校。如果不参加童子军，不折腾，安安稳稳地留在中国，或者留在加州，我怎么会认识这么多有趣的人，怎么会有这么多故事可以分享？有句话叫作‘最可怕的是，当你想写回忆录的时候，发现没什么可以回忆。’人生就是折腾。”

Tom，从美国高中交换生到私立大学，转变的不仅仅是人生阶段

Tom　邓尘

Part 1 偶然，Tom成为美国高中交换生

我的孩子可以不出众，但是要活得精彩。

• 让孩子出国读书是我们一直的想法

在儿子Tom很小的时候，我们就决定未来让他出国读大学。卡尔威特、蒙特梭利教育、爱弥儿、杜威等这些教育案例和理念一直影响着从事教育工作的我。我们不希望孩子背负太多传统教育的压力，受到太多束缚，而是更注重兴趣引导和良好习惯的培养，希望他能够尊重内心，活出自己想要的精彩。

他从小开始接受各种训练及兴趣培养，一路下来，他擅长钢琴、乒乓球，喜欢读书、画画、打篮球、踢足球，偶尔还有作文获个小奖。最让他引以为荣的是钢琴成绩，多次获得省市大奖。渐渐地，他的交友圈子扩大起来，其中有粉丝，有比赛中认识的朋友，有慕名来拜访的人，也有朋友的朋友。

我希望的不是他坐在钢琴旁得到掌声，而是钢琴成为他一辈子不离不弃的朋友，无论顺境还是逆境，钢琴都能给他抚慰。

儿子一直保持的习惯就是，每天放学回家，先把最困难的练完，弹一个小时钢琴，然后写作业，完成作业后，剩下的时间可以自由支配。涉猎再广泛，儿子还是以学习为重，良好的学习习惯和或多或少的天资为他赢得了学业和各种比赛的好成绩，

他考进了重点高中。但美国开放式的教育理念更符合我的想法和孩子的个性。

孩子一上高中，我就跟他商议，让他为留学美国做准备，我帮他买了托福书，他自己也积极背单词，上托福辅导班等。所以他一边在高中进行紧张的文化课学习，一边利用课余时间和假期强化英语。

高二开学，儿子班里有个同学去美国读高中了。他跟我说“妈妈，我要是出去读高中，也能行。”我本能地摇了下头：“我哪舍得你这么早出去，而且奶奶更不会同意的。”每周送孩子去学校住宿，我都没有完全适应，一下子要孩子去那么远的地方，我想都没想过。

• 高中“留学党”的尴尬处境

在普通高中，准备出国的学生被称为“留学党”。国内的高中都是高一、高二完成基础课的学习，高三进行总复习。所以，高三对这些留学党来说，是一个非常尴尬的阶段。我朋友们的孩子，Tom的校友，也是这样双管齐下地度过高一、高二的。留学党们时常出现在教室中，又时常离开教室去往培训机构，他们喜欢高中班级的学习氛围，珍惜同学间的情谊，但又不能完全融入班级生活中。

到了高三，全班都进入总复习，课堂学习完全不适合留学党了，在这个时间他们开始为申请进入到美国大学冲刺，过去累积的英语学习能力，还需要刷分考试不断强化，他们没有精力深入系统地复习高中课程，而且班主任老师又不希望“留学党在教室中时隐时现的状态，干扰到参加国内高考的学生”，所以高三的时候，高中里的留学党都离开学校了，那么他们去哪儿了？

高三上学期，强化学习、刷分考试、申请都结束了，下学期留学党要学习AP课程（大学先修课程，考试通过后可以兑换美国大学的部分学分），这是机构重点推荐的学习内容。在这个阶段，除了选择学习AP课程，还有一些孩子去留学机构做兼职英语教师，既可以学习英语，还丰富了社会实践经验，还有的孩子到世界各地做义工。

看似偶然的机会背后，有着必然。儿子顺利进入美国优质高中做交换生，是因为我们一直都在为此准备，机会来了，抓住便是。

• 不期而遇的“交换生”项目，改变了我们的计划

高二上学期期末，在英国的朋友发给我一条微信，告诉我一个交换生项目，我打开链接认真地看了，动心了。

其实，孩子上高中后，我就把让他在大学时留学的准备纳入日程，搜索网络信息，听留学讲座，跟留学机构交流，制定他的留学时间规划，但我找到的信息中并没有“交换生”这个字眼。

根据英国朋友发给我的信息，我和青岛承办交换生项目的一家机构交流，回来后，我跟儿子说了交换生项目，他愉快地同意了。于是，我们的留学计划提前了，儿子决定先进入美国高中学习一年，然后申请大学。

但是就交换生项目跟留学机构交流中，我没有得到一点令人振奋的信息，有的中介说这一年孩子就是去美国玩了，国内的孩子都在刷分申请名校，交换生没有成绩优势，而且初到美国的第一年很难有突出的表现，这一年的经历对申请名校一点帮助都没有。我认同这种说法，事实也证明了这一点，但是我们没有通过不停地刷分进名校的想法。Tom从小喜欢探索，我们也会创造条件鼓励他去尝试新的东西，参加交换生项目，他对即将发生的一切充满了好奇，美国版图那么大，他会落在什么地方，大城市还是小镇？会进入怎样的高中？拥有怎样的老师和同学？会结识什么样的家庭，从未单独离家生活过的Tom会与寄宿家庭发生怎样的故事？一切的一切都是未知，这些未知和不确定性也无形中诱惑着他。我也希望他在保障安全的情况下，接受挑战，更早自立，沉浸在美国的学习和生活中，感受不同的文化，为更好地适应大学做准备。最终我们参加了交换生项目，事实上，通过这段经历，Tom适应美国文化、适应大学生活的目标望已经实现了，同时，这段经历也丰富了Tom的人生。

报名后，Tom参加英语SLEP考试，SLEP考试号称小托福，考查孩子的基本语言能力能否达到在美国学习和生活的要求，通过考试后孩子要根据SLEP成绩分组进行面试。每组都有讨论的题目，考官到各组看，观察孩子们在英文交流、思维水平、活跃度等方面的能力。如果测试不合格，学生就不能参加交换生项目，实在想出国读书，可以申请私立高中（不同水平的私立高中对成绩的要求不一样）。最后，机构根据孩子的成绩表现及国内就读高中的情况，把学生的资料提交到美国相应的高中，该高中认为合适就接收，Tom被美国南方的一所蓝带高中（相当于国内的重点高中）录取。

8月，一批孩子一路相伴，飞到了纽约，与来自世界各国的交换生进行了几天的学前培训，然后就各自奔赴目的地，有的去大城市，有的去郊区，有的去偏远的小镇，被homestay热情礼貌地迎接到美国的家。

Tom：一年交换生，我更顺畅过渡到美国大学

Tom：18岁，曾经就读青岛公立高中，现就读美国私立文理学院。

爸爸：研究生毕业，从事科研工作。

妈妈：教育硕士，大学教师。重视孩子的全面培养，在素质教育和应试教育的夹缝中求平衡。

• 听课并不是那么难，真正难的是完成作业

没来之前，我还担心自己无法听懂老师讲课。进入课堂后，却发现，在美国高中，听课根本没有问题，因为高中老师的英语大部分比较标准，尤其是教英语、历史的老师，吐字非常清晰。上课时，老师都有非常详细的课件或者板书，他们教授的知识是有限的，更多的是领着大家记材料，或者是记已经被整理好的材料——PPT。事实上，美国高中生的平均词汇量是不如我们的，很多老师使用的单词他们也听不懂，所以老师会解释。另外Google、YouTube上的资源非常全面，可以对知识进行补充。当然，如果不巧，你的教授说的是墨西哥英语或者印度英语，你听课会有一定难度。

我面对的比较大的挑战是需要大量阅读资料，除了理科课程。这些阅读甚至比老师讲的课更重要，更快的阅读速度意味着更快地接受知识，也就需要更高的英文水平。

如果只是一般的阅读分析还好，最难的作业是论文（Essay）。比如，英语课上，老师要求我们写小说《冷山（cold mountain）》的论文。老师会先让我们看《冷山》改编的电影，大致了解小说的内容，再就是给我们一周的时间，读完小说，从老师给出的5个论文题目中选择一个，还要写出3个以上的Sources（指权威出的书或者文章，把其中支持我论点的部分节选出来），1000字以上。因为读书的时间有限，还要在论文中写出自己的观点，我觉得自己严重被虐。另外，学习古英语，老师给出的古英语诗，我了解意思都挺困难，要怎么写深层次的分析？老师还要求我们严格地按照韵脚写诗。不过，作为大学的一枚理工男，昨天老师还夸我诗写得好，问我

要不要上她开的Technique of poetry，但是，当时我想有Free Friday，就拒绝了。

所以，要想尽快适应国外的学习，最好早一点开始读英文原版书，加强对英语的理解，提升阅读速度。

• 丰富多彩的课程设置

美国中学于每年8、9月份开课，不同的地区有差异，至次年5月下旬到6月上旬结业，分两个学期。每学年包括两个主要假期（暑假和圣诞节假期）、短暂的春假秋假、两个小假期（感恩节假期和复活节假期），和一些只有一天的假期（通常这种假期连着周末）。

学习科目：美国公立高中一般设4个必修科目、3个选修科目。必修课为：数学、英语、科学、社会学。科学包括生物、化学、物理或地理、环境、海洋科学等；社会学包括美国历史、世界历史、经济学、心理学等；数学包括代数、几何、三角函数等。每种课程依据其深度和难度分为基础、荣誉、高级等若干等级，分别编号，供不同年级、不同程度的学生选择。因为课程的难度代表着一个学生的学术水平，这也是大学录取的一个重要依据，如果要申请名校，就要选难度大的课程，还得保持好成绩。

选修课有高等数学、艺术、艺术史、计算机、当代历史、创造性写作、摄影、世界问题、音乐、音乐欣赏、出版与年鉴、戏剧、演讲、合唱、室内乐、JROTC（美国预备役少年军官训练营）。

好的高中还会开设大学学分课程（AP，全名为Advanced Placement），进入大学后可获得学分的减免。

各种社团（有老师的），比如体育方面的有足球、橄榄球、篮球、棒球等。文化方面的有中国文化研究，加拿大文化研究……音乐方面的有各种乐队，如symphonic band，marching band，orchestra band。

在美国高中开学前，社区联络员带我去学校与学习顾问沟通选择课程，对留学生来说，选课不用管需要修多少学分，只需按照美国高中的要求，每个学期最多上7门课（每天只上7节课），其中4门必修课，3门选修课，参加社团也算一门选修课。我第一个学期选择7门课，AP数学BC、英语、历史、AP物理C、天文、艺术和政府。第二个学期选择7门课：AP数学BC、英语、历史、未来规划课、演讲、乐队、经济。第二学期我想进乐队，就把跟它时间冲突的物理取消了。数学和物理对中国高中的理科生来说并不难，有一些是学过的知识，美国课程的知识点需要掌握得的并不是太深入，但是覆盖范围大。选政府和经济课是因为我觉得自己需要加强对美国的了解。我喜欢天文，但是我不知道这个课和历史相关，课程很简单也没什么意思。美国历史、艺术和音乐是我非常喜欢的。未来规划课和政府课很简单，只是得时刻清醒着抄PPT，政府课是我上过的最枯燥又难以理解的课，各种法令修改案繁杂到令人抓狂。

• 各个团队都欢迎你的加入

在美国，圈子是很重要的，你想往什么方向发展，就往哪个圈子凑，一般每个圈子都会极其热烈地欢迎新成员，所以尽管shoot them E-mails（给他们发邮件）吧！他们会因为你选择他们而感到荣幸。我所接触到的小团体（有7～8个人，不是社团，也不是学生组织）有搞电音的，有玩魔方的，有Bible study的，也有玩League（英雄联盟游戏）的，大家各有各的特长和爱好。

在美国的一年，我从来没有遇到过种族歧视，也没有被冷落。我所在的学校白人和其他种族数量相当，同学们都文明、友善。当我说我来自中国，同学们的第一反应都是Cool！

高中没有固定的班级和教室，学生根据自己的情况选课，所以朋友圈可以分布极广，而且还有facebook这种交友神器，想不多认识些同学都难。由于我钢琴弹得好，所以Band里的人都认识我。学校的Band总共有200多人。中午吃饭时可以打一路招呼。尴尬的是，他们都能叫出我的名字，但我却只能回复“Hi”。

在中国，大部分特长只能用来跟同学装酷，展示的机会极少。我不觉得中国有才能之人少于美国，而是大家普遍缺少交流的意识。我从5岁开始练琴，至今练了13年，交到的真正懂并热爱音乐的人少之又少。然而在美国一年，练琴时我就先后认识了玩电音的、唱男高音的，还有一个在音乐学院上学的跟我弹同一曲目的中国人（我是在教堂的时候认识他的）。玩魔方时我认识了一个在Rubik's team（魔方队）的人，被他狠狠地虐了一顿（他用的是CFOP解法，我用的是传统解法，所以……），玩纸牌的时候认识了同为新手的一个Band成员。总之，只要你有爱好或者特长，在美国一定能展示出来，找到自己的圈子。不，是适合你的圈子会来主动找你，你会交到更多的朋友。

在美国高中的上学期，我因为要准备SAT考试，而且课表排不开，就没加入乐队。但朋友让我在排练室表演，吸引来包括跟我很熟的乐队老师在内的围观者。在下学期，本来乐团的主席只让我给不同的乐队弹钢琴或者给其他乐器伴奏（因为很多曲目不需要钢琴，所以我没有固定的席位），但我最后还是加入了Symphonic band（交响乐团）的percussion（打击乐器组），弹马林巴琴。原因是我的好朋友在band里，我也想尝试下打击类乐器（事实证明其实不是很好玩，我还是更喜欢古典音乐）。

美国崇尚自由的背后是对规则的尊重和恪守。

• That's just how it works

绝大多数美国人对规则都相当尊重，并认为这是自然而然的。我的第二个Homestay有许多家规，比如15岁前不能带智能手机去学校，晚上要把电子设备放到房间外，不能在厨房以外的地方吃东西。我问过最小的弟弟会不会对这些规则感到不舒服，他耸耸肩，侧侧头，嘟了嘟嘴，然后说："that's just how it works（就应该这样吧）。"他们对待规则跟日出日落一样自然，这种把规则和执行自然而然地等同起来的态度让我记忆深刻。

我所在的学校管理也非常严格。如果在应该上课的时间不在相应教室，你需要向上一节课的老师要一张card，证明你不在课堂得到了允许。在课上想去厕所都要带相应老师的card。

同样，不同的教授对学生也有不同要求。在学期开始时，教授们会发课堂要求，有的不允许上课吃东西，有的不允许上课拿出手机，也尽量别在课上睡觉，虽然大部分教授不会直接把你点醒，但对你的印象会非常差。比如我的数学课就允许吃东西和使用手机（仅限照照片和查资料），但演讲课就不允许使用手机和吃东西。每次上课前和同学演讲前，教授都会强调把手机收起来。

乐团的排练比上课的规矩要严格许多，比如，严禁使用手机、不能吃东西、老师说话的时候要绝对安静、必须目不转睛看着说话的人，而且老师没有说开始前，乐器不能发出任何声响。若偶然有人破坏了规矩，旁边的同学就会以开玩笑的方式提醒。有一次老师在讲话，班上寂静无声，我手里的鼓槌不小心碰到了鼓……全班都往我这边看。这大概是我现在能记得的为数不多的极为尴尬的场景。以后只要不练习，我手里就不拿东西，也算吃一堑长一智吧。

• 紧凑却不失活力的数学课

美国的课堂不像中国课堂那么压抑，即便有些课程难度大，课堂节奏也只是更加紧凑，却不失活力。我最爱的数学老师就是一个既有知识储备，又有教学技巧，而且还热爱数学的有趣之人，他的文身是数学公式。AP Calculus（大学预修微积分）的课堂密度算是比较大了，但每讲完一个知识点，或者例题，他都会问：（‘Any question？’）而且‘question’这个词，声音会拉得比较长。

记得第一天上课，我进教室时，他正坐在一个竖起来的轮胎上，跟一个坐在他办公桌上的学生聊天。一次特殊装扮日，他在头顶（他把头发都剃了）画了一个从后脑勺指向眉心的蓝色箭头，又在胳膊上画上蓝色箭头，指向手掌，看起来特诡异。在课堂上，他还经常给我们分比萨。有一次上课，忘记起因是什么了，课上了一半，他突然跟我们比后空翻，这为课堂上奠定了活泼的基调，但只要老师开始讲课，我们立刻进入鸦雀无声的状态。

每节课课前教室如闹市，只要老师说：“Ok，class let’s begin!”所有的喧嚣瞬间就消失了。有一次我在跟同学聊下一节英语课的Essay，还剩几个词就能说完，老师说上课了，原本我想小声把那句话说完，旁边同学却给我比了个噤声的手势，我生生把那几个单词咽了回去……

• 令人惊奇的Marching Band

在我们学校，有两大类学生团体，Band和Team，就是乐队和各种球队。乐队的规模以Marching Band（行进管乐队）为首，Symphonic Band其次，Orchestra Band再次，然后是Jazz Band。Symphonic Band是音乐水平最高的。

Marching Band，一般是在橄榄球赛中场休息的时候表演，学校间也会PK。Marching Band以管乐器为主，打击乐为辅。我们学校所在的地区，Marching Band是和橄榄球队同等盛大的活动，仅乐队人数就有近200人，还不算跳舞和执旗的。我记得刚开始在学校上课，认识新朋友的时候，都会问："Are you in band? "就算不在Marching band里，也有可能在别的乐队里。

第一次参观Marching Band排练给我的那种震撼，直到现在，甚至不用闭眼，稍微一想，便能感受到。当时是在室内，没有Marching，只是在排练曲子，我和一个泰国的交换生站在指挥后面，就是说在整个乐队的环抱中，目测，乐队至少有150人。虽然排练的是简单单音，却极为宏大，而且非常整齐，起止统一。受室内的场地限制，band成员们站得密密麻麻，再加上明晃晃的管乐器，场面十分壮观。室外排练时，大家在保持吹奏的同时，还要不断变换队形，或者跑步调整队形，然而乐曲却始终如一。不禁让我想起国内高中的室内乐团，只有20人不到，每次都要起好几遍才能做到整齐。

在美国，只要参加了社团活动，就算后来不太喜欢了，也一定要极其认真（甚至超过对课程的认真）地对待退出这件事。在我的学校，Marching Band是非常主流的学生活动。许多成员学习乐器就是为了参加Band。我问过很多Band成员是否喜欢Band，他们的回答都是肯定的，没有丝毫犹豫，并且引以为荣。而这背后，却是极耗时间的排练。暑假期间，每星期的一、三、五都有早练，下午再排练，而上学期间，一周有3天都要从下午4点练到8点。有时需要为橄榄球赛表演，一直到晚上11点多才能回家，有一次我凌晨4点的时候醒来上厕所，看到客厅的灯还亮着，弟弟盘着腿坐在地毯上写作业。我从他侧后方走过，跟他中间隔着一个沙发，他居然没注意到我。第二天，我问他，白天上课困不困？他轻松地，用升调答我："nope！"

• Homestay免费提供食宿，承担家长的责任

Homestay也被称为爱心家庭，他们不收取食宿费用，Homestay的家长就是交

换生在美国的监护人，承担一个家长应做的所有事情。他们也希望能够借助这样的机会，增加跟交换生的文化交流。申请homestay的时候，需要填写安置表，机构会根据安置要求等信息将申请人匹配到相应的家庭。我当时填写的安置要求大致包括：希望有兄弟、家里有钢琴、父母都在、不吸烟、可以有宠物。

因为美国办了这么多年的交换生项目，有些中产家庭已经接收过多次交换生了，他们再没有接收学生的需求。所以homestay的来源越来越少。我在暑假来到美国，距离开学还有一段时间。美国很多家庭都在孩子假期时外出度假，家庭的安置迟迟落实不了，我们这批交换生有的到美国后只能去临时家庭，包括我，都是在welcome family住了一个月，才正式搬到homestay。幸运的是，我住过的两个家庭都非常好，完全符合我的要求。我在welcome family的美国爸爸和美国妈妈都是华裔，是第三代移民，他们跟父母在一起时说粤语，但在家时完全讲英语。美国爸爸、美国妈妈、两个哥哥和两个弟弟，都极其善良，做事认真负责。在welcome family时，他们待我和另一个交换生也极好，但我能感受到那是对待好朋友的情感，这也是大部分美国homestay对待交换生的方式。而在第二个homestay时，我就感觉到他们是真把我当成他们的孩子来负责的。

我了解到有的交换生跟homestay亲得像一家人，跟家里的孩子们一起玩，一起度假，骑马、钓鱼等。

但也不是每个交换生都这么幸运。如果homestay不合要求，中介会和我们沟通，比如有一个交换生的homestay只有父亲一个人，中介问交换生的家长是否介意？由于不想再继续等待，这个交换生就同意了。他在这个homestay生活了一段时间，觉得不合适，与中介交涉换了家庭。还有一个交换生的homestay是农场主，要求他干太多农活，给他吃的也不太饱，他有种被剥削劳动力的感觉，也强烈要求换家庭了，对第二个homestay很满意。还有一个交换生的homestay是一对老夫妇，待她亲如孙女，但是家里缺少活泼的气氛，这偏远。老人不爱带她出去玩，她常常想家，但住在那里最大的好处是有很多时间可以学习。

被分到怎样的homestay只能看运气，交换生无法选择，更换家庭则需要非常充足的理由。

由于homestay接收交换生也是出于交流的目的，他们十分期望，甚至要求交换生完全参与到家庭活动中，比如一起去教堂、聚餐和出去玩等。如果交换生不接受活动可以和社区联系员沟通，并由后者协调。我们这批交换生在美国的际遇均不同。最初，我跟homestay相处得并不太顺畅。我非常喜欢和两个哥哥聊天，聊他们的大学、专业和未来，他们也知道我在申请季，就把他们的经验毫无保留地分享给我。可他们都在上大学，并不是每个周末都能回家。我的两个弟弟性格都有点内向，我们唯一的兴趣交集就是篮球。但是，他们感兴趣的，诸如Star War、减肥和闯关之类的节目我不感兴趣。我最擅长的弹钢琴，他们不感兴趣。中国文化，他们也没兴趣。我被要求多与家人相处，就是每天完成作业后，要保证和家人聊天一个小时。所以，开始的几天，我在介绍了中国文化后，可和他们聊的就只有NBA和他们所在学校的篮球队和足球队了。美国爸爸非常老实厚道，不太健谈。美国妈妈喜欢和我聊天，非常耐心地回答我的问题。

作为交换生，我们有一个独一无二的特权，那就是什么都可以问。没有人会觉得你无知或者没有礼貌，因为“文化不一样”。所以，你大可直接“自然地开启对话，而不必担心自己突兀地提及一个话题”。当然，交谈时你要刻意留心他们涉及的话题和幽默点，这样才能更快融入语言环境。

我弟弟经常有足球比赛，虽然美国妈妈每次都说我可以选择不去，但我知道去了肯定会让她开心。而且，这种娱乐活动是跟他们交流、沟通的绝妙机会。

在homestay我只承担很少的家务——和两个弟弟共同负责剪草坪。吃完饭，我还帮美妈收拾碗，但她说周一到周五她负责刷碗，让我们有更多时间学习。到周末我和弟弟轮换着涮碗。衣服由妈妈收集起来一起洗。

美国妈妈不出去工作，她会在家里处理工作问题，早上她给我们准备好早餐。家里的零食存放在一个大壁橱里，每天早晨上学，把午餐及零食水果带好，我弟弟过了16岁生日，就由他开车，我们一起上学（我们在一个学校）。

我住的homestay吃饭比较讲求营养搭配，不太讲究味道。美国人的厨艺可以用“简单”来形容，这大概和他们崇尚自然有关。比如，美爸钓回来鱼，蒸熟了撒点胡椒粉就吃了，鸡胸脯肉也是煮熟再稍加佐料就端上餐桌。蔬菜以沙拉为主，有时候是steamed veggie（就是用蒸汽煮蔬菜），以瓜类、胡萝卜和西蓝花为主。有一次，晚饭里有深色绿叶菜，我一开始以为是用茶叶做的，很惊讶，后来才知道那是菠菜……美国人对饮食文化的理解与中国人的差距，就如同当今美国和改革开放前中国科技的差距。他们的食用醋像乙酸，比起日本的寿司酱油，美国的酱油也淡了许多，这两种承担中国美食巨大使命的调料在美国却没有得到应有的重视。也许，这就是东西方在美食上的差异吧，东方胃适应西方餐食需要一个过程。这也燃起了我利用假期回国跟妈妈学习做中餐的热情，学成归来，我要为美国爸妈露一手。

• 我和美国爸妈用善良真诚化解文化差异

我在国内上学养成了一个不好的学习习惯，就是不大看重副科，所以经常会在政治课、历史课上睡觉，但在美国，上什么课都不允许打盹。刚进入美国高中，每天的生活节奏特别快，我早上5:50起，简单洗个澡，急忙吃个早饭，带好午餐，6:30在站牌等校车。午餐后没有休息时间，很快就上下午的课，15:00点左右放学。美国的作业忽多忽少，作业少的时候，1小时就能完成，而有时候，尤其是要同时完成Band训练和英语的Paper，那就得做好熬通宵的准备了。记得有一次Band训练16:00点开始，20:00点结束，21:00以后我才吃晚饭，然后还要写麦克白的Essay。当天数学作业又多，通宵都没写完，我在第二天的天文课上才把Essay写完。刚开始上学，阅读速度慢，完成一份作业要读很多文章，花很长的时间，由于睡眠不充分，我早上听不到闹钟，起不来，美妈对我很有意见，她认为这完全是个人的事情，应该自己处理好。于是我想了各种办法，尽量早睡觉，换个声音大的闹钟，慢慢才好起来。为了防止上课打盹，美妈还帮我选择咖啡。

不同文化的差异对任何人来说都存在，我的同学邀请我去参加他的生日party，因为需要美国妈妈开车送，我不好意思麻烦她，就谢绝了。美国妈妈知道后表示，她非常愿意让我融入美国生活，也不会嫌麻烦，因为这是一个妈妈应该做的事。

我并不是跟谁都自来熟，开始跟homestay的家人相处，不理解时有发生。第一次去商场买东西，他们觉得我初来乍到，就主动要帮助我，而我觉得这样会浪费他们的时间，就说自己买，但是付款时还是出了点乱子。美国妈妈不理解我为什么遇到困难时不寻求帮助，于是就我的一些问题，比如买东西的关注点（买电脑时过多看重外观，没去关注性能）、运动方式（经常在室内健身），跟他们某些习惯不一致等跟社区联络员汇报。社区联络员再给我中国妈妈写邮件。

申请美国大学需要托福和SAT成绩，为了考出好成绩，到了美国以后，我还要坚持跟国内的老师上一对一的网课。学校的功课再多，homestay都能接受，但若是我因为要上网课而拒绝和他们一起出去玩，美国爸妈就认为我跟他们相处的时间太少。我在和社区联络员、美国爸妈、中国妈妈还有国内的交换生机构多次沟通解释后，最终相互妥协，我可以有一些TOFEL和SAT的备考时间，但要尽可能压缩，并且向homestay承诺，我只会在申请前忙碌一段时间。其实，他们不接受我在备考中投入过多精力，我是能够理解的，因为他们不是让一个中国学生无条件享用他们所提供的住宿环境，而是以完全融入融洽相处为前提条件的。同样的，如果总是坐在自己的房间里学习，独来独往，也失去了作为交换生的意义。

在这个过程中，妈妈总是告诉我，无偿为我提供服务的家庭都是有爱心的，希望我能从对方的角度去看待事情，因为美国妈妈对我的要求和规定跟她对自己孩子的是一样的，说明她也把我当成自己的孩子，人家为我付出的多，自然对我的约束就会多，让我理解别人、适应新环境。当然，我也能感受到美国妈妈的善良。

人与人交往并不难，你不需要成为社交达人，只要有一颗善良真诚的心，就能赢得爱和理解。homestay对我的评价是单纯和善良，他们也献出了无私的爱。

文化和习惯的差异造成了种种不顺，而沟通和爱是化解矛盾的前提。

• 美国妈妈的生日礼物让我泪奔

圣诞节和感恩节是美国两个最大的节日。感恩节当天，我们邀请了熟悉的church family，20多个人，一起吃晚餐。一般来说，在美国，大家到别人家聚餐，不带礼物，而是每家负责一道菜，在家做好了再带过去。吃完饭，就是聊天、玩，我也是在那个时候学会打麻将的。

平安夜倒是没有盛大的晚宴，因为homestay的传统就是20:00点以后孩子不能下楼，自然不会再有什么活动了，我猜测是爸妈要把礼物摆到圣诞树下，不想让孩子们看到。

美国圣诞节的传统是孩子可以向大人要一个圣诞节礼物，其他的则由大人决定送什么。我大弟弟的主要礼物是Iphone 6s。这个其实在黑色星期五的时候就买好了，在圣诞节那天作为礼物送给他，也在他意料之中。二弟弟抗议说自己也想要“6s”，然后妈妈就皱着眉说：“But you've already had 6!”说6的时候，她的声音变细。我收到的礼物是一个索尼蓝牙耳机（我记得有一次逛商场，我说想要一个耳机，美妈就记在心里了，真的好感动）、一条围巾和一副手套、一个篮球、一副扑克牌（当时我沉迷纸牌魔术不能自拔）、50美元。除此之外，还有各式各样来自教堂朋友的礼物，真的让我好感动。我也送他们很多我从中国带去的礼物。

我在回国后过的生日，在我生日的前几天，我收到了美国妈妈寄来的一个小箱子，她把我在美国的经历，用照片和文字制成了一本相册，邮寄给我。那一瞬间，我感动得泪奔。我妈妈也送我礼物了，她把我从出生开始的经历制成了电子相册，与美国妈妈如出一辙。很幸运，我有两个好妈妈。

• Church Family是温暖的家

我的homestay是一个非常虔诚的基督教家庭，所以宗教活动很多，业余时间主要在教堂度过。每周日晚上他们会在家里学习圣经，为了跟他们保持一致，我也买了圣经学，哪里不懂就问哪里，他们会耐心地讲。

教堂活动每周有2～3次，周五晚上去的时候，不同年龄的人会被分到不同的房间，做不同的事情，我们这些年龄相近的孩子们就凑到一起玩，做游戏。

周六下午是非正式的学习时间，周日是正式的学习时间，就是我们所说的“Sunday School”。第一个环节是所有家庭在一个大堂里听牧师讲课，唱赞美诗。之后大家就去上不同的课。课可以自己选，有学习旧约的，有学习新约的，也有学习世界宗教对比的。到了下学期，所有的十二年级学生便统一上了“Senior Seminar”课，内容是圣经的起源。

因为我本身没有宗教信仰，开始也并不喜欢参加教堂活动，只是这是和homestay融入的一部分，我就把这当英文练习了，听牧师讲一些做人的道理也不错。随着去教堂的次数多了，我也认识了很多朋友。一天课后，我在教室弹琴，有个中国人走过来，微笑着跟我打招呼，原来我们竟是高中校友，她把这归功于上帝的妙手。几乎每周教堂活动我都能见到她。

在美国，不管有没有信仰，一个人若要真正融入当地文化，去教堂绝对是不能缺少的。信教的人大多数极为善良，从他们的祷告就能听出。每周日晚上，我们会为教堂里生病的人祷告，为考试祷告，为遭受恐怖袭击的无辜群众祷告。我也为我生病的奶奶祷告过。同时，我也会为弟弟赢得了球赛感恩，为教堂里的朋友被大学录取感恩……即便我没有信仰，他们待我也和其他人毫无区别。Church Family实在是太温暖了，真的就像真的family一样。不知为何，在唱赞美诗时，尽管我不信上帝，却依然觉得自己很虔诚，大约是被歌词和其他人的态度所感染了吧。

在美国，教堂就是一个大型的社交圈子，以主为中心，把社会各个阶层的人们聚集到一起。我印象最深的一句话是：“At least we have the same God。”

• 自称为“东方不病”

在国内的时候，妈妈经常煮粥、煲汤，吃山药养胃。我去美国前，她特意让我带上保温杯，要我随身带着热水喝。可是到了美国，我们一直以来遵守的养生理念被彻底颠覆。这里大部分是冷食，而且美国人从来不喝热水，常温水也不喝，而是喝经过冰箱冷却的冰水，餐后的甜点都是冰激凌，我也入乡随俗了。每过一段时间，妈妈就会问我的健康情况，我说自己从来没有胃疼、肚子疼或者感冒，一年下来，我直接称自己为“东方不病”。

不得不说，美国的卫生措施和美国人的卫生意识都太到位了。走廊上随处可见消毒液（eliminate 99% germs without water），大家出教室后都会随手消毒。在健身房用完器械都要用消毒水和抹布清洁自己碰过的地方。

• 做交换生，让未来的选择更清晰

我们国家的高考制度跟其他国家不同，我的一个泰国朋友曾做过加拿大的交换生，然后又跟我同年来到美国做交换生。两次交换生的经历坚定了她回泰国读大学的决心，因为她更喜欢泰国的环境。她可以把当交换生时的成绩换成国内的学分，对申请泰国大学没有影响。但是我们国家的高考是不一样的，我离开中国的高中，虽然学校还给保留了学籍，原则上是可以参加高考的，但是没有经过紧张充分的考前复习，想考上一所好大学是不可能的。

幸好，在当交换生期间，美国给我留下了非常好的印象，我喜欢那里的干净和人们的友善，我愿意继续在美国读大学。但并不是所有的交换生都是这样想的，在我们一起出去的学生里面，有一个学生对美国不再感兴趣，坚持回国复习一年再参加高考。还有一个学生感觉到种族歧视的压力，申请到其他国家留学。

学校是否为名校并不重要，适合自己的才是最好的。

• 我决定提前申请美国大学

美国大学申请分提前申请和正常申请，提前申请包括提前行动Early Action（简称EA）和提前决定Early Decision（简称ED），常规录取是指Regular Decision（简称RD），两种申请需要提交的材料都是一样的，EA/ED的录取率要高于RD。

提前行动ED根据截止日期不同分为ED1和ED2。ED1截止日期一般为11月初，ED2截止日期通常为第二年1月初，具体时间各学校自己规定。ED成功的学校是必须要去的，所以只能ED一个学校，这类学校也往往是申请者拔高的冲刺学校。EA与ED的截止时间接近，区别是EA可以同时申请多所学校，申请成功是可以不去的。

对于母语非英语的中国学生来说，申请美国大学需要提交TOFEL和SAT成绩，TOFEL考查基本语言能力，SAT考查学术水平，SAT在亚洲很多地方都有考场。美国大学的录取是要全面地了解申请者是不是适合他们学校，除了看成绩，还要看其主要参与的活动等。所以想申请好的美国大学，必须提前做好准备和规划。一般来说，TOFEL和SAT成绩能达到比较理想的分数至少要参加过2～3次考试，所以打算申请EA，ED的话，要在10月底之前拿到比较满意的SAT和TOEFL分数。

EA/ED的录取率为什么会高？在RD申请的时候，可以申请任意多个美国的大学，所以一个申请者可能会收到好多个Offer，当然你只能去一个大学，另外的几个学校的录取名额就浪费了。ED申请的学生一定是对此学校情有独钟，如果学校正好同意录取，也是皆大欢喜，大学完成了部分招生计划，学生也提前从申请的煎熬中得到解脱。EA/ED的录取率相比RD要高，也就相当于降低了录取难度。但是，在等待EA/ED的录取结果的同时，还需要继续准备考试，准备RD的申请，因为即便你ED，可学校不一定给你发offer。

EA/ED没有录取，学校会自动把学生放入RD。到了RD的时间，大批申请者蜂拥而至，而且学生们经过不停地学习、考试，这时候大家的分数及各方面的表现都会更优秀，所以竞争更激烈些。

我的情况是到了美国我又参加了SAT和TOEFL考试，TOEFL成绩提高了，而SAT成绩下降了。托福就是考查基本语言能力，在美国是全英语环境，托福成绩自然会提高。可SAT的学习难度很大，阅读及写作的水平可不是通过短时间训练就能提高了，国内某些SAT高分考生并不代表着真正的实力，而是把历年所有的真题（相当于题库）多做上几遍，考卷都是以往真题的重复（为了改变这种重复考题的状况，SAT考试从今年开始换了题型），我在国内也经历过强化学习，而到了美国一下子要面对全新的环境，学习的强度下降了，分数就掉下来了。

其实选择大学还有重要的一点，能力的匹配，靠强化学习刷题获得好成绩进入名校，到了大学会承担更重的学习压力。美国大学的四年毕业率不是太高，甚至有不少人考试不合格中途被学校退学的，不堪重负生病休学、抑郁的也普遍存在。妈妈为了减轻我学习和生活的压力，建议我提前申请。

我在美国跟homestay的哥哥以及当地美国同学交流，了解了美国人上大学的想法。美国有4000多所大学，有公立和私立之分，公立大学学费低。他们并没有我们中国人这么强烈的名校情结（当然社会精英除外），我的两个哥哥学习都非常好，热爱体育，他们申请大学的时候同时申请了常青藤学校和州立大学，但是他们选择了离家近、费用低的州立大学（州立大学对本州的学生学费优惠），我美国高中的同学也一致认为州立大学是他们的最佳选择，而且homestay以及学校的升学顾问基本上只熟悉州内的大学，向他们咨询大学情况，他们甚至会推荐一个排名100名以外的学校。受这样的观念影响，我们这几个申请大学的交换生，都没有进入争抢激烈的名校，而是寻找适合自己大学。

我和妈妈对大学的定位是：

（1）私立大学。因为公立大学的学生都有几万人，虽然大学校活动丰富、资源丰富，但只有积极的学生能抢占到较多的资源，比较保守的学生拥有的资源根本达不到人均比。私立学校人少，师生比高，全是教授授课（公立大学有时是助教上课），学生跟教授接触的机会多，学生拥有的学校资源基本能达到人均比例，而且毕业率相对较高；

（2）华人少的大学。公立学校华人太多了，进入大学很可能又扎进华人圈了，所以选择了文理学院；

（3）奖学金。私立学校虽然学费高，但往往慷慨地提供奖学金，通过奖学金可以把留学费用降到公立大学的水平。

每个大学的网站都有详细的关于学校的介绍，也有网站专门把各大学跟留学的条件汇总到一起供人查询，包括录取率、分数要求、需要提交的材料、学生来源比例、师生比、四年毕业率、奖学金分配情况、毕业后薪金情况等。我们当时直接以文理学院（是私立大学的一种）为目标，文理学院崇尚的就是我们国内说的博雅教育，以基础教育为主，重视人文培养，学生的全方面发展。按照USNEWS美国大学排名，我们要一个个地看学校的录取条件，对能满足申请条件的大学，再看我们关注的几个点学校是否具备，选择一个给奖学金慷慨的、华人少的、毕业率和专业都不错的文理学院。

幸运的是，在我准备出门再次参加托福考试的那天，收到了学校发来的邮件，申请成功了，学校还提供半额奖学金。于是我放下重负，放松地融入当地的生活中。

人生就是由一个起点迈向另一个起点，没到达下一个点的时候，永远不知道后来会是什么。

• 一年交换生，儿子蜕变

一年的交换生结束，看着一年前离开时那个恋家的小男生转眼成长为有主见、敢闯荡擅交流的男子汉，我感慨万千。总结起来，他的收获主要有几点：

（1）英语能力的提高。一所公立学校一般只安排一名中国学生就读，完全没有中国人的圈子。交换生的学习及生活都在全英文环境，英语听、说、读、写的能力在潜移默化中自然地获得极大提高。他在美国考了一次托福，成绩一下子就长了10分。

（2）开阔的视野，感受异国文化。交换生项目机构会定期组织本地区的交换生一起活动，让这些来自不同国家的孩子们进行交流，丰富视野。交换生像homestay的孩子一样，跟homestay完全生活在一起，参加所有的家庭活动，深入感受美国的社会和生活。

（3）由美国基础教育衔接大学教育。美国高中会把平时作业、测验、讨论、期末考试等的所有成绩按照一定比例计算出总评成绩，这种与国内不同的评价方式让孩子任何时候都不能懈怠。另外，大量的阅读、做论文、做展示培养了孩子的思维能力和创造力，丰富多彩的课外活动、体育活动、赛事带给孩子不一样的体验，让孩子更容易地过渡到大学生活。

（4）独立意识的增强。孩子18岁生日时，我问他想要什么礼物？他想了想说：“送我一次一个人的旅行吧。”这也正是我的想法。于是，他收拾行李，订机票、转乘的火车票、住宿等，就出发了。在香格里拉玩了几天后，与路上相识的同伴，一路沿滇藏线搭车进藏，沿青藏线搭车到西宁，后来从兰州回家。途中遇到各种震撼的美景，遇到了各种年龄经历性格的人，他们一路玩下来，成为好友。在路上，他遇到了一个非常爱读书的姐姐，回来跟我感慨：“第一次见到一个这样书不离手的人。”受驴友的影响，孩子也更爱读书和旅行了，他说喜欢自己在路上的感觉。旅行后，他更加坚定地热爱生活，增强了责任感，未来的职业方向、生活目标也越来越清晰。

• 大学，每一天都值得珍惜

Tom被大学录取后，学校让新生填很多表格，如，自己的性格爱好、希望选择什么样的室友、有什么专业意向等，按照他的意愿，学校给他安排了一个同样喜欢户外运动、生活比较规律的美国男孩当室友。得知室友的邮箱后，他们互发邮件，Tom还向室友推荐了微信，虽没见面就已经很熟了。

假期收拾好行李，Tom买了一堆中国风的礼品，一个人出发了，到北京与校友们会合，再飞往美国，飞到又一个人生的新起点。有一天Tom对我说："老妈，我得学画画，学校的秋天太美了。"于是他买了画具，从素描开始，到youtube上学习。他在微信朋友圈分享：在我给教授发了6封邮件后，Drawing课教授终于同意为我增加一个下学期的座位。还附了一句，当时正在听ever lasting god，感谢主！

也许是他的幸运，他的室友热情善良（全家人都很友善）、爱学习、阳光开朗。他们一起参加了户外俱乐部，但是室友的运动水平是专业级的，Tom说："没法跟他一起游泳，他游得太快了，我都跟不上。"当然，在同学们的眼里，Tom的钢琴水平也是专业级的，他弹钢琴的时候，仍然经常有音乐爱好者邀请他加入乐队。

Tom珍惜在大学的每一天。很多好的课程想学，很多有意义的事情想做，可是时间太有限，也许真的像他室友所言："把睡觉留到死后吧。"感恩节假期，他计划和同学们一起去纽约玩，因为那里有他喜欢的好多博物馆：大都会艺术博物馆、美国自然历史博物馆、纽约历史社会博物馆、现代艺术博物馆等。他说圣诞节假期，有同学想约着一起旅游，室友约他去家里过节，可他还是想去做交换生时候住的homestay，那里是他的第二个家。

我想，在美国做交换生这一年，对Tom内心深处的影响可能无法用言语具体表述，但它们会在他的身体中慢慢释放，潜移默化地影响他的人生走向。

我对Tom的期待就是八个字：自信、阳光、健康、乐观。如今，他在大学感受着生命的美好和继续前行的动力。也许，他的生命轨迹正如我的期待那样：可以不出众，但必须精彩。

Kevin，从国内公立学校到加拿大高中的完美转身

陈晓颜　采写

为什么选择加拿大的夏令营

加拿大的夏令营种类繁多，能够充分满足学生的不同需求。按时间划分有走读夏令营和住宿夏令营。前者意味着学生白天在夏令营，晚上回家和父母团聚，或者租住在当地人家；后者则需要学生独立在夏令营生活，时间从1周到1个月不等。

按性别划分有男生夏令营、女生夏令营和男女生混合夏令营。按内容又可分为传统夏令营和专项夏令营。

加拿大夏令营历史悠久，稳定的社会环境能够确保学生安全，因此，每年来自日本、中国、新加坡、欧洲等地参加活动的学生人数超过3万人次，参加夏令营的学生主要前往温哥华、多伦多以及蒙特利尔等加拿大主要城市。

家长说

从夏令营到留学，这条路对每一个孩子和他们的父母来说，那么近，又那么远，但选择了，坚定走下去，就一定能在这条路上走出自己的精彩。

Part 2 Kevin的留学历程，从手足无措到游刃有余

柴懿轩 / Kevin：参加夏令营时14岁，在西安公立中学读初二。爸爸妈妈均为电视台工作人员。

• 从小就开始为留学做准备

我在电视台工作做少儿节目，因为常常带着Kevin参加我们的活动，耳濡目染，他一直比较活泼、外向，也很阳光。

我希望Kevin能早一点体验国外教育。因此，在成长过程中，我和他爸爸一直在有意识地做着各种准备。比如关注他的兴趣爱好，重视情商培养，经常带他出去旅行。我不太认同业余时间把孩子送入各种学习辅导班的做法，而是尊重他的兴趣爱好，比如Kevin喜欢电子琴、架子鼓、轮滑、书法、吉他等，我就陪着他学习课程。

为了让Kevin学会照顾自己，他上小学时，我们就训练他做家务。他养成了每天把自己第二天上学要穿的衣服准备好，放到床头的习惯，只要一有空，就把自己的房间收拾得很整洁。我每次出差的行李箱、生活用品也都是他准备。

12岁，Kevin已经有了比较强的自理能力，而且，他阳光开朗，心思细腻，无论在哪里都能与别人友好相处。如果离开父母，独立面对新世界，我对他的自理能力、与人交往能力一点都不担心。

因此，我们开始跟Kevin讨论他的未来规划。最初，他没有太多概念。我们商议，初一开始着手准备，初二参加夏令营，如果他喜欢国外的学习环境、生活环境，那我们会在他读初三时为他申请到国外读高中，如果不喜欢，就在国内的教育体制下按部就班参加高考。

“妈妈常常给我讲述留学生们的精彩生活，听上去不错。要升初三了，大家都在上各种补习班，妈妈在这方面没有给我任何压力，我想，那就趁着假期去看看加拿大跟中国到底有什么不同，于是就同意妈妈给我报名参加夏令营。”Kevin说。

加拿大的生活环境、社会治安、教育水平都很优越，而温哥华气候温和，更宜居，因此，Kevin的夏令营地点，我们首选温哥华。

• 第一天在homestay，感觉像荒野求生

2014年7月，14岁的Kevin独自坐飞机，从西安经北京中转飞往温哥华。参加素里基督教学校的夏令营，正值加拿大暑假，学生们都放假了，夏令营的孩子组成了一个12人班级，里面有11位中国同学，还有一位韩国小妹妹。

到达温哥华第一天，Kevin打来电话，他说街上人很少，没有林立的高楼，独栋别墅安静地矗立在街边，空气湿润清冽，很惬意。

"第一天去寄宿家庭很紧张，我说中文，他们说英文。当时，我的语言组织能力非常差，不知道如何跟他们交流，如何找话题。要把对方的英语翻译成中文，再从自己大脑里提取单词组成句子，翻译成英文，很困难。最初，我很畏难，就待在自己的房间里玩手机，听音乐，实在迫不得已的时候再交流。比如要喝水了，想问一下他们家水杯在哪里，就先用手机查好每个单词怎么说，怎么发音，怎么组织成句子，然后做了很久的思想准备，才有胆量去问。homestay家人非常好，主动邀请我跟他们一起玩橄榄球，或者看电视，顺便交流一下。比如看电视剧，他们就会问我，你最喜欢谁，我其实就知道一个人的名字，就说是那个人，他们接着问，为什么，我就硬着头皮编，当时觉得自己像荒野求生。"

• 入学第一天　手足无措

夏令营由学校的老师和志愿者带队，Kevin他们要像当地学生一样在这里上课4周。

"第一天到学校，我感觉很陌生。第一次到国外上学，老师是外国人，同学们彼此都不认识，我的英语也不好，有点手足无措。Homestay主人和老师引导着我进入教室，跟大家一起上课。"

"素里基督教学校很大，跟中国的学校没有差别，有室外足球场、室内体育场、陶艺室，还有校车。学校涵盖了从幼儿园到高三（十二年级）的学生，每个班级的人很少。学校有食堂、图书馆，每个学生配备一个放书的柜子。"

"老师让我们介绍自己，虽然只是姓名、年龄、来自哪里几个简单问题，我还是有点紧张。接下来，老师带着我们开始做游戏，比如你画我猜，两个人组成一组，一个人拿着卡片，上面写着句子，这个人用动作或者其他方式把卡片上写的表现出来，让另一个人猜。通过这样的方式，我们很快就熟悉了。"

Kevin和人初次见面可能有点小害羞，他不太会主动跟别人打招呼。但是，别人

只要有一点点表示，他马上就可以开朗地和对方交朋友。所以，在社交方面，我从不担心他，相信他一定能够克服暂时的小小困难。

“我们上午上英语课，从9:00～11:00，然后午休1小时。下午老师就开着校车，带我们去周围景点玩。”

夏令营第一天结束后，Kevin在学校已经认识了几位同学，陌生感逐渐淡去，他说越来越喜欢自己的homestay。

“在homestay遇到很多琐事，只能用英语询问，我必须直面这个挑战。为了让我更加放松，晚上，homestay会带着我散步，或者逛夜市。他们家女儿买了那种1000多块的拼图，我们一起拼，边拼边交流，无形中提高了我的口语能力。后来，我总结出来，口语差也没关系，只要肯说出来，就能够交流。当地人很友好，有时候我百无聊赖地坐在路边，常常会有人走过来问，最近怎么样，然后跟我聊几句。”

我希望儿子培养起感受幸福的能力，任何时候都不迷失自我，尊重内心。在加拿大，他似乎找到了这条路径。

• “慢慢来，你已经做得很好了。”

夏令营的老师非常好，每个人都会把自己的工作做到极致。因此，Kevin说他很喜欢上学。“每天早晨都能看到陪伴我们的志愿者站在校门口迎接大家，他还制作了一张海报，上面写着每一天要做什么、注意事项，提醒我们要带哪些东西。”

除了让孩子们通过玩的形式来学习，老师也会给孩子们一个主题，让他们写文章。比如关于加拿大文化的，中加文化差异的。

“班上12个人，老师教起来很方便，学生不懂就可以提问。在夏令营上完2节课后，老师就基本了解每个学生的薄弱环节，他会有意识地帮我们加强。每次讲完课，老师会逐个问大家是否有问题，如果没有听懂，大胆说出来，老师会走到有问题的同学身边，耐心地给他再讲一遍，让其他同学自己看后面内容。而我因为习惯了国内大班的教学，也习惯了老师因为赶进度，不能顾及每个人的教学方式，开始在这样的氛围中，不知如何发问。”

“在这里上课，跟国内还有一点不同，我们写完作文要当众读出来，也就是所谓的演讲。班里有一个小女孩很害羞，她一个词一个词地往外蹦，不会的单词就跳过，而且声音很小，大家听起来很吃力。但是，老师从来不催促她，眼神里充满鼓励，轻轻地说，‘慢慢来，不用着急，你已经做得很好了，而且会越来越好。’

“面对这样的老师，我的紧张、压力顿时烟消云散。演讲时，我是兴奋的，即使是不会的单词，我也尝试着用音标读出来。在这样放松的状态下，我无论是写文章还是读文章，都感觉越来越流畅。”

• 你在高兴的时候，要考虑对方的情绪

除了在教室里上课以外，老师还会开着校车带孩子们去沙滩、湖边、森林里做游戏。对Kevin他们来说，玩就是玩，对老师们来说，这是让孩子们在玩的过程中接受领导力、组织能力训练的机会，老师们还会观察每个孩子的合作能力，了解他们擅长做什么。

“我们玩沙滩排球，吃冰激凌，很开心。有时候，我们会把烧烤的设备、取暖的设备、帐篷带到沙滩上。老师组织大家搭帐篷，看哪个组搭得最快最好，我比较喜欢野营，擅长搭帐篷，每到这个时候，我就自告奋勇负责组织，给大家分配任务，用流水线的方式工作，非常快就把帐篷搭完，然后大家一起烤棉花糖吃。

“还有一次，老师组织我们拍卖当时学习、做游戏赢得的礼物。将12个人分成2组，我是我们组的队长。为了尽可能拍得多，大家商量对策。我建议把价格拉高，因为，对方组的钱不多，我想通过拉高价格的方法把他们的钱尽快消耗完。第一个拍卖的是纪念章，大家都很喜欢，我们组里的同学也想拍到，我跟大家说，冷静，后面还会有很多精彩的物件，我们把价格叫得很高，最终对方花了2000多虚拟币拍下。后来他们又看中一个眼镜，又花了2000多虚拟币拍下，他们组没钱了。我们还有5000多虚拟币，一直没动用。所以，我们用初始价格把剩下的东西全买了。他们有点不开心，而我们队欣喜若狂，双方产生了小矛盾。这时，老师提醒我们，‘你们在高兴的时候，也应该考虑对方的情绪’，这句话点醒了我，征得队友的同意后，我们拿出自己的东西，让他们选了2个。最后老师说‘我们希望通过这个拍卖活动，来考验大家买东西的规划能力，还有你们的领导力。’这个活动给了我很大触动，首先，我很欣赏这里老师处理问题的能力，巧妙化解了我们的矛盾。其次，我们双方握手拥抱，成为很好的朋友。我也提醒自己，在跟朋友相处的时候，要懂得分享，还要真诚。所谓，你给我一米阳光，我还你100米灿烂。”

• 温哥华，等我回来

在夏令营待了2周，Kevin的英语能力提升了很多，跟homestay家庭、老师交流起来更顺畅了，也交到了很多朋友，他打电话告诉我，老师和同学们都很喜欢他。

“吃午饭的时候，我们所有的同学老师围坐在一起交流，感觉像个大家庭。我已经能够感受到这边的社会氛围、学习氛围跟国内有很大差异。此刻，我的同学们都在上着补习班，承受着扑面而来的中考压力，大家都是一下子报4、5个补习班，一个暑假都不敢休息。而我在异国他乡，跟来自各地的朋友进行领导能力、交友能力的训练，跟这里的老师像朋友一样相处，我能够让自己在一种完全放松的状态下，倾听内心真实的声音。未来的路如何走，在脑海里也逐渐清晰，有一个瞬间，我觉得自己是如此的幸福。

“很感谢妈妈，给我参加这个夏令营的机会。其实，走之前，我还不确定是否想在夏令营结束后到加拿大读高中。毕竟，亲情、友情都难以割舍，15岁就出国留学，我不确定自己能否照顾好自己，因此，一直很犹豫。但是，在这里生活学习2周后，我就下定决心了。温哥华，等我回来！”

得知Kevin15岁被送出国留学，朋友亲戚都说我够“狠”，有时候，为了让他飞得更高，“狠”未必是坏事。

• 得知被录取的那一刻我告诉自己“你长大了”

从夏令营回来，Kevin开始着手准备加拿大高中留学的申请。他很忙，每天照常去上学，还要上网填写各种留学表格，准备加拿大高中的网上面试。为了提升口语，他利用闲暇时间看英文电影，或者在周末去国际志愿者中心，跟一些不远万里来到中国，希望用自己能力帮助弱势群体的外国人交流。

“视频面试涉及听、说、读、写四个方面，我做了很充分的准备，还特意买了一件西装，头发也精心梳理过，心情有一点紧张，但还是提醒自己时刻保持微笑。面试老师问我为什么要去参加夏令营，在加拿大的感受，等等。交流20分钟以后，他给了我一个主题——我的家乡。老师要求我写在纸上，然后拍张照片给他们发过去。面试时间共40分钟。结束后，老师说，他们会根据我的面试表现做最后的商议。”

第三天，结果出来了，Kevin通过了面试，学校同意接收他去那里读高中。

“当得知自己通过面试后，心里五味杂陈，顺利通过很开心，但也意味着我要独闯加拿大了，跟家人在一起生活这么多年，终是不舍。那一刻，我告诉自己‘你长大了。’”

当我们不再害怕孩子输在起跑线上，而是从容地静待花开时，孩子内在的潜能和向好之心就升腾而起。

• 组织语言，从2分钟到0.5秒

Kevin高中就读于温哥华枫树岭基督教会学校，这个学校也涵盖从幼儿园到高三，总共16个年级300人左右，每个年级只有一个班。

“第一天到学校报到，第一眼觉得这所学校就像西安农村的学校，那么小。但仔细了解才知道学校教学设施很先进，电子设备一应俱全。多媒体教学、图书馆也很棒。”

“全英文的教学环境对词汇量的要求很高。尽管日常生活的交流，我已应对自如，但对我来说涉及数学、物理专业词汇还是有难度。我想到一个很笨的办法，随时拿着手机。老师讲课时，我边听边看课本，遇到不会的词就查字典。随着时间的推移，说得多了，看得多了，再看到陌生单词，它的拼写、读法，马上就被存储到我大脑的某一个区间，需要用时，直接提取出来就行。对专业词汇，如‘生物降解’，我一般会查好记到小本上，来回翻看，时间长了就记住了。有时候，某个词我同学或者Homestay一天说几遍，我就想，他们为什么总说这个词呢，它怎么用呢，我把它放在一个特定的语境中，马上就领悟了，接下来就会在生活中用。开始，我还需要1～2分钟组织语言，现在只需要0.5秒钟。”

• 美术天分突然被激发出来

“第一学期，我们共有6门课，分别是科学课（包含数学、物理、化学、生物）、规划课（讲社会交往、人文，是实际生活中会用到的）、英语课（跟中国的语文类似），还有体育、美术课、ESL，其中ESL是为国际生开设的英语课。”

Kevin说他最喜欢上美术课，这让我很奇怪。在国内，他的美术天分没有显现出来。记得有一次，Kevin放学回来说，他画的自行车轮胎由于太难看，被老师当着全班同学的面给撕了。到了加拿大，他为什么突然喜欢起画画了呢？

“我也不知道什么原因，自己的美术天分一下子就被激发出来了。后来我想，大概是在这里，我有足够的时间能把注意力放在画画这件事情上。在国内上初中时，大家的心思都在中考上，美术不能为中考加分，因此，我们常常不上那门课，即使上，也会在课上写别的作业。在加拿大，美术课是一门主课，每个月都要完成一幅画，要算入总分，平常的各项表现也都要算入成绩中。老师在上面讲，我们在下面动手画，根本不会考虑去做别的作业，也没有别的作业可做。课堂上，大家画画、捏泥人，教室里放着音乐，老师还提供热巧克力、热咖啡。我们边聊着，边喝着，边画着，很放松，不由自主就把整个身心投入进去。在这里，我真正感受到老师们的聪明，他们不需要说教太多，只提供一个舒适宽松的环境，确定好学习规则，学生们就会投入地做每一件事情，不论是学习还是其他事。”

“社会学讲述加拿大的历史，我之前从来没有接触过，学习了一段时间，我居然能把加拿大的历史梳理清楚，老师很惊讶，我自己也很惊讶。有些人总认为留学生每天除了玩就是打游戏，其实是错误的。绝大多数留学生都希望能多学一点。”

“我们上课大多以小组为单位，老师会把学生分到不同的组里，大家一起做项目。每到分组时，班上很多同学主动要求跟我一个组。我很惊讶，原本以为大家都不愿意跟中国学生一组，因为我英语不好，一起合作，即使有什么想法，也说不出来，不能为小组做贡献。现在，我发现，即便语言不通，如果你优秀，性格随和，谁会不喜欢你呢？”

• 一个半小时的课，居然觉得不过瘾

枫树岭基督学校的老师跟同学们的关系像朋友。铃声一响，老师走进教室，先跟同学们聊聊这几天过得怎么样，分享一些趣事可以，偶尔还会带吃的给大家，然后才上课。课堂氛围宽松，自由。

“我们上课可以吃东西，写作业，可以带MP3，但是大家听课的时候非常专注。我们不是端端正正坐在教室里，一本正经地学习，而是通过看似娱乐的方式学习新知识，一个半小时结束了，同学们一直处于说说笑笑的状态，常常感觉时间过得飞快，转眼就下课了。但是，大家都明确地知道，环境再自由，我们也是来学习的。”

“每个教室都配备投影仪、音箱，老师有自己的笔记本电脑。教室是两层的，第二层是电脑室，有15台台式电脑、20台平板电脑、40～50台IPAD，还有打印机。图书馆也有30台IPAD，还有笔记本电脑，学校任何一个角落都有WI-Fi。老师通过发邮件布置作业，我们利用Google dogs软件来完成。电脑房和图书馆一直从早晨开到学生们离开学校，每个人有一个账号，可以在电脑上查资料，做作业，但是仅限于此，因为只要一登录学校的电脑，主控室就有记录，随时监控我们的上网痕迹。”

“数学课的内容很大一部分我在国内初三已经学过了，但在用英文学数学时，我发现，这里的思路跟中国不同，必须把自己学过的都忘掉，重新按照英文的思路学。数学也并不像我们来之前想象的那么简单。学函数时，专业词汇很多，必须得记单词，否则原来数学再好，在这里也不一定学得好，因为连题目都不一定看的懂。当然，如果在中国打下比较好的数学基础，到这边再强化英语，慢慢掌握这边的思维方式，就会发现学习简单很多。”

• 考试，就如同晚餐中的一道甜点般平常

在国内上学时，大家非常看重考试，写英语作文也有一定的套路，形成思维定式。因此，Kevin刚到加拿大时，突然不会写作文了。

“在国内，老师给个题目，我们要围绕着这个中心思想来写，按照老师教给的套路往里套，脑子里想的是怎样写能得高分，语法、时态、单词都不能出现错误，我们不太关心如何精彩地把自己的想法表达出来。落笔时，一个个单词往外蹦，再组成句子，而不会把这些单词连起来思考。想单词需要时间，组成句子需要时间，写出来也需要时间，我常常觉得很吃力。这也是我刚来时遇到的困难，我总是把语法和单词、

得高分放在构思文章的前面。到了加拿大，一直在说英语，用英语思考，我写文章的思路也就变了。不会先考虑语法、单词，一般是先想这篇文章我最想表达什么，然后再考虑如何表达，最后检查单词是否拼错、语法有没有问题，不会因为不懂语法，词汇量不够，而影响文章核心思想的表达”。

“分数在这里似乎不那么重要。比起成绩好，学校篮球队的种子选手，能画一手好画的人，或者学校乐队的灵魂人物更受大家的追捧。同学们为了在篮球赛中赢得对手，常常绞尽脑汁讨论战术。老师在课堂上给大家讲述解题方法时，总有同学跃跃欲试，想用更简单的方式破解老师的难题，看着一个个解题方式被列出来，老师和同学们都很兴奋。”

“其实，在加拿大上学，考试也很频繁。有的科目一周考一次，英语、社会学一个单元考一次。但是，这里的考题不会超出书本范围，也不会有很难很怪的题目。一般情况下，老师会划定一个范围、重点，让我们复习。考试是算百分比的，这边最重要的是省考，考验的是全面能力。夏考在总成绩里占比较大的比例。每一次考试都按百分比算到学期末总分里。申请大学时，校方要看我们的百分比有没有达到标准线之上，好的学校要达到90%。”

“学期末也会发成绩单，有的老师会把每科成绩的百分比列出来，选出我们最差的成绩，我们呢，则可以选择把它去掉，或者重考一次。”

“在这里上学久了，我慢慢发现，同学们对待考试就如同对待晚餐中的一道甜点，很平常，不会紧张，做一遍就交，不会反复检查。考完以后，大家也不会对答案，不会互相打听分数，依然过着平淡的生活。成绩好的同学不会沾沾自喜，而成绩不理想的同学也不会沮丧，大家都认为几次考试证明不了什么，他们甚至会对取得好成绩的同学说‘下次考试，我会超过你。’考试结束后，老师会跟大家讨论考试公平性，如果觉得不公平，可以提出来。每过一段时间，同学们会给老师进行不记名测评。如果测评结果不合格，老师就会被开除。”

• 演讲能力、领导能力、组织能力一个都不能少

到加拿大上学后，有一天，Kevin跟我说：“妈妈，这里每一位老师都是演讲高手，很会讲故事。不需要提前做任何准备。”其实，这是基于他们从小受到的训练。

“夏令营之前，我根本不会演讲，一上台腿就发抖，脑子发懵，说了上句，下句就不知道说什么。自己明明准备了很多，就是讲不出来，很遗憾。但是在加拿大，我

们完成的很多项目都要做成PPT，或者拍成视频跟大家分享，需要完全用英文沟通，这是有挑战的。要想吸引大家的注意力，得到大家的理解，就必须掌握用英文思考的方式。有时候提前准备的东西，不一定能够100%记下来，那就索性即兴发挥，这反而提高了我的现场应变能力。”组织能力和领导能力是加拿大学校很看重的两大能力。

我在电视台工作时，因为节目的需要，会经常组织一些活动，Kevin有时也参与进来，帮助协调，甚至跑跑腿。慢慢地，他学会了解别人的心理需求，站在别人的角度思考问题，甚至像妈妈一样，把每个人都照顾到。

“这里的老师通过组织学生游戏观察每个人的领导能力，看学生更擅长哪些方面。记得夏令营时，老师把我们带到操场上分成2个组，每个组给2卷胶带。老师跟我们说，每个组派一个人站在外面，剩下的人站成一个圈，外面的人拿着胶带缠组里人，先缠完的组算赢。当时组里人都有自己的想法，有的人不愿意缠胶带，嫌太麻烦，还有的人会觉得被缠很难受，不愿意参与这个活动，这时候需要有一个人站出来，不然这个游戏没法玩下去，于是，我站了出来，把自己推到了队长的位置上，我询问了每个人的想法，给大家分配了角色，最后把阵型排好。我们组没有人想站在外面缠胶带，我就主动申请缠胶带的角色。

“有时候，领导力不完全靠领导人的能力，而是靠团队的配合，如果团队中没有积极向上的氛围，领导人再厉害也无济于事。认识到这个道理后，我鼓励大家每人付出一点。这样做起事情来就容易了。”

“还有一个例子，在规划课上，老师给我们布置了一个Project——‘把爱传递下去’。他先给我们放了一部同名电影，主人公把自己的爱心传递给2个人，这2个人再传递给4个人，一级级地往下传，老师让我们也做一个类似的项目。我想到为残疾人服务，呼吁邻居给他们帮助。当时是万圣节，我发动同学们联合起来，3～4个人组成一个小组，制作了一期板报，写上‘把爱传递下去’的标语，我们还准备了小袋子，里面有签名的笔。我安排2名同学摄像，1名同学拍照，我负责去要糖，请给我们糖的邻居写下对残疾小朋友的鼓励，这次活动大家分工配合得很好，也玩得很快乐，感觉像拍了一场电影。然后，我们到残疾儿童中心，把写满勉励话语的白板展示给他们，为他们送去祝福和糖，还彩排了《感恩的心》的舞蹈。我们把这个活动做成PPT，把拍摄的视频剪辑出来分享给大家，得到了老师的高度赞扬，得了98分。通过一次次这样的锻炼，我的组织能力和领导力在不知不觉中提升了。”

“在加拿大，演讲能力、组织能力、领导能力必须都很强，少一样都不行。”

• 16岁成年礼

在加拿大，16岁是一个成年的标志。从此，你可以打工赚钱了，还可以考驾照了。而在Kevin的学校，明确规定，学生在16岁以后，每年要有一定数量的时间做志愿者或者打工。这也是学生升入大学。必须达到的指标。

“加拿大规定，大学选定的专业，需要在高中阶段选修1～2门课程，这也促使我们早一点思考自己的兴趣点，确定未来的职业方向，更有针对性地出去打工或者做志愿者。与国内的同学们相比，我们通过这种方式更早接触社会，了解社会，积累工作经验。”

如果希望孩子能够顺利适应留学生活，一定要让孩子从小学会建立友谊、表达爱，还要有最基本的自理能力。

• 在教堂邂逅爱和友谊

“在加拿大交朋友很容易。如果是中国人，原本就是同胞，很快就成为朋友。而加拿大同学见到我也总会主动打招呼，这让我常常感觉不到自己在异国他乡。因为兴趣爱好广泛，我总能交到各种志同道合的朋友，比如通过游戏，我就交到了很多朋友。

其实，对于初来乍到的外国人来说，教堂是一个不错的地方，不但很容易交到朋友，还能学到很多道理，提升口语能力。

学校每周五组织大家去教堂听圣经，观看乐队演出。最初，我以为学圣经就是念经，其实，它是教给人们的是解决日常问题的办法，如，告诉大家如何处理跟家人、朋友的关系。周日，周围的居民都会去教堂，牧师穿着日常衣服，给大家讲解人生道理。教堂每周都有一个主题聚会。教友们很友善，看到我这个外国人，会主动打招呼，教堂里还有一些跟我年龄相仿的孩子，我们很快就成为朋友，老人们也会主动给我讲述他们的人生经历，或者聊聊各自的生活。”

• 我为homestay家人做中餐

“我有一个中国胃，面对加拿大的西餐，最初很不适应。早餐基本上是华夫饼、玉米球泡牛奶，午餐是三明治，有时候，homestay家庭会把前一天的剩饭作为第二天的午餐让我带到学校。晚饭比较丰富，肉、蛋、菜全有，但有时候会吃不饱。刚来的时候我害羞，吃不饱就饿着。后来，我发现，homestay的家长想得很简单，以为我说饱了就是饱了，他们不知道我是在客气。其实家里也摆放了不少零食，可以随便享用，如果饿了，我会去吃点。后来如果没有吃饱，我会说出来。再到后来，我会在做饭方面给他们一些建议。homestay喜欢吃中餐，但是在加拿大外出就餐很贵，也很难吃到正宗中餐。每当他们想吃中餐，我就给他们炒米饭、做面食，我们边做饭边聊天，相处很愉快。”

• 假期回国，与homestay家人难分难舍

在加拿大读高中，Kevin依然住在homestay。每次跟我们视频聊天，他都显得很开心，但我知道，一个15岁的小男孩离开父母，独自在异国打拼，一定是不容易的。

“刚到加拿大留学时，在homestay，我有自己的独立房间，大部分时间都待在这里写作业，常常会感到孤独。有时候我下楼去打篮球。晚上我会想家，想得流泪。我知道，谁也逃不过这个阶段。后来我就想，要把时间投入到该做的事情上去，跟homestay也要处理好关系。”

网上常常有留学生发各种帖子，讲述自己在homestay的遭遇。有问题的homestay肯定有，但是，作为留学生，要学会沟通，对一些误会做必要的解释，有时候也要学习西方人的交往方式。

“在加拿大，我把homestay看成自己的家，主人就像我的爸爸妈妈，有事情会及时跟他们沟通。我所在的homestay有4个小孩，其中一个是收养的，但主人爱每一个孩子。由此可以看出，他们夫妇充满爱心。我一有空，就跟孩子们玩游戏，他们跟我关系很好。每当孩子们过生日，我都会准备一个小礼物，不需要很贵重，只是表达一份心意。”

“吃饭的时候，我会主动帮忙，饭前帮忙摆放餐具，或者饭后收拾桌子，把餐具放到洗碗机里。我不想让他们认为，这个中国男孩什么也不会做，我不想过衣来伸

手、饭来张口的生活。”

“这里的人搬家从来不找搬家公司，而是找教堂里的其他人帮忙，我也会跟着homestay的‘爸爸妈妈’去帮忙抬东西。因此，他们逐渐把我当成家庭中的一员。2016年3月份，学校放春假，他们带着我自驾游，从温哥华到洛杉矶，迪士尼乐园、海洋乐园、乐高公园玩了一个遍，没有让我支付任何费用。”

“暑假要回国了，homestay的孩子们围着我流眼泪，依依不舍。男主人也说，‘以后谁来跟我一起收拾餐具呢？’这样的场景，让我也有点伤感，还没离开，就已经开始想念了。”

• 成为BC省唯一国际学生大使，为自己点赞！

2016年6月，Kevin很兴奋地给我打电话，说他从加拿大BC（British Columbia）省20所学校中国、日本、韩国60名国际生中脱颖而出，成为全省唯一一名International Student Ambassador Scholarship for K-12 Entry，还获得1250加元奖学金。我也很兴奋，Kevin到加拿大留学不足一年，能够获得这个荣誉，实属不易。

“6月的一天，我正在上课，老师推门进来，在班上宣布了这个好消息，接着负责国际生教育的老师又把我叫到办公室，郑重地告诉我这个消息。这应该是这么多年来，华人留学生第一次获此殊荣。而且，整个加拿大也就12～13个国际生获得了这个荣誉。这个国际学生大使主要是根据学生的成绩，在校期间是否积极向上，具备的领导能力和组织能力等几个指标来选拔的。期末，校长又在全校大会上为我颁发了奖状。我很感谢学校对我的厚爱，也为自己的努力点赞。”

BC COUNCIL FOR INTERNATIONAL EDUCATION

INTERNATIONAL STUDENT AMBASSADOR SCHOLARSHIP FOR K-12 ENTRY

$1,250.00

THIS SCHOLARSHIP IS AWARDED TO

Yixuan (Kevin) Chai

CONGRATULATIONS!

MRCS Maple Ridge Christian School

SIGNED

21 JUNE 2016

AWARDED ON

• 未来，我要创业

Kevin现在读高一，他计划在加拿大继续读大学。那边不需要高考，但要根据高中3年每次考试的成绩由大学方面决定是否录取某个学生，所以每一次考试都很重要。

“我大学想攻读工商管理专业，将来想学开飞机，研究枪械。大学期间和毕业后，我希望能够多体验几种工作，比如做快递员、到饭店打工、做白领，我赚到第一桶金，就考虑创业。”

12岁女生的苏格兰“留学史”

李江南　潘采夫

Part 1 为什么去苏格兰读书

有一种说法，苏格兰是全英国接受高等教育人口比例最高的地区，拥有世界上最好的学校教育。

苏格兰教育的核心在于教会学生怎样去思考。

苏格兰的中小学由32个地方教育部门来负责管理，小学和中学都就近招生。孩了5岁入学，12岁小学毕业。他们在这个阶段不需要参加英语和数学的统考。政府每年根据抽样调查来对学校在数学、语言交流、问题解决、合作学习等方面的教学水平进行监控。调查得出的结果会公开发布，既做到了信息公开，为公众提供了关于学校教育的全面信息，又避免了把学校分成三六九等。

苏格兰中学为4年制，学习内容非常广泛，既有学术类学科，也有职业类学科。16岁的学生只需要学习一年高等苏格兰教育证书课程并参加考试，成绩合格可被苏格兰的大学录取，如果成绩不太理想或者想去苏格兰以外的大学上学，可以再学习一年，提高原来课程的成绩，或者参加高级高等苏格兰教育证书考试。

爱丁堡是苏格兰的首府，也是苏格兰的经济、文化中心。在这里诞生了许多杰出的人才，不少具有世界影响的作家、哲学家、经济学家、历史学家、科学家在这里出生或生活过。爱丁堡是一座奇妙的城市，充满了哈利 · 波特、小飞侠、金银岛、福尔摩斯的故事，每年夏季、秋季，还要举行为时3周的国际音乐、戏剧节。

爱丁堡大学是世界最古老的大学之一。

2012年，女儿李江南的妈妈去爱丁堡大学读博士学位，她以陪读签证，开始在爱丁堡上学，读了小学五、六、七年级和初中一年级。

求学四年，李江南从一脸迷茫到自信英伦范儿

李江南：9岁去苏格兰爱丁堡上学，13岁回北京。

爸爸：知名媒体人，现为互联网公司高管。

妈妈：心理学家，在爱丁堡大学攻读心理学博士学位四年。李江南和爸爸持的都是陪读签证。

李江南9岁离开北京，去苏格兰读书。虽然她离京之前已经上了两年英语课外班，初到英国的小学时，李江南仍然一脸迷茫。语言是她最大的问题，她完全听不懂老师和同学在说什么，入学第一天，去卫生间都要英国同学带着。

但孩子天然具备学习的能力，初入学校时英语两眼一抹黑，两个月后，她表示对老师的话已经能听懂一多半了。3个月过去，上课听讲和同学们间的日常交流已没有问题。这得益于爱丁堡市政府的一项福利，即对于从英国以外来的学生，市政府会派出专门的英语教师，每天放学后，把学生们召集在一起，朗读英文故事，以保证非英语国家的学生，在8个月的时间里克服语言障碍，更好地融入学校。

在苏格兰上学的4年间，李江南完整地接受了英式的基础教育，交了几个死党级别的英国朋友，在课外活动、体育、公益活动等方面，也积极融入当地文化，甚至对苏格兰政治、历史也兴趣颇深。4年过去，那个英语磕磕巴巴的小女孩已经很有英伦范儿，成为一个接受了英国文化熏陶的自信优秀的中学生。

初到新环境，融入是问题，父母应该积极参与进来，帮助孩子顺利过渡，消除陌生感。

• 初到英国，交朋友有点难

李江南是一个友善、爱交朋友的孩子，但刚到学校时，交到好朋友是一件比较难的事，这也是中国孩子在外国的第一道难题。刚到班里时，在老师的鼓励下，孩子们都过来和李江南主动认识，教她英语，带她玩，让李江南非常开心。但等她英语越来越好，班里同学开始拿她当普通同学看待，她交朋友就有了难度。李江南的第一个朋友是一位在班里不太受欢迎的苏格兰女孩。当李江南适应了环境，开始主动交朋友，又交到了一个秘鲁女孩，每天形影不离。一年以后，3个女生成了李江南的好朋友，一直持续到李江南回到中国后，她们仍然保持着深厚的友谊。

在交朋友的过程中，她妈妈会邀请李江南同学到家来玩，并带李江南去同学家，鼓励她在同学家过夜，参加聚会沙龙，以增加李江南和同学的相处机会。

另外，家里会定期举行留学生聚会。我们家甚至成了深受中国留学生欢迎的聚会点，李江南身处研究生、博士生的包围和关爱之中，消除了在异乡的孤独感。

旅行是李江南留学生涯中极为重要的部分，在4年的旅居生涯中，我们带李江南走遍了整个英国的城市乡村，格拉斯哥、纽卡斯尔、巴斯、约克、伦敦，英国的农场和庄园，废墟和古堡。并且走出英国，去意大利、法国、德国、西班牙、捷克、匈牙利、丹麦、冰岛等国。阿姆斯特丹的梵高美术馆，梵蒂冈的圣彼得教堂，佛罗伦萨的米开朗基罗广场，冰岛公路边喷发的火山，威尼斯的小桥，都成了李江南的最爱。她至今还念叨着长大以后要去冰岛工作，还为自己旅行过的地方写了英文歌曲。事实证明，这些游历让李江南的视野和阅历有了质的飞跃，对欧洲的历史，欧洲的建筑，欧洲的艺术作品，都有了一个初步的认识。

• 在英国，依然自学中国学校课程

最值得和读者交流的一点，是李江南在英国的4年里，保持了自学中国学校课程的习惯。每周要手写一篇中文作文，在电脑上写两篇中文博客，每个月给《读者》杂志写一篇“我在英国上小学专栏”，轮流阅读中文书和英文书。每周还要自学数学，做数学作业，写语文数学单元测验试卷。在期中和期末的时候，我们还给李江南开设小考场，爸爸当考官，给李江南批改考卷。这看上去严厉的教育手段，保证了很重要的一点，李江南的中文基本没落下，数学也大致跟上了进度。

这至少避免了一个问题，很多孩子留学回国以后，非常不适应国内的教育，不得不再次出国，或成为学习艰难的“差生”。这样，等到2015年李江南和妈妈回国之后，进入到北京的中学，经过短暂的适应，就跟上了进度。第一个学期，李江南在年级100名学生中，考试成绩在50名左右，第一学年结束的期末考试，李江南总成绩考进了前五名。

李江南到英国后，经过短暂的过渡期，就开始全身心投入到新生活。作为父母，我们也常常被“邀请”，参与到她的学校生活中。我们深深感受到中外教育理念和方式的不同。

有些人说李江南文章写得不错，问我有什么窍门，我认真思考过，觉得跟天分没有什么关系，跟环境和教育体制有关系，英国的作文训练有独特性。

• 江南自述：中英作文大PK

我在北京上小学的时候，老师是这样教我们写作文的：作文一般分为3个部分，第一部分是开头，第二部分是故事的发生，第三部分是故事的结尾。老师还教我们各种各样的修辞手法，比喻、拟人、排比等，所以我们学会了怎样把作文写得很美，老师会把我们写得好词好句圈出来。由于老师会用课文来举例说明，我们有时就模仿课文来写，同学中有个男生就写他有一次去滑冰，妈妈说他滑得精彩极了，爸爸说他滑得糟糕透了。

老师布置的题目一般是祖国、学校、故乡、自然景色，或者写自己的梦想。有点搞笑的是写学雷锋做好事，老师给我们一个任务，让同学们都去做一件好事，然后再把这件事写下来。妈妈曾跟我讲过，她小时候写学雷锋，一半同学会写扶老奶奶过马路，另一半会写捡到钱交给警察叔叔，结尾都是那句：我叫雷锋。

我们没那么俗，我们是真的去做好事。不过，有个同学捡了很多树叶回来，让老师哭笑不得。老师说捡树叶不算是做好事，因为树叶落到地上能变成肥料，捡回来反倒办了坏事。班里作文分数高的同学都是描写景物比较好的，用的成语比较多，比喻和拟人也用得好。

而英国老师教我们写作文就像玩游戏。五年级的时候，老师的教法非常浅显、简单，他电脑上有个PPT，里面有20个数字，10个代表人物，10个代表事物。每到写作课时，老师就会请一个同学随机挑选数字，先挑一个人物，再挑一个事物，这个人物就是故事的主人公，而这件事物必须出现在故事中，然后用这两个要素，写一个故事出来，看谁想的创意好玩，写出的故事吸引人。

比如有一次，我随机抽到了一个小女孩和一个滑板，然后全班同学就围绕这两者写一篇故事。时长是1.5小时，都在课堂上完成，这样老师可以随时帮助我们，这点跟在国内不一样。

我读七年级时，写作课有了些改变，开始着重于写场景。我们每次自己动手做一个场景，比如画一幅画，然后描述这幅画里面的场景，写出跟画中内容有关的故事。有一次我们制作了个小工艺品盒子，一面封闭一面开，然后我们会画一幅思维导图，写上各种各样的创意，以及可能用到的词。我写的场景是一大片森林，森林里的松树比月亮还高，森林中间有一片空地，有一只闪闪发亮的鹿，正在吃蘑菇和小花。

老师很注重训练我们对动态物体的描写，比如他要求描写一条小溪，不能少于5句话，只要写得好，不管有没有用到好词，有没有使用比喻句，都是好作文。

有一天，学校请一位作家来指导我们写故事，她先把我们分成不同性格的小组，然后让我们练习编一个故事，最后创作出一本书。这种方法跟老师教我们的其实是很相似的。

下面是我到英国第三年，写的一篇中文作文：

我好想画一幅自己的世界地图

我小时候曾经跟别人说过这种话：“我好想吃个冰激凌。”然后再大一点是：“我好想要那件小花雨衣。”最近，我又跟老师说：“我好想当一个画家。”不过现在，我又长大了一点，我又有了一个理想，我对自己说：“我好想画一幅世界地图，一个自己创造的世界地图。”

我要等到20岁的时候再开始画这幅地图，因为到那时候，我就会有足够的钱买我需要的材料，比如彩笔，要绿色的、红色的、黄色的，还要很多蓝色的，画天空。

然后还要一张特别特别大的纸，能让我把世界上所有的房子和街道都画上。我画完只（之）后还要写上各个街道的名字，这是一个很难完成的理想。

地球是没有中心的，所以我会把我家当成中心点，我会画上我家楼上的烟cong（囱），我在花园里种的小树苗，然后我会画上楼上好心的老太太、楼下可爱的小狗，这幅世界地图，会把这个世界的一个shùn（瞬）间记录下来。

我第一个要画的国家是英国，画完英国我就会画法国，我不喜欢法国男人，只喜欢法国女人，所以我要把法国男人画得又丑又肮脏，把法国女人画得又优雅又漂亮。你等着qiáo（瞧）吧，路易十四的头上会有一片鸟shǐ（屎），亚历山大桥上的女神像会戴着白色的花环。

我要花20年在全世界画画，我要去荷兰，把好吃的香肠画下来，把我的房东画下来，把玉（郁）金香画下来。我要去南非，把曼德拉的故居画下来，把大象、猴子和长jǐnglù（颈鹿）画下来。等我到了30岁，我就去马来西亚、新加坡这些地方。等到40岁我就画完了，我就把它对折，再对折，接着对折……直到它大小正好，能放到我的黑色带小花的书包里，我会把画带到学校里，跟我的胖老师说："看，我成了一个画家。"

这幅地图记录着世界的一个shùn（瞬）间，你可能已经不记得了，不过我会永远保cún（存）着它，在我黑色带小花的书包里。

• 老爸观察：江南在学校搞募捐

自16世纪以来，即中国的明朝，苏格兰的小学、中学、大学就全部实行免费教育，政府掏钱供孩子们上学。所以，苏格兰的小学不存在经费问题。但是，李江南所在的小学募捐活动五花八门，花样多得令人目不暇接，且不少钱都捐给了学校，也没见过有家长公开抵制或质疑过，大家参加的积极性反而都很高。

通过了解我发现，英国的小学有悠久的募捐传统。他们的募捐大致有两类：一类是为学校募捐，用来改善办学条件，比如购置iPad；另一类是捐给社会公益机构。

有一天李江南回家，递给我一个她设计的请柬，邀请爸爸妈妈参加她的"宇宙大爆炸"舞蹈演出，五年级3个班的全体同学都参演。没想到的是，这次赴的是"鸿门宴"，一张请柬9英镑，家长要买票才能进场。

到了礼堂一看，家长们基本到齐，有的还全家出动，爷爷奶奶也来助阵，我也终于明白英国小学是怎样搞募捐的了。学校花钱请了苏格兰剧团的演员来辅导孩子们，还给每个学生租了舞蹈服。演员很卖力，演出很成功，家长看得也欢乐。演出近千英镑收入，除去支付老师和服装的费用，剩下的就捐给了学校。那是我第一次接触小学的募捐。

李江南的学校每年会举办迪斯科舞会，请音乐老师放音乐，学生们自愿参加，但要掏2～3英镑买门票。同样，除掉费用，剩下的捐给学校。江南说每次都能去200多人。这只算微型募捐。每年的圣诞集市和夏季集市是两场大规模的募捐活动。学校的操场、教室、餐厅都成了市场，学生们需要提前报名预订摊位，家长委员会征集家长担任志愿者。江南报名租了一个摊位，一张铺在地上的毯子是3英镑，桌子是5英镑。

今年的夏季集市，大约有10张桌子、40～50张毯子，这反映了“店老板”的数量。“店老板”主要卖自己的玩具、书和其他小玩意儿，卖货的钱都归自己。赶集的学生再加上家长，有400～500人，门票是每人1英镑，童叟无欺。

最大的一个摊位属于学校，是家长志愿者义卖校服的摊位，校服来自家长们的捐助。孩子长高了或毕业了，家长会把校服捐给学校，学校在圣诞节、夏季两个集市上出售。另外家长还会捐自行车，卖的钱也归学校。在集市的尾声，学校会组织抽奖，学生们买奖券，看谁能得大奖。有趣的是，所有的奖品，包括日用品、食品、葡萄酒也都是家长捐给学校的。

江南摆摊卖的货全部来自中国，都是批发市场上的小文具，极受同学们欢迎，2个小时卖了50多英镑，去掉成本，赚了15英镑。跟她合用一个摊位的安娜丽塔赚了10英镑。而根据学校的通报，整个夏季集市，学校共有2500英镑的收入，够买一批iPad了。江南说，他们学校在实施一个计划，逐步实现所有学生都用iPad学习。

不久，江南又做了一个请柬，邀请我们参加她的“苏格兰国花展”。这次我有了掏腰包的心理准备，谁知不需要家长付钱，而是江南自己买单。这个活动的内容是，学生们画苏格兰国花，完成以后由学校运到装裱公司，裱好后再运回学校展览，然后学生再花钱买画，可以买自己的，也可以买别人的。江南花6. 95英镑买了自己的画，而学校大概能分得1英镑，其余的付给装裱公司。

最奇怪的一个募捐活动是“游泳马拉松”。学校给每个同学发一张募捐表，学生拿着表去找亲戚、朋友和邻居劝募，捐款者签上自己的名字，钱最后交给学校。一个二年级学生劝募了170多英镑。按说这事跟游泳没什么关系，但学校为此组织了一场游泳比赛，学生自由报名，每个人游10分钟，看谁游的距离长。这就叫“游泳马拉松”，在中国的家长看来这算是巧立名目乱“收费”吧？

恶劣环境下的生存训练是中国学校缺乏的，但我认为这也是中国孩子们最应该重视的经历。

• 对话江南：“可怕”的森林生存训练

到英国第二年的2月，江南跟她的六年级同学一起，在苏格兰的本莫尔户外生存营地训练了5天。在依然下雪的寒冬，孩子们在山洞里探险，在约1.4米深的水面游几十米登陆，沿着小溪爬山，夜晚在森林中徒步，寻找走出森林的路径。

5天之后，江南带着黝黑的小脸回来了，还有一大包湿漉漉的衣服和袜子，脸上被蚊子咬了很多包。

老爸：这一周是谁带着你们玩呢？

江南：我们刚到本莫尔，教练就来了，他是一个长发披肩的帅哥，要陪我们两天，和我们一块爬悬崖、森林徒步、做园艺。第三天换了教练，我们要沿着山间小溪爬山，去山洞探险，做寻宝游戏。

老爸：你最喜欢哪个项目？

江南：洞穴探险！其实本莫尔最好玩的有两个项目，但一个小组只能选一个，所以我们组全体成员就投票决定，结果大部分投票给了洞穴探险。我们一共钻了2个山洞，老师用绳子把我们扣住，放到山洞中的水里，我们游20多米到陆地上，水没到我们的脖子，个子小的同学能到头顶，好在我们都会游泳。

老爸：游泳？你们太疯狂了。那可是2月份，苏格兰的寒冬啊！

江南：那又怎么了？虽然所有同学的衣服全湿透了，但没人冻得哆嗦，因为我们都太兴奋了！游过泳之后，我们脱下一件湿透的衣服，又去钻石缝，爬岩石，结果我走错了路，掉到一个洞里，被石头卡住了。我就拼命喊救命，其实一点都不害怕，教练让我的同伴营救我，用绳子把我给拉上去了。

老爸：还真是惊险。森林徒步和小溪探秘是什么呢？

江南：徒步就是教练带着我们穿越森林，给我们讲好多关于植物的知识，还有钻树洞，安娜丽塔还陷进了淤泥里。我喜欢小溪探秘，植物园外有一座山，山上有一条小溪，水流很急，有的地方挺危险，因为那天风非常大，另外一个组就挺倒霉，一棵大树被风吹得倒在他们眼前，差点砸着一个同学的脚丫。我们先沿着小溪的左边向上爬，碰到了一块大石头，叫非洲之石，我们要想爬到石头上，就得从下面的洞钻过去，而那个洞是水帘洞，结果我们衣服又湿透了，爬到小溪右边继续走，越来越危险，有的地方我们得拉着绳子向上爬，就像登山家一样。

老爸：这些都是白天的项目，晚上你们准是累得呼呼大睡吧？

江南：晚上也有活动呢，甚至比白天还好玩。周一晚上是森林夜行，我们在漆黑的森林里，连个萤火虫也没有，用手摸着一根绳子走出那个森林。周二晚上是室内活动，玩各种智力游戏。周三晚上是户外定位寻宝。周四晚上是迪斯科舞会，开场和结束的音乐都是“江南style”“骑马舞”真是好流行啊。

老潘：晚上睡觉的时候想家吗？

江南：我不想家，一分钟后就开始做梦了，不过我同宿舍一个同学想妈妈想得不得了，每天晚上都要哭一会儿，我们还得劝她。但是，她也就是哭两分钟，然后马上就睡着了。有一件很糗的事，第二天早上老师叫起床的时候，其他3个同学都醒了，只有我还在呼呼大睡，老师戳着我让我醒醒，我迷迷糊糊以为在家呢，就用中文对老师嘟囔“我这是在本莫尔呢，我还以为我在家里。”把老师和同学都乐坏了。

老爸：你们玩的时候老师都在干什么呢？

江南：我们年级有3个班，99个学生，分成9个组，一共去了9个老师陪我们，每个老师跟一个组，帮我们照相，早晨叫我们起床，招呼我们睡觉、按时去吃饭。最忙的是我们主任，她还要准备演讲什么的，还要负责每天夸我们，也挺累。还有一个老师负责每天为我们写博客，因为家长们每天晚上要追着看。

老爸：那么多危险的运动，有孩子受伤吗？有人生病吗？

江南：有一个同学手臂骨折了，但不是在运动的时候，而是从上铺掉下去摔折的。本莫尔有医务室，他们给同学包扎了一下，老师告诉家长了。我这个同学说，她爸妈很生气，抱怨了本莫尔一通。

老爸：如果回到国内，你想参加这样的活动吗？

江南：当然啊！我想住在山上的树屋里，在湖里划船，看鲑鱼洄游（不过好像真没有）。最好能爬悬崖，可以去爬慕田峪长城，要在一个有钟乳石的大山洞里探险，自己在河里捉鱼吃。不能少于一个星期，爸爸妈妈最好不去看我们，要不然军心就乱了。如果能这样，我看跟苏格兰的户外也就差不多了。不过，北京的空气，我的老天爷呀……

关于政治、关于爱，这样宏大深刻的话题，老师却通过如此生动的游戏，让孩子们亲身体验了。我想，这会是李江南一生的记忆。

• 江南自述：政治课也可以很有趣

自从进入七年级（小学毕业班），我们每天早上又多了一项活动：看BBC儿童电视台的新闻节目。这些新闻节目每集大概5分钟，头条都是一些比较可爱、有趣的事，比如说悉尼动物园的一只大猩猩生了宝宝，或者一个苏格兰酒鬼闯进了游泳池之类的。

可是我的老师哈维先生是个历史学家，他对这些新闻一点儿都不感兴趣，当我们惊呼“太可爱了”的时候，他就会不耐烦地用脚点着地，等着乌克兰或阿富汗的新闻出来。一天，他突然有了一个想法——等我们学完“二战”这个主题，可以再学一下民主。

从此，我们看的新闻里再也没有可爱的小猫、小狗了，因为哈维先生每次都直接快进到战争或政治的部分，而且主持人讲2秒钟，他讲10分钟，我看完全部新闻后他还会给我们提一些问题。

可能是怕我们觉得太无聊，哈维想出了一种很好玩的方法讲民主。

每天早上，我们都要用2分钟的时间，把桌椅摆成英国议会里的样子，仿佛我们是在议院里开会。接下来，哈维先生把我们分成几组，每个组都要建一个党。我们的党叫“健康与环境保护党”，这是一个远离战争、只做好玩事儿的党。

可悲剧的是，我们组里有一个男生，他是个战争迷。这个男生叫里维斯，他每天放学回家后的第一件事就是去摆弄坦克玩具。上美术课时，全班33名同学会画32张挺拔的苏格兰红鹿，再加上一张里维斯画的被飞机炸得四脚朝天的“糊鹿”。所以，里维斯当上了我们组的军事防御部部长。

我们组里管医疗的是一个叫茹比的女生，她经常会想出一些好玩的点子。有一天我们开会汇报自己最近的工作，茹比讲了她的工作：给有硬地板的家庭每个房间里安装一个按钮，里维斯则展示了他最新的飞机模型。

她解释说，很多人会在家里滑倒，有时疼得不能动，得随身带着手机，还得有电才可以报警。所以，如果在地板上装了按钮，一旦有人滑倒骨折了，一按按钮，医院的人就会知道，并赶过去抢救他。茹比还有一个奇妙的主意：邻居之间每个月至少互相拜访一次，确定对方是否还活着。

我本来是管失业与老年救济金的，刚开始我对这方面一点儿都不了解，看了一堆很复杂的网站之后发现，大概10个专业名词里我只能看得懂一个，于是就放弃了这个岗位，当上了管分钱的部长。

这个岗位我干得非常开心，除了数钱和分钱，我每天唯一的工作就是检查各个党员钱花的对不对，经常有党员来求我多分给他们一些钱。

后来我发现，我们班所有的党都和我们的差不多，从来不管复杂的事情，像失业救济金、移民、发展经济、挣钱这类的事儿，从来没人管；每一个党的名字里都有“环保”或“自然”两个字，挺时髦的，不是吗？听说欧洲很多国家都有绿党，跟我们班的党意思差不多吧。

为了让我们了解议员是怎么工作的，学校请了两位真正的议员来班里做演讲。这两人一个是苏格兰民族党的，一个是英国绿党的，都在苏格兰议会工作。刚开始一切都挺好，议员给我们讲什么是议会，苏格兰议会负责做什么，他们是怎么当选议员的，议员开会时怎么发言等，直到我最好的朋友安娜丽塔问了一个问题：“你喜欢卡梅隆吗？”

那个苏格兰民族党的议员一下子激动了：“我肯定他在很努力地干活，但是他的成果实在是……”

哈维先生刚开始还面带微笑，靠在墙上很有兴趣地听，但议员越来越激动，哈维先生的表情也越来越严肃，直到最后他竟然跳了起来，指着那个议员大声说：“哥们儿，平静下来！”我估计当时所有同学心里想的都是：你才应该平静下来！

其实我们都知道老师为什么制止那位议员大发议论，因为在学校宣传某个组织的思想是不被允许的。学校甚至连基督教都不许讲，因为要尊重有其他信仰的同学。

哈维老师讲历史的时候，从来都不偏向英国历史上的某位首相，他说怕我们因为喜欢不同的首相而打起来。

虽然有这么多好玩的事情，但我还是觉得“民主与公民权”是个很枯燥的主题，我对民主这件事似懂非懂，民主就是开会吗？民主就是选首相？这些都是大人们的事。但我总算有一个收获，搞懂了一个英文单词的意思——老师给我们布置了一个作业，让我们用图片解释citizenship的意思。

我根据自己对这个单词的理解，选了5张照片：一张是某个国家的人在游行，一张是有人在投票站投票，一张是贴在苏格兰的一扇窗户上支持独立的海报，一张是苏格兰议会，还有一张是马丁·路德·金在演讲。我的同学们也展示了他们的照片，结果所有人的照片和我的全都不搭边。他们的照片上都是慈善组织的志愿者、种树、回收垃圾等。我这才发现，citizenship有两个意思：一个是公民权，一个是公民意识。

对了，我们还给外星人写了一封信。哈维老师总是有奇怪的点子，他让每个同学都给外星人写封信，告诉外星人什么是民主，什么是议会，苏格兰议会是什么样子的，等等。

哈维老师是什么意思呢？他难道想拉外星人来苏格兰投票吗？现在全世界都知道，那一年的9月18日苏格兰要进行全民公投，全体苏格兰人要决定苏格兰是否要独立。支持独立的人可不多，连“哈利·波特”都反对。这是真的，J.K.罗琳捐了100万英镑反对苏格兰独立，除非外星人真的来帮忙。

• 江南自述：爱的教育——我的女儿叫“雨”

你见过10岁的孩子当妈妈吗？我就当了，我当的是“面粉宝宝”的妈妈。

我们年级搞了这样一个活动，每个学生用面粉做一个宝宝，我们就是他们的爸爸妈妈——男生当爸爸，女生当妈妈，都是单亲家庭哦。我们走到哪儿都要带着他们，上厕所也要带着，不然就得把他们送到“托儿所”。我们要给他们换尿不湿。我当妈妈的时间是一周。

老师说，我们还需要给他们准备一种交通工具，就是婴儿车。我在学校的圣诞集市上发现了一辆苏格兰格子的婴儿车，而且只要1英镑，我立马买下它，准备给我的“面粉宝宝”用。

我的宝宝名叫Rain（雨），下面是我一周的“育儿日记”。

周一：我的女儿和露西亚的女儿交了朋友，她女儿的名字就是她姥姥的名字。回家的时候，女儿开始大哭特哭，因为天气实在太糟糕，雨水进到她眼睛里了。我赶紧把她放进婴儿车，把篷子罩上。回家后，我发现她的裙子湿透了，因为她尿了。

周二：晚上，我带她去了童子军军营。外面下着雨，我用围巾把她包得严严的。

来回步行1小时，我一路低着头，不是怕路上有香蕉皮，而是想用我的头帮她挡雨。到了那儿，我问老师能不能把她放在角落，老师说“你妈妈是不会那样对待你的。”她竟然给我的宝宝派了一个志愿者，那个志愿者照顾了她一晚上！

周三：我送给“雨”一个特殊的礼物——一枚小胸针，这是我在学校时老师组织我们做的。我把胸针别在她的包装上，但我生怕把她扎疼了，主要是怕面粉掉出来，所以马上又取了下来。

上科学课时，科学老师说我们要做实验，所以不能把宝宝带到实验室。所有同学都大声抗议，因为带宝宝的乐趣就是到哪儿都必须带着他（她）。同学们非常生气，最后老师邀请了学校的清洁工大叔来照看他们。结果我们回来后发现，那位大叔正在玩电脑游戏。见到宝宝们，男生倒没什么反应，女生都大叫起来“天哪，妈妈想死你了！”

周四：每周四晚上，我都去教堂玩。我犹豫半天，还是把“雨”带去了。一个妈妈怎么可以把孩子单独留在家里呢？尤其是她才4天大。

在教堂里，所有的人都先和我的宝宝打招呼，我都有点吃醋了。乔纳森问我“你抱的是不是耶稣？如果是，那就太酷了。”

后来我去玩了，我这个不负责任的妈妈就把宝宝交给她姥爷。她姥爷，也就是我爸爸，他抱了我的宝宝一个多小时，还到处跟人说“我是她姥爷！”老牛（一个苏格兰人）还表扬他，说他将来会成为一个好姥爷，因为我爸爸抱着她的时候特别严肃。

周五：今天要去歌剧院看歌剧《灰姑娘》，我们老师又派那个清洁工大叔来照看宝宝们。我们都警告那个大叔不要玩电脑游戏，会伤眼睛。艾尔莎是个好妈妈，她交给大叔一个奶瓶和两片尿不湿，嘱咐他“如果她尿了，就给她换尿不湿，如果她饿了就给她喂点奶。”

我们回来之后，艾尔莎批评那个大叔不负责，因为他一点奶都没喂，一片尿不湿都没换。大叔说“我喂了，但是她喝不进去，那证明她一点都不想喝，而且她一点都没尿！”哈哈，“面粉宝宝”其实就是一袋面粉，还带包装的，怎么会有尿呢？

老师说，用面粉当宝宝就是因为她容易破，而且重量都是1.5千克。一周过去，我们还要称一次，如果重量减轻了，就说明“爸爸妈妈”照顾得不好。

周六：下午，我和爸爸去了他的圣诞节派对，然后去碟店买碟。后来，我在王子大街玩了飞伞，玩得好开心啊！哦，我的宝宝呢？我把她忘在家里了……

周日：我一天都没离开家，宝宝也跟了我一天，她一直在睡觉，睡得口水流了一大滩。爸爸说我刚出生的时候，每天要睡18个小时！

明天我们要验收了，看“爸爸”“妈妈”当得是不是称职。我有一点紧张，我不知道她是胖了还是瘦了，她又不吃我的奶，当然我也没奶。

• 告别苏格兰：我的小学时光是这样结束的

我们学校有一个传统——每个学年的最后一天，全校同学一起欢送七年级的毕业生。从一年级开始到六年级，同学们排队从七年级的教室门口经过。我是五年级来到这个学校的。当我们欢送2012年的毕业生时，他们一个个泪流满面，互相拥抱着说不出话。我悄悄地问身旁一个同学：“他们怎么了，一个个都跟生命要结束了一样？”他瞪了我一眼，没有说话。

从5月开始，我们年级的学习顾问消失了，问老师，老师只含糊地回答一句“她在准备册子。”册子？经过一个小时的疯狂猜想，我终于明白了“册子”指的是什么——毕业纪念册！

果然，一周后，教室里的老书架上出现了一摞精致的纪念册，每一本上都写着班里一位同学的名字。

拿到我的纪念册，我翻开看了一眼——每页都是用洁白的硬纸做的，一条白色的缎带连接着，在封面系成一个蝴蝶结。这么精致，我根本不舍得往里面画点什么或贴东西。老师大概给我们讲了一下这本纪念册的用法：前7页记录我们小学七年级的生活，正面写字、记录各种各样的事，背面贴照片和画画，后3页是找老师、同学签名的，最后一页干什么都可以。

经过一个月的战斗，我的纪念册终于差不多成型了，老师批准了我做整个纪念册最有意思的一部分——师生签名。我跑下楼，拦住了我看见的第一个老师，但是我一看就知道拦错人了——我们学校的两个清洁工正满头大汗地提着几桶水往楼上走。不过没想到他们对纪念册还有点兴趣，抓过我的纪念册就开始翻，然后在后面认真地写了几句祝福语，并签了自己的名字。

一整天，我都在学校里寻找还没给我签名的老师。有几个老师特别受欢迎，比如我的六年级老师，有20多个同学围在她的门前。她现在教二年级，一群二年级的学生睁大眼睛不可思议地看着我们。一个戴着圆眼镜的小男孩戳了一下他的朋友说：“老师怎么从来都没有告诉我们她是电影明星？”

这句话让我们一群人疯狂地大笑。有几个老师写的祝福语很好玩，一个是我们的法语老师，他用法语给我写了一句话，然后跟我说：“你回家再查意思吧。”还有一个是我们的课间助理，他写道："李江南，我还记得你那次把脸磕破了呢！"

我数了一下，我的纪念册上面一共有22个老师和69个同学的签名。

我记得七年级的毕业典礼上，有舞蹈和歌曲表演，还有几个老师做的视频。离毕业典礼还有两个月，老师就开始为我们的毕业典礼忙上忙下。哈维先生有头疼病，一忙起来就会发作。这下可不得了了，整天都能看见他满学校跑，因头疼而眯着眼睛跟人说话。

一位漂亮的女老师来帮我们筹备毕业舞会，她给我们定了一个主题：英联邦运动会（听到这个我们全年级的同学都很失望，因为去年的主题是007）。她选了3种不同的舞蹈，让七年级的3个班在毕业典礼上跳——苏格兰舞、印度舞和非洲舞。我们班分配到的是苏格兰舞。

我们排练毕业舞蹈的时候，教导主任每次都在一旁看着，当我们唱歌的时候，她看着独唱的Ella，一边皱着眉头点头，一边夸张地抹眼泪，所有人都得拼命地忍住笑，连歌都唱不好了。

我们学校有一个传统，每次七年级的毕业典礼上，都要播放两个惊喜视频，我们完全不知道内容。所有人都很激动，因为学校给七年级拍的视频每年都不一样。这下可好了，同学们的心思全都不在演节目上，大家一直在想哈维先生会怎样滑稽地在视频里跳舞。

毕业典礼那天，七年级同学按顺序在楼梯上排好队，紧张地看着自己的家人陆陆续续地进入大厅。

在第一个惊喜视频播放的时候，几乎所有的同学都哭了——是全校所有的班级挨个地跟我们挥手送别，一个个小朋友微笑着朝摄像头挥手。我不知道老师们为什么要把这个视频放在前面，放完之后，我们都完全没有心情唱歌、跳舞了。

毕业典礼进行得很顺利，每当看到一个家长掏出手绢抹眼泪，我就悄悄地和我旁边的同学击掌——哈维先生给我们定的目标是让至少20个家长掉眼泪。

到了另一个惊喜视频的播放时间，我甚至都有一点儿不想看，肯定又是能让我掉泪的视频。我没有扭过头去看大屏幕。意想不到的是，身后传来了熟悉的"Cos I'm happy"的旋律，我吃惊地转过头去，看到哈维先生戴着礼帽，在视频里扭来扭去，一会儿单腿跳，一会儿把拐杖甩来甩去。紧接着是一帮小朋友（后来我发现那里面的小朋友都是七年级毕业生的弟弟妹妹）在操场上跳舞。这个视频在歌舞中结束了，毕业典礼也在欢笑声中结束了。

终于到了我作为一名小学生的最后一天。

离放学大概还有10分钟时，所有的七年级同学都聚集到了教室里开始狂欢，可是我一直没有狂欢的精力，就想着自己放学的时候会不会哭。我没有像其他同学一样在这个学校待很多年，但我不一定就没有他们对这所学校的感情深，我问过的所有同学都认为自己一定会哭，但是他们大部分都觉得我应该不会哭。

终于，我听见了放学铃声，每一年的这个时候，清洁工就会摇着铃铛一路从顶楼走到一楼，后面跟着所有的七年级同学。教室里的人越来越少，我在最后出去的20个学生里面，身边很多人都泪如雨下，我却没有一点儿想哭的意思。我朝楼下看了一眼，从四楼到一楼都人山人海，我看到七年级的3个老师和教导组的老师在楼梯最下面等着我们。

我很快就到了楼下，走进操场。所有的家长都举着相机，追着自己的孩子到处乱跑。因为我是唯一一个没有哭的人，所以就在不停地安慰别人。网球队队长绝对是所有人里面哭得最惨的，我安慰着她，没想到被她传染了，也号啕大哭起来……

9岁男孩微留学新西兰，从不想去到不想走

陈晓颜

Part 1 缘起：为什么选择新西兰

• 适宜的微留学时间

新西兰一年有4个学期，我们国内的寒暑假是他们的上学日，孩子们在不影响正常上课的前提下，就可以到这里来体验。

• 对适龄国际学生开放申请

新西兰小学是5岁入学，一年级至六年级为小学，七年级和八年级为初中，九年级至十三年级为高中。中小学学费一年总共5万～8万元，对国际学生开放申请。因此，对任何年龄段的孩子来说，新西兰都是一个不错的留学目的地。低龄家长要留意的是，新西兰政府规定10周岁以内的孩子留学必须有家长陪同。

• 新西兰中小学的教材人性化

新西兰中小学课程涉及基本的7大类领域，即语言类、数学类、科学类、技术类、社会科学类、艺术类和健康教育类。

新西兰学校只有国家颁发的统一大纲而没有统一教材，教学方式人性化，比如在阅读教学时，老师会根据班级里学生阅读能力的不同，为他们配备不同等级的阅读教材。

选择校址

奥克兰是新西兰最大的城市，这里拥有良好和丰富的教育资源。奥克兰的气候相对温和，即使在7～8月是冬季，气温也不会太低，相当于北京的秋季，孩子在北京和奥克兰间往返，不会由于温差过大身体不适应。

惠灵顿是新西兰的首都，位于新西兰北岛最南端，这里冬暖夏凉，教育资源丰富，同样也适合微留学。但是，新西兰南岛由于冬季寒冷，与国内的夏季温度相差太大，我不建议孩子去南岛微留学。

Part 2 丁丁的微留学故事

丁丁 / Brian：微留学时9岁，在国内公立小学读三年级。
爸爸从事IT工作。
妈妈从事媒体工作。

永远不要低估孩子的能力，该放手时且放手。

作为家长，我们深信“读万卷书，行万里路”的教育理念，于是利用假期带孩子游历了中国香港地区、台湾地区、澳门地区，以及日本、德国、奥地利、新西兰、澳大利亚等国家。

我们希望孩子在旅行中，能够认识到世界之美，了解各地风土人情，适应多元文化，培养国际化视野。

• 丁丁：“我不同意利用假期去上学”

我们决定利用暑假去新西兰微留学是在2015年3月。

我跟丁丁商量，他断然拒绝：“平时上学都已经很累了，好不容易放了暑假，还要上学，我不同意。”沟通了几次，他都是这样。索性，我们不再说这个话题，但我没有放弃联系学校。

我向在新西兰朋友征询意见，有的说：“一个月学不了什么，还不如带着孩子在新西兰好好玩玩。”还有的说：“如果你的孩子不是非常外向，适应力不是很强，突然把他抛入一个完全陌生的国度，让他面对完全陌生的学校环境，也许会造成他的恐惧，给日后出国留学带来阴影。”

我分析了丁丁的性格特征，大概因为经常带他旅行，我发现他在陌生的环境中能很快跟周边人“混”熟。再说，孩子的能量是惊人的。于是，我决定让他试试。

经过几番周折，终于联系好学校。我们还为他找到了一个同行好友。

出发前，我们带丁丁研究新西兰地图，憧憬坐在船上看鲸鱼、探访电影《霍比特人》中魔戒小镇的美好生活。这勾起了丁丁的强烈兴趣。

最终，他愉快地接受了。

• 为什么这个小孩突然不自信了

丁丁就读的是奥克兰中部的一个9分小学，学校在7月20日开学。

我和朋友带着2个孩子提前3天抵达奥克兰，住在了朋友Ling家。Ling的先生Henry是新西兰人。

初到这里，丁丁似乎完全没有建立起自信。曾经，他跟我们走过德国、奥地利、日本，问路的活都被他包揽，在餐厅点餐，去商店购物也是他的最爱，在这里他却突然不说话了。Henry想跟他聊天，他却拽着我的手说："妈妈，跟Henry叔叔的交流就靠你了。"

那一刻，我崩溃极了。

我跟还在国内的丁爸沟通这个情况，丁爸安慰我说："丁丁是个完美主义者，可能还没做好准备，其实他都懂，别着急，慢慢来。"

好吧，那就静待花开吧。

丁丁就读的小学是开放式的，为了让他入学时没有陌生感，我们早到了几天，带着孩子们在学校操场踢球，玩各种游乐设施。

• 开学第一天，"妈妈，我今天交了4个朋友"

报到的第一天，我们带着学校接收函、护照复印件、缴费单据，跟校长Dave约好8:45见面。短暂的交流后，他带领我们参观学校的礼堂、操场。此时，孩子们正在玩耍，校园里一片欢腾。校长介绍，到学校后，孩子们要先运动，可以在室外跳绳，也可以在礼堂内由老师带领着做操。这主要是为了让孩子们的大脑活跃起来。

到了图书馆，丁丁迫不及待地冲进去，像个好奇宝宝。看得出他很喜欢这个有矮矮的书架、软软的沙发和座椅、满目图书的地方。

最后，我们前往丁丁的班级——五年级room45。孩子们已经开始上课，20多个学生席地而坐，校长推开门，一个中国男孩立刻走过来，帮助丁丁把书包摆放好。校长Dave介绍：“这是Ivan，他会帮助Brian适应这里的。”还有一个男孩告诉丁丁：“This is your desk。”班主任老师是一个年轻帅气的小伙子。我对Ivan说：“I beg you helping Brian.”校长说，放心吧，所有的孩子都会帮助他。

小伙伴把丁丁领到同学中间，班主任老师说：“我们一起向新同学Brian问好!”，大家齐声说：“Good morning, Brian.”那一刻，我心里是满满的感动和欣慰，在这样的一个团队里，丁丁应该不会孤单吧。

我和Dave离开时，班主任老师带领所有同学跟我们say goodbye。

在跟着校长Dave游览校园时，不时有孩子跟他打招呼，他摸摸他们的头，或者拍拍他们的脸，跟他们聊几句，看得出，孩子们跟校长很亲近。

Dave说，学校的教育是开放式的，随时欢迎家长来观摩，只要提前跟班主任打个招呼就可以，有任何问题都可以跟他沟通，如果觉得语言有障碍，他会找通晓中文的老师或学生帮忙。

有一瞬间，出于对新西兰小学上课形式的好奇，也有点担心丁丁第一天上学不适应，我想留下来观摩，但转念一想，给孩子一个成长机会吧，让他独自去面对。

第一天上课结束，看到走出教室的丁丁兴高采烈，我长舒一口气。他飞奔着跑向我说：“妈妈，我今天交了4个朋友，一个是中国朋友Ivan，还有3个新西兰朋友。我们班就是一个联合国，同学们来自世界各地，亚洲的、非洲的、欧洲的、大洋洲的。”我问班主任丁丁的表现，老师说他非常nice，他用很慢的语速郑重地说：“Oh，He is very well.”

我们给丁丁准备的午餐是蛋炒饭，丁丁说，全班只有他一个人带这个奇葩饭，其他小朋友都带三明治，他强烈要求第二天不吃蛋炒饭。

• 好酷啊！在学校还能学会做木工、种菜

为了进一步了解丁丁的学校，我拜访了朋友杨玲，她的儿子小丁丁也在这所学校就读。

她说，这所学校完全以孩子为中心。如果数学突出，二年级的孩子也许会被送到四年级上数学课；如果阅读突出，同样也可能直接到高年级上课。杨玲的儿子动手能力很强，他被请到高年级去上手工课。

更让我意外的是，杨玲说，校长叫得出学校里每个孩子的名字，了解绝大部分孩子的特点。每天早晨8:30，校长还会陪伴学生们在校门口的红绿灯岗疏导交通。

学校为英语非母语国家的孩子开设了ESL辅导班。每天上午8:45，这些孩子会被集合到一起专门补习英语。丁丁的班主任特意问我，Brian是不是只在这里读4周。我说是，否则，他也会被要求补习英文的。

学校还很注重培养孩子们的生存能力，每学期都有木工课、烹饪课。我也在丁丁教室旁边看到一个“warm farm”。杨玲说，那是孩子们自己种菜的地方。

每年，新西兰教育部门会对每个学校就数学、语言、EQ发展、Science 4个维度进行测评。杨玲说，新西兰的教育重视学生的整体水平，他们不希望任何一个学生掉队，也不希望任何一个孩子有短板。Ivan的姥姥也说，如果孩子哪天不愿意到学校来上课，老师会上门给孩子补课。

任何一种教育方式都不是完美的，适合自己的就是最好的。

• 新西兰小学的数学简单吗

每天接丁丁放学时，我都会听到聚在一起的华人家长吐槽新西兰教育。一位四年级男孩的妈妈很担忧儿子的数学能力：“老师从来不让孩子背诵乘法表，如21×5，老师会先教孩子20×5，然后再加上1×5，而且，他们二年级才开始学习10+5，到了四年级，似乎还在学这样的加减法。我们很多家长都担心孩子们遇到复杂的乘法该怎么办，而新西兰当地人遇到除法，那简直要晕。”另一位妈妈说：“每年，澳大利亚和新西兰都要举办一次数学大赛，华人很难理解那些题目的逻辑性，孩子爸爸是南

开大学数学系毕业的，也常常理解不了，需要儿子给他讲解。”

还有一个华人妈妈说：“儿子放学回来跟我说，老师问25＋25等于多少，班上同学说等于26、等于28……反正没人说等于50。”

但是，到这里上五年级的丁丁却说：“谁说新西兰数学简单，这里已经开始讲毫克与克、毫升与升、毫米与米之间的转换，还有分数的除法，我在北京可没学过呀。不过，老师给了我们解题的列式，同学们问题很多，我做的最快，全对。”后来，他们又开始学习分数加减法，比如1/7＋1/3等于多少。我很好奇，新西兰的老师会怎么教分数加减法。根据丁丁的描述，老师让他们先找到3和7共同的倍数，将分子分母同时相乘，然后再让分子相加，似乎跟国内差不多。

有一天放学，我遇到丁丁朋友Ivan的姥姥，她见到我的第一句话就是：“听Ivan说，班里来了一个新留学生，是你的儿子吧？数学挺厉害的。”我问：“一直听说这里的数学简单，但Brian说没有想象的那么简单。”Ivan姥姥说：“他们的班主任数学比较厉害，一般情况下，华人的孩子在班里数学都很棒，Ivan上四年级的时候，数学老师认为已经教不了他了，就把他送到了现在的班主任老师这里学数学。也许这个班里集中了所有数学比较棒的孩子。”

对新西兰的数学教育，我的朋友杨玲也有自己的观点：“这里的老师们会用自己的方式告诉孩子们数学的真正含义，让孩子们跟着老师一同享受认识数学的过程，而不是让他们仅仅会做题，我更认同这种教育方式。”

• 开学第一周，“我们的老师是全才，除了音乐，其他全教”

丁丁在新西兰上学的第一周，一天放学。回家路上，丁丁说：“妈妈，谁说新西兰的小学很轻松？”丁丁的问题的确挑战了我的常识，于是我好奇地问：“难道不轻松吗？”记得入学第一天，听他的描述，他们似乎大部分时间都在玩，今儿怎么就“变天”了呢？我继续问他，丁丁给了我他的时间表：每天8:45在教室通过电视观看学校新闻，然后上课，10:00～10:05是“Brain snack”时间，据说是为了让孩子们在这个时间多吃一些水果，为大脑补充能量，丁丁取名为“脑白金时间”。之后接着上课，11:00是“Morning tea”时间，12:00～12:45上课，然后是10分钟的“Lunch Time”。孩子们可以在图书馆看书，图书馆借书员也是学生，借书时只需要说明自己是哪个班的，半个月内归还就好。当然，学生们也可以在操场玩。14:00～15:00上课。

他们的课程主要有数学、阅读、写作、默读、体育、演讲。数学课分量还是很重的，但老师不会出一些像国内那样难度大的题目让学生做。只是介绍概念，做简单的练习。老师需要单独教授丁丁一些新知识点，如果丁丁掌握规律，做题对他来说就非常简单了。

对于国内来的孩子来说，阅读课难度比较大，老师在课堂上给大家讲解并进行提问。丁丁说，他能听懂30%，有时候也会举手回答问题。

丁丁喜欢上音乐课，有时候唱歌，有时候老师带着他们玩各种乐器，如钢琴、吉他、尤克里里……有的没有接触过，他只好"滥竽充数"。有一次，丁丁班上的好朋友Mily看到我，兴奋地说，下周上钢琴课，Brian要给同学们进行钢琴表演。原来是老师在课堂上问谁会弹钢琴，丁丁举了手。于是，老师让他下次上课给大家表演。

更有趣的是，丁丁说："我们班主任是全才，除了音乐不教，其他全教。"这个倒是很出乎我的意料，在北京的学校，每个学科老师分工极其明确。具备优质教育资源的新西兰，这样设置教学模式一定有深意。

• 丁丁写道，"Every day is happy."

到了新西兰以后，我尝试着让丁丁每天写英文日记，文字多少不限，题材不限，只要记录下当天自己认为最有意思的事情就行。最初，他只能简单地描述这一天都做了什么事情，渐渐地，他能够详细描绘自己当天看到或听到的有趣事情，比如，在放学路上，他听到一个华人爷爷说，新西兰有18万华人，这让他很惊讶。再比如，他看到在北京难以见到的很漂亮干净的垃圾车如何将路边垃圾桶里的垃圾倒入车内。不管写了什么，丁丁日记的结尾都是："It's a happy day!"偶尔翻看日记，他会开心地

跟我说：“Every day is happy.”

由此可见，在学校的他每一天都很快乐。尽管语言交流不畅、没有熟悉的朋友，需要适应新鲜的环境，丁丁从来没有跟我说他不想去上学了，而是每天进入教室之前都微笑地跟我Say goodbye.

一周下来，他开心地跟我说交到了23个好朋友，“他们对我很好奇，围着我问很多问题，大部分我能用英语回答。”看来，小家伙适应得还不错。

当我们的孩子在奥数课上拼命刷题时，新西兰的孩子却在大自然中培养生存能力。

• 上学书包可以这么轻

为了让丁丁尽快融入学生生活，我每天都给他布置点小任务，比如，搞清楚班主任的名字，认识5个好朋友，自己到图书馆借几本书，搞清楚第二天上课的课表。

自从丁丁对奇葩蛋炒饭表示抗议后，我把他的午餐换成了Pies。早晨7:00，我去一家经营了几十年的老店买chicken pies。丁丁说：“太好吃了，午餐的时候，很多同学都眼馋我的pies。”于是，他把1/4分享给了同学。

不同于国内沉甸甸、塞满各科课本的书包，在新西兰，丁丁的书包里只有雨披、水杯，还有一个入学时学校为他准备的“Book bag”，Book bag里有2个本子、1支笔。其中一个本子用来写数学作业，另外一个本子用来写数学以外的其他作业。

• 在校园里兜售巧克力筹集Camp费用

入学第一周，放学后，丁丁远远跑来，说：“妈妈，给我10纽币好吗？我想买Ivan的巧克力。”我好奇地问Ivan：“这是你做的吗？为什么要在校园里卖？”“这是校长给我的，卖巧克力的钱用来筹集每学期的Camp费用。”站在旁边的Ivan姥姥说：“每学期，学校都要带孩子们到郊外野营，让孩子们自己生火做饭，住帐篷。家长自愿参加。高年级的野营3～4天，低年级的1～2天。”

看来，新西兰的小学为了培养孩子们的生活能力真是不遗余力。丁丁从新西兰回到北京后，作为少代会代表向学校谏言献策，他提出了郊外野营的建议，竟然被学校采纳。真期待有一天，丁丁能够跟自己的同学们一起去郊外野营。

为了快速提升丁丁的英语能力，我跟丁丁班主任沟通，希望他选一些适合丁丁阅读的书。老师立刻说，没问题，他手上就有，他会每天给丁丁一本书，让丁丁可以带回家看，读完再换下一本。晚上，我跟丁丁一起浏览老师借给他的书。是2个系列的绘本，一本是自然拼读，一本是纯阅读，每本上面标注着级别。现在丁丁阅读紫色early级已经比较轻松。最初，我不太理解书本上标注的颜色及数字的级别代表什么，就让丁丁到学校去问老师。他回来说："老师说那代表这本书是early级。"放学时，我遇到老师，向他了解丁丁的情况，他再一次跟我很郑重地说："He is very well, he reads a lot, he writes a lot, he speaks a lot, he talks to everyone."我向他了解询问丁丁的阅读能力。他说，在母语不是英语的孩子中，丁丁是不错的，但是要不断地读，不断地说。

让8岁～9岁的孩子从小面对选择，学会对自己负责，可以吗？这是放纵还是放手？

• 新西兰小学课堂上自由吗

有一年，英国BBC播出的一则有关教育的纪录片引起热议。中国老师到英国支教，当地孩子们在课堂上的表现让习惯了中式教育的老师忍无可忍。我问丁丁："你们怎样上课？"丁丁说："我们围坐在老师旁边的地上，可以走动，喝水，但是不可以聊天。上阅读课时，有时老师会重复讲解当天上过的数学课，已经听懂的学生可以不听。我们教室里有6台电脑、6台Ipad，不听课的人可以选择去玩电脑，或者用Ipad看片子、玩游戏。我就去玩游戏了。老师也会根据课堂纪律和回答问题的情况选出最优秀团队，奖励玩游戏。"

我好奇地问他："会不会有的孩子明明没有听懂，也去玩游戏？"丁丁一本正经地说："那是他自己的选择。"

有一天，在放学路上，丁丁带着羡慕的口吻跟我说："妈妈，Ivan说，他们以前的电脑课老师会教他们设计游戏，学校还会为做得好的游戏申请专利。我怎么就没赶上呢？”

每个教育制度都有两面性，我们不能简单地说，哪种方式更好、更合理，不同的教育模式培养出来的学生也不同，但老师用这样地方式，让孩子从小就面对选择，学会对自己负责，学会团队合作，我是欣赏的。应该让孩子从小就知道，每个人都应该对自己的人生负责，为自己的行为负责。

在新西兰小学，演讲是小学生必须掌握的技能之一。小学生的演讲时间通常是3～5分钟，学生们要把自己调查研究的结论通过演讲来分享给同学和老师。丁丁也上了这样的课程，老师会邀请学生在同学们面前围绕一个话题进行讲述，然后点评。有时候丁丁放学后会跟我说：“妈妈，今天Ivan演讲了，老师夸他讲得很棒！”我暗自憧憬，什么时候，丁丁也可以在同学面前，用英语把自己的研究发现侃侃而谈呢？

丁丁每学期都面对着体育测试的压力，如果孩子有足够的时间、空间运动，如果孩子能享受运动，体育测试还难吗？

• 体育课就是享受运动

我曾经目睹丁丁的体育课。奥克兰的冬天虽然比北京温暖，但高温在14℃徘徊，低温为5～10℃。很多孩子每天都是短衣短裤，赤脚上学。老师要求孩子们光脚跳绳、跳马、跳圈。丁丁似乎有点不习惯，总想找机会穿上鞋。丁丁从来没有接触过跳马，每次都从马鞍上跌落，但班上的孩子们很多能够轻松跃过。还有一次上体育课，丁丁说，老师要求他们完成空中翻转，很多小孩子能漂亮地完成，但这对于丁丁来说，难度太大。即使这样，孩子们似乎也没有压力，老师并不要求每个人必须跳过，也不强调动作规范，大家像做游戏似的享受跳马的乐趣，无所谓结果。大概这就是杨玲说的新西兰态度吧，不强调输赢。

新西兰注重运动是人尽皆知的，在这里，我们也感受深刻。

每天早晨送丁丁上学，我都能看到，到得早的同学在操场打篮球、踢足球或者玩橄榄球。朋友Ling邻居家的儿子所罗门虽然仅仅5岁，运动能力极强，足球已经踢得相当专业，在跟丁丁玩耍时，他能够迅速在草地上画好球门，制定好游戏规则。他的一招一式，带球、射门有板有眼。中场休息时，一转眼的工夫，他已经爬到树上，悠哉闲哉，让丁丁望尘莫及。他妈妈说，每到周末，所罗门都会到附近的足球俱乐部进行足球训练。

阅读的氛围是需要创造的，让阅读成为生活的一部分是学校和家长的责任。

• 图书馆，也可以这么有趣

丁丁所在学校的孩子们非常喜欢阅读，有的放学后随便找一个角落就读书。图书馆对学生们而言，很像他们的“家”，随时都可以进入那里度过一段轻松愉快的时光。孩子们午餐后、放学后都可以去那里消磨时间，还可以很方便地把书借回家，只要在2周内归还就可以。

学校里的图书馆具有多重功能。孩子们不但可以在里面看书，还可以进行其他活动。女孩子学习织毛衣、画画、做手工，男孩子同样可以做手工。有时候老师还会带着他们在图书馆做游戏。有一次，老师把他们分成几个组，每组给几个关键词，让大家根据这些词找出藏在某个角落的某本书，看哪个组用最短时间找到书。能参与这么多有趣的活动，孩子们不爱上这里都难。

情景教学给了孩子们一把打开知识大门的钥匙。

• Topic课程到底是什么

Topic是丁丁所在学校每个学期的主题课程，每周都有几天要上。本学期，丁丁他们讨论海洋环保。入学第一周，老师给孩子们留家庭作业，罗列了十几个问题：“你认为奥克兰的港口存在什么问题？请列出绿色和平组织名单上要保护的两种鱼类？请找出你知道的吃鲨鱼的人？你认为目前海洋鱼类遇到的最大威胁是什么？说出距离新西兰最近的生态保护区等。”这样的作业对孩子们来说既新鲜又有压力，需要查阅大量的资料，丁丁在周日9:00之前才完成作业。周一，丁丁告诉我，老师根本不收作业，甚至也不检查他们的家庭作业完成情况，或许，老师就是希望通过这种方式让孩子们了解海洋环保知识吧。

在Topic课上，老师通过图片、视频向他们讲述海洋垃圾如何产生、海洋生物面临的危险。每天放学，丁丁一边走，一边给我讲，很多知识对我来说都是新鲜有趣的。

而杨玲读二年级的儿子有一个学期的Topic主题是“二战”，老师围绕着“二战”给孩子们讲历史，带孩子们到纪念的“二战”博物馆参观，看当时的照片，让孩子们试穿“二战”士兵的衣服，甚至教他们使用摩斯电码发报。他们班上有一个同学的爷爷参加了“二战”，这名同学还把爷爷当年的照片拿到班里，给同学们讲述爷爷的故事。通过这种方式，孩子们对“二战”有了深入全面的了解，也提出很多问题，形成自己独立的思考。

每周五上午，都会有一个班根据本学期的Topic话题向全校师生表演，我曾经观摩了一场关于废物利用的表演。一早，家长们就到礼堂就座，孩子们在老师的带领下排队进入礼堂。表演开始之前，全体起立唱新西兰国歌，然后是学校校歌。老师和孩子们把节目编排得精彩丰富，创意十足，既有令人捧腹大笑的台上表演，也有鼓舞人心的校长颁奖，还有充满仪式感的任务交接。

• 15:00放学，家长接不了孩子怎么办

新西兰小学通常都是15:00放学，很多父母无法及时把孩子接走。孩子们会参加各种托管班、兴趣班，还有的会去图书馆看书。兴趣班内容丰富多彩，有画画班、动手拼插玩具班、垫上运动班、手工班、户外运动班、电影班，还有板球班、橄榄球班等。

一到放学时间，校园就沸腾了，有的孩子直接去不同教室参加课外班，有的孩子聚集到礼堂内接受老师点名。下午15:30点名结束，孩子们统一坐在礼堂的最前端，排队领取加餐点心后，等待不同兴趣班的老师把他们领走。

每个托管班的孩子年龄大小都不等，辅导孩子们的老师真不算少。尤其是垫上运动的兴趣班，常常看到3个年轻老师带着孩子们玩。而在户外运动班上，也常常看到几个年轻老师带着孩子们做游戏。

学校课外班价格非常便宜，每学期约100纽币，每次上课时间为15:00～18:00。

从不愿意来到不舍得走，是什么改变了他？也许正如他在日记中所写："Every day is happy."。

• 最后一周，"Taday is a sad day"

时间过得飞快，转眼，丁丁在新西兰的游学生活已经到了第四周。

当你熟悉了一个环境、适应了一种生活，离开时，更多的是不舍。于是，走在路上，我们总会忍不住抬头看通透的蓝天，努力呼吸带着一丝甜香的空气，同时也会像当地人一样，微笑着向迎面走来的陌生人点头致意。跟寒暄的人由衷地说一句："Have a nice day!"

到了第四周，丁丁在学校已经如鱼得水了。他说，老师讲课他已经能够听懂70%了。在老师出的100道测试题中，丁丁以2分30秒的最快速度，以100%准确率完成。

他进步最明显的是体育和英语，每天的Morning Tea和Lunch Time让他有差不多1.5小时可以在校园里奔跑。不用担心雾霾，不用担心沙尘。学生们是坐在室外的台阶上吃午餐的。

丁丁已经学会用当地的比较简洁的方式表达自己的想法。而丁丁爸也说，由于新西兰英语有口音，很多时候，和当地人交流，他还在本能地把对方说的话转化成中文，丁丁已经开始帮助他和对方沟通好了。

丁丁喜欢上自己在学校买饭，只需要提前一天到订餐窗口，把钱放在一个信封里，再写上自己的名字和教室名。第二天取餐时，老师会把找零的钱放回信封，每餐不到10纽币。周四，学校的午餐是寿司，是丁丁最爱。不过，让丁丁遗憾的是，午餐没有饺子。新西兰当地的孩子也非常喜欢寿司和饺子。有时候，他们会跟我聊他们喜欢的这两种美食，一边说一边拍着小肚子："I am hungry!"

偶尔，订餐窗口的老师不忙，也会跟丁丁聊天："你几岁了？从哪里来？到这里多久了？你们家里只有你一个孩子吗？"丁丁也会像当地孩子一样，简洁地回答。

周五是丁丁在这所小学微留学的最后一天，在上学路上他已经开始沉默。

上午轮到丁丁班在礼堂进行主题表演。他们之前已经在教室排练了很多次，丁丁扮演渔夫，还有一句台词："I catch a fish!"他向我们讲述了自己表演的那段剧情：他们钓到的鱼太小，在警察的劝说下，把鱼放回大海。表演的主题是呼吁人们保护海洋动物，不要向海里倾倒垃圾。

下午，原本是要上Topic课的，老师特意留出一半的时间，站在教室前面跟丁丁说："Brian，come and say goodbye to the students."丁丁走上前，同学们一一跟他拥抱告别，并将准备好的小礼物送给他："Bye Brian，we will miss you!"丁丁眼含热泪："Bye，my classmates，I will miss you too，I will miss room45."那一天的日记，丁丁写道："Taday is a sad day"。看着丁丁写的日记，我潸然泪下。

对于孩子来说，输入足够多时，改变和进步都是难以想象的。

• 一个月后，英语对丁丁而言，就像水从龙头中流出一样自然

回到北京，为了不让丁丁的英语语感随着环境的改变而消失，我们开始寻找合适的教材，让他每天听一篇文章。这些文章带有西方人特有的幽默，还有他不知道的单词。出人意料的是，一篇文章刚放完，他就无法自控地笑起来，而我和丁丁爸还处于懵懂之中。经过丁丁的讲解，我们再听，才明白他的笑意。没有想到，短短一个月，丁丁的听力竟然有如此神奇的变化。我问丁丁："为什么你听一遍就能听懂，我们不能？"他有点小得意："我整篇文章听下来，遇到不知道的单词，根据上下文也能猜到词义。"看来，对于孩子来说，在英语环境浸润久了，输入足够多，就产生了质变。英语于他而言，就像水从龙头中汩汩流淌出来一样自然。而对成人来说，由于用中文思考的方式根深蒂固，听到英语时，我们本能地要将它翻译成中文，由于我们的思考方式是中式的，即使用英语表达，也是中译英。因此，越小的孩子越容易接受第二语言的说法是对的。

接下来，通过观察他跟外教的交流，以及再次出国旅行跟外国人的交流，我们能深深感受到他能够自如地运用英语，他能将复杂的语言转化成自己可以驾驭的简单的句子，并表达出来，这真让人欣慰。

暑假，去澳大利亚做个插班生

陈晓颜

为什么选择澳大利亚微留学

• 适宜的微留学时间

澳大利亚一年有4个学期，4月中旬放秋假，7月中旬份放寒假，10月初放春假，12月中旬放暑假。每个学期为10周。我们国内的寒暑假是他们的上学日，在不影响正常上课的前提下，孩子们可以到这里来体验。

• 部分学校对适龄国际学生开放申请

澳大利亚小学的学制是七年，由零年级到六年级。各地小学生入学年龄的规定不完全一样。儿童在这一年满5周岁的，均可入读小学零年级（Preparatory也可叫“预备班”）。

2016年7月1日，澳大利亚开放6岁以上小留学生签证，但不满18周岁家长可以申请陪读。澳大利亚中小学不同，学校学费差别很大，一般公立中学的学费为一年5万~8万元不等，私立的费用大概高一倍。

• 中小学教育更加人性化

澳大利亚根据中小学各学段的不同特点，设置面向学生发展的个性化课程。小学一年级到四年级重点是培养学生的英语表达能力和识字的基本技能、简单的算术运算能力，对学生进行一些社会教育、健康教育，开展一些启发学生智力的活动；五年级至六年级，除了进一步发展学生在低年级所学到的技能及知识外，学校开设英语、数学、社会学、健康、自然科学等课程，有的还开设了外语、乐器和宗教课程。

七年级至十年级是初中，主要开设英语、数学、科学、历史、地理、音乐、艺术、科技、人类社会与环境、外语、健康教育和体育。

澳大利亚只有国家颁发的统一大纲而没有统一教材，老师会根据孩子的学习情况因材施教。

选择校址

悉尼、墨尔本、布里斯班拥有优质且丰富的教育资源。这3个城市气候相对温和，7～8月的气温不会太低，相当于北京的秋季，澳大利亚与中国时差仅为2小时，孩子容易适应。

两个小男生的快乐插班生活

丁丁 / Brian：微留学时10岁，在国内公立小学读四年级。

爸爸从事IT工作，妈妈从事媒体工作。

诺诺 / Will：微留学时10岁，在国内公立小学读四年级。

爸爸在央企担任电力工程师。

妈妈在大学从事行政工作。

2015年暑假，丁丁曾经在新西兰插班上学1个月，从最初的不情愿去到最后不舍离开，从刚入学的惴惴不安到快速融入并享受其中，在陌生英语环境中从沉默到后来充当爸爸的小翻译，以至于回到北京后，对英语学习的兴趣明显提升，这一系列变化，让我爱上了送孩子插班上学。

于是我决定，2016年再次利用暑假让丁丁插班去上学。这一次，我们把目光锁定在澳大利亚的悉尼，并邀请丁丁的好朋友诺诺同行。有好朋友陪伴，丁丁当然欣然前往。

家长说

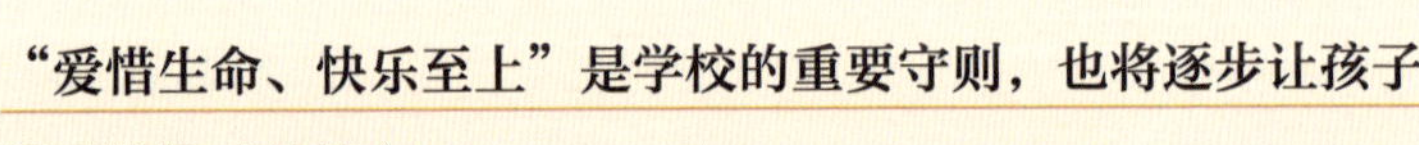

“爱惜生命、快乐至上”是学校的重要守则，也将逐步让孩子们在成长中获得寻找快乐的能力。

• 一个学校只有3个班？不同年龄的孩子在一个班？

丁丁和诺诺的报到日期是8月15日早上8:45。

8月14日下午，我和诺诺妈妈决定带着两个孩子提前熟悉一下学校环境。从居住地走路不到5分钟，穿过地下通道，走过涂鸦墙，一排栅栏包围的院子矗立在眼前。醒目的学校招牌和教室模样的两层小楼提示我们，孩子们的学校到了。

“这么小，还不如我原来新西兰学校的一个操场大”。看到学校，丁丁惊讶地说。

很巧，一直与我们用邮件沟通的Manager Sarah就在校园里。看到我们，她立刻打开校门，对着丁丁说：“Brian？”丁丁愣了一下，立刻指着诺诺回应：“Yes, this is Will.”那一瞬间，我们虽然在异国他乡，却有一种被亲人久盼回归的亲切感。我们跟着Sarah在校园里走了一圈，教室、图书馆、运动场、小卖部一应俱全。Sarah说，学校由Kindergarten、Primary school和High school3部分组成，每部分一个班。诺诺因为比丁丁小几个月，被分配在Primary school，班上有9个孩子，分别为8～11岁，配备一位班主任。丁丁被分配到High school，班上有17个学生，年龄为12～16岁，配备一位班主任，一位副班主任。

因为还记得在新西兰上小学时美味的午餐，丁丁对这所小学的午餐也相当期待，Sarah把每天的食谱提供给我们，并特意嘱咐，孩子们第一天上学就有体育课，一定要穿便于运动的裤子和鞋，还要准备一顶帽子，因为悉尼阳光的紫外线很具杀伤力，另外书包里要准备好水和加餐（水果、零食）。

Sarah的儿子Haper正在校园里玩耍，她招呼儿子过来，告诉他，Brian将和他在一个班。成熟的Haper友好地跟我们寒暄。看着Haper，我暗自担忧：面对至少比他大2岁的哥哥姐姐，丁丁能适应吗？

大概因为有了前一次的经验，这一次，丁丁显得从容许多。回去的路上，他跟诺诺说：“去年，在新西兰，我第三天就跟班上的外国同学混熟了。在这里，你就得大胆地说，不然人家不理你。”

• 混入少年班里的小屁孩

周一，丁丁和诺诺早早起床了。虽然是冬季，悉尼的阳光清冽而温暖。8:45，两个孩子抵达校园。不大的院子里充满欢声笑语，各个年龄段的孩子们在校园里奔跑玩耍。老师们刚刚结束晨会，Sarah带着丁丁和诺诺分别参观了教室，拜会了班主任和校长。丁丁的班主任高高大大，脸上时刻挂着笑容。诺诺的班主任小巧玲珑，和蔼中透着认真，而校长则是一位慈祥优雅的老太太。

8:55，上课铃声响起。孩子们排成一队，准备进入教室。我终于见到了丁丁的同班同学们，站在他们中间，丁丁像混入少年人群里的小屁孩。

我很好奇，丁丁班上年龄最大的孩子16岁，俨然一个翩翩少年，即将升入高中，班里还有12～15岁的学生，而丁丁不足11岁，他们年龄差距如此之大，却在一个班里上课，老师怎么教呢？我请教Sarah，她说，“老师不会讲相同的内容，他们会给每个孩子制定学习计划，一对一辅导。”但是，我依然充满迷惑，那就带着这些疑问，慢慢观察吧。

选择这所学校时，我浏览过它的官方网站，这个内容丰富，介绍翔实的网站，让我完全想不到它居然属于一所mini学校。

于是，回到住所，我再一次打开网站，认真研究。显然，比起很多学校口号似的目标和理念，这所学校的目标和理念具体而充满人文关怀（目标：帮助学生们逐步感知世界万象，更好地认知万物发展的规律，以便孩子们能够融入大自然，提高认知大自然、改造大自然的能力，达到自己的目标。理念：能够根据每一名学生的特点“因材施教”，无论孩子们是什么时候加入到我们的学校开始学习，他们都会受到一视同仁的关爱和教育。）。

• 校规的第一条是“要有充足的睡眠，吃好一日三餐”

在期待中等到了下午15:30，孩子们放学了。

诺诺见到妈妈的第一句话就是：“老师没有收我的午餐费，你陪我去小卖部跟老师解释吧。”他告诉妈妈，同学们提前在教室点好午餐，然后把餐费装到自己的纸袋里统一交给老师。点餐时，诺诺被叫去测试英语水平并参观学校了。参观小卖部时，老师问“喜欢肉饼吗？”，他说“喜欢”，这位老师就自作主张把肉饼给点上了。回到教室，班主任又让他点餐，诺诺点了鸡块，并最终放弃了肉饼。肉饼的价格是3澳元，鸡块是2.5澳元，中午去交钱时，老师却说他已经付过3澳元了，要找他0.5澳元。他当然没要，但也没坚持付钱。

诺诺和妈妈去小卖部付钱，发现老师的账记得很清楚——需要付2.5澳元。

而丁丁的情况正好相反，他的午餐费共6.5澳元，付款时，他没有零钱，就在袋子里装好11.5元，希望老师找他5元。但是，返回的袋子里没有找给他的零钱。丁丁跑去小卖部问，老师说他还少付1元钱。儿子说：“我跟她说了半天，老师却坚持我少付了，本宝宝生气了，只好扭头走了。不过，后来Sarah把钱找给我了。”

听着两个孩子的“奇遇”，我跟诺诺妈妈说：“不会是考验两个孩子对待金钱的态度吧？”“还好，两个孩子都很棒，经受住了考验！”诺诺妈欣慰地说。

回家的路上，我们问两个孩子：“今天感觉怎么样？”

“今天刚一上课，Sarah就推门进来，跟同学们说‘Brian，come out，don't worry，he will come back soon’，然后带着我去了图书馆，Rose老师给我做了英语水平测试。”丁丁说。

“怎么测呢？”我好奇地问丁丁。

他回答：“给一篇写有单词的纸，让我读，错8个的时候，老师说停下，一共读了42个，测试出来的结果是我掌握的单词水平相当于当地孩子9岁2个月的。然后他选了一本澳大利亚本土孩子5～6岁时读的书让我阅读。”

“我也测了。老师还跟我们说了校规，一共13条。”诺诺说。

“你都听懂了？”诺诺妈妈问。

“当然，有现成的翻译。”诺诺说。

“Sarah不是说你们学校没有精通中文的人吗？”我和诺诺妈妈有点迷惑。

“丁丁啊，他翻译。”两个孩子相视一笑。

这是我始料未及的，去年一个月新西兰插班学习带给丁丁的影响渐渐显现。

“妈妈，你知道我们校规的第一条是什么吗？每个晚上都要有充足的睡眠，吃好一日三餐。学会‘快乐之道’。难怪，这里的人看着总是那么开心”，丁丁感慨道。

我们更好奇两个孩子第一天上课都做了什么。

“今天上了实验课、阅读课还有体育课。班里2个年龄最大的孩子做化学试验。还有一部分人做物理实验。老师让我去观摩。化学实验比较难，有2个容器，红、黑2根导线，导线两端有2个夹子，把1号容器的液体倒进2号容器，用红导线的一端夹住2号容器的缸壁，另一端夹住灯泡座的一个螺丝，黑色导线的一端夹住一种金属条状物，另一端夹住灯泡座的另一个螺丝，把金属条状物放入2号容器的液体中，灯泡就会亮起来。然而，两位同学的实验失败了，他们屡试屡败。物理实验比较简单，用导线连接电池和灯泡，让灯泡亮起来。老师给了我们一些提示，让大家自己想办法。基本上每个人都做成功了。阅读课，每个人读自己的书，有的同学读3～4厘米厚的书，老师给了我一篇文章读，遇到不会的生词，可以查字典。最后一节课最开心，坐校车15分钟到附近的体育馆去上体育课。热身后，老师让我们爬到杠顶，做引体向上，撑一会儿，在杠上翻过去，还有倒立、跳高、走平衡木等很多项目。一节课上下来，我们大汗淋漓。不过，还是觉得时间过得真快。”丁丁讲述他一天的经历。

诺诺是第一次插班上学，首先让他惊讶的是：“上课想上厕所就可以去，纪律不严格，老师很慈祥。”

诺诺接着说：“今天上了3节课。都说国外数学简单，可是我们上课要用英语背乘法口诀到12，对我来说也不容易呀。英语阅读课，老师让同班同学陪我读，他读一句，我读一句。然后让我做了3张试卷，1张全对，老师写了well done，另外2张有点小错误。体育课上得很欢乐，跟国内不一样的是，这里上课全部用器材，难度也大。”

老师给诺诺留了不多的家庭作业。诺诺妈说：“作业跟在国内学过的自然拼读有关。先给出一些单词，是发音相同的字母组合。再给出短文，文章中用了这些单词，诺诺体会到很地道的自然拼读。这样的练习，让孩子很容易学会并理解了这些单词。老师给诺诺选了一本当地孩子3～4岁读的书《poor fish》，我以为很简单，结果发现每一页都有不到5个生词，诺诺读起来有点吃力。”

音乐、体育是不分国界的，特长爱好也许是快速找到志同道合朋友的好途径。

• 交友困境如何突破？丁丁送礼物促交流，诺诺用足球赢得喝彩

小小的校园，两个孩子用了一天的时间就都熟悉了。但是，面对陌生的同学，丁丁和诺诺却不知道如何自如地与他们交往。诺诺妈妈说："第一天，诺诺放学回来，我问他感觉如何？他竟然哭了，可能他在新环境里遇到了点小烦恼，他没有交到朋友，没有找到吸引他的东西，又听不懂别人说的话。这也是预料之中的。"丁丁有了第一次的体验，虽然不会哭，但一时间也不知道如何跟同学亲近。

走进校园里，两个孩子本能地互相取暖，课间一起玩，午餐也相约一起吃。然而，作为家长，我们选择送他们到悉尼插班上学，除了想提升他们英语能力，最重要的还是希望他们具备快速融入国际化环境的能力，未来面对不同国家的同学，能接受不同文化的差异，顺畅交流。

尤其是对丁丁来说，语言已经不是障碍。但是，他却找不到一个跟同学快速熟悉的切入点。看着课间或者放学后，班上同学聚在一起热烈地聊天游戏，曾经被称为社交动物的丁丁却远远走开，或者跟诺诺单独玩。我知道，他心里是孤单的，甚至是有压力的。

回到家里，我问丁丁："为什么不尝试着找一个话题跟同学聊聊呢？你在新西兰不是3天就跟同学们混在一起玩了吗？"丁丁很认真地跟我说："妈妈，你知道吗？全世界的小孩都一样，大家都会围着大孩子转，小屁孩只能跟在后面。在新西兰，我跟同龄孩子在一起，很容易玩到一起，而现在，班上同学都比我大很多，我们缺乏共同语言。"

晚上睡觉前，丁丁说："妈妈，我想明天把买给同学的青花瓷书签送给大家。""好啊！你可以告诉同学们青花瓷在中国代表什么。"

第二天，丁丁带着满满一书包礼物高高兴兴去上学了。他先跟班主任说，希望能够允许自己把礼物送给同学们。老师欣然同意。12:30，班主任幽默地说："我们非常喜欢送礼物的Brian今天给大家带来了礼物。"老师话音一落，丁丁就开始送，"我一拿出礼物，班里同学就开始欢呼，拿到后，大家再三感谢，然后就拆礼物，阅读盒子上关于青花瓷的历史。下课后，很多同学主动走过来跟我聊天，还说'thank you，thank you for your gift'。"

再次走进校门，看到同学们在玩球，丁丁犹豫着要不要加入，他的同学立刻问："Brian，你想玩吗？"丁丁点点头，另外一个同学跑过来，告诉他游戏规则。

而丁丁的同桌Harper也时不时凝视着他，丁丁看到后，主动say hello，男孩回

应，然后两个人开始聊跟课程相关的话题。

为了让新同学能够快速融入，老师们也在创造各种让孩子们互相交流玩耍的机会。入学第四天，丁丁放学后兴奋地说："妈妈，Sarah今天带我们玩了一个特有趣的游戏。"接着他滔滔不绝地给我讲："中午吃完饭，我们走了5分钟，到一个公园玩捉迷藏。Sarah在一个地方画个巨大的五角星，代表游戏的安全区域，负责抓人的人站在这里。然后大家四处躲藏，可以移动，藏的人一旦被抓的人看见，并喊出名字，就视为OUT。你可以趁抓的人不注意，以最快速度跑到安全区域。一旦你在跑的时候被抓的人看见，抓的人也要跑到安全区域，这时就比谁的速度快，谁先跑到安全区域，谁就赢。"丁丁说自己玩了3局才被OUT。"这个游戏太好玩了，直到下午上课时间，大家才依依不舍地离开。"

一天天地，丁丁跟他的同学们逐渐熟悉起来，聊天也越来越多。

"午餐的时候，我们班同学都围坐在一起，边吃边聊，我有时候也加入其中，听着他们聊天，不时插嘴说几句，大家很热烈地回应我，还有的同学把番茄酱分享给我。"看着丁丁灿烂的笑容，我眼中泛着幸福的泪光，作为一个10岁的孩子，他还没有强大到能够迅速而洒脱地融入一个语言、文化、年龄完全不同的氛围中。我知道，12岁以上的孩子已经不是单纯靠玩耍获得友谊了，他们需要更深层次的精神交流，丁丁目前的认知跟他的同学不在一个层面上，他会有压力，但他努力了。作为妈妈，我唯一的希望就是在陌生环境里，他能够快一点找到可以深入交流的好朋友，从而内心丰盈。

而诺诺妈妈也兴奋地跟我说："今天去接诺诺，远远地就听到有人叫Will，Will！。原来，同学们踢足球的时候，他也加入进去，结果就听到有同学说'He's very well。'"接下来的几天，每天中午、放学后诺诺都要在学校踢足球，并和两个身高相似的小孩玩得最多。诺诺也很得意地说："他们已经是我哥们了，跟我学了好几招呢。"课余时间，他们就在草地上尽情嬉戏，发明出很多自创玩法，有时抱成一团，有时又把足球当篮球，没有规则，但每个人都开怀大笑，十分开心。

• 诺诺：体会了当学霸的感觉

诺诺的数学课几乎每天都有一个固定的内容，就是背乘法口诀到12。但孩子们并不觉得枯燥。按照诺诺的说法就是"老师变着花样陪我们玩"。比如，背到5就开始加速，"我英语反应慢，就只能对口型，10以上就滥竽充数了。"另一个好玩的是，数学课每天都以跳绳开始，边跳边数数。每人选择的差值不同，难度不同，比如从2开始的，就要数2，4，6……诺诺很快搞清楚了规则，跳的是4、8、12……还分单绳、双绳等不同跳法。诺诺班主任吉娜说，这个课程叫“Jump rope with maths drilling combined”。不但锻炼了孩子们的身体，还提升了他们在混乱环境中沉着应对问题的能力，加强了他们的数学运算能力，真是一举好几得。据诺诺说，通过这样的方式，数学成了孩子们最爱上的课程。而回到课堂上，老师也为每个孩子量身定制了不同的数学课内容。老师认为诺诺的数学相当好，为他选择了5级难度，他的哥们儿8岁，做的是4级。诺诺自豪地说：“在数学课上，我体会了一把当学霸的感觉。”

• 丁丁：数学课上有两个老师

而丁丁的班上，分布着10岁～16岁的学生，数学课又怎么上呢?

丁丁给我描述了一下：“一上课，同学们都拿着自己的数学练习本和数学辞典。老师先给大家重复讲解某些图形的英文单词，然后分别给每个学生一张卷子，开始刷题。对我来说，最简单的一道题是选出3个数中最大的数，最难的是一个二维坐标，好像是初中才会涉及的知识。卷子一共32道题，我做对了28道。有一些用英语表达的数学应用题看不太懂，于是，就请教班主任。老师说，不会可以选择不做。老师还让一部分同学自己看书预习，再做平行线的练习题，然后老师针对大家的完成情况，统一讲解。班上还有一个男老师，专门辅导个别同学，大概就是数学最难的那部分。”通过丁丁的讲述，我大概了解了不同年龄段的孩子在一个班是如何上课的了。

• ESL课怎么上

ＪＪ进入学校的第二天，负责ESL课程的Rose老师就到教室去找丁丁，跟他说：“Brian，你的英语还需要提高，我们每天要抽出一段时间学习”。

第一次课，是认识澳大利亚。

老师先告诉丁丁澳大利亚分为哪几个区，然后给了丁丁一张打印好的地图让他了解。校长指派一个同学向丁丁提问，最后把地图上的几个州剪下来，让丁丁重新拼在一起。“通过这样的方式，我知道澳大利亚分为6个州和2个领地。6个州是新南威尔士、维多利亚、昆士兰、南澳大利亚、西澳大利亚、塔斯马尼亚；2个领地分别是澳大利亚首都领地、北领地。新南威尔士州的代表城市是悉尼，维多利亚州的代表城市是墨尔本，昆士兰州的代表城市是布里斯班。”

而诺诺的老师则带着他认识澳大利亚的国旗，左上角为英国国旗图案，表明澳大利亚与英国的传统关系。最大的一颗七角星代表澳大利亚的6个州与联邦区，蓝色象征着大海环抱着澳大利亚领土。然后老师打印了一张黑白的澳大利亚国旗，让丁丁涂上颜色。

了解了澳大利亚后，Rose就开始为丁丁安排阅读和音标课。

先是给了他一篇关于英语起源与变迁的文章，要求他读完整篇文章再回答很多相关问题。丁丁说是零难度。遇到生僻词，老师就给他讲元音、辅音，并教他用音标读单词，用英语解释英语单词。

几乎每次上课，Rose都会给丁丁一本书，让他先读，然后回答与书配套的相关问题。丁丁说他非常喜欢读老师推荐给他的书，情节跌宕起伏，虽然也讲一些做人的道理，但融在故事中，非常自然。比如，Rose让他读《Super Sam》，讲的是Sam有一个超能力，但是他如果没有工作，能力会丧失。于是，他非常勤奋地尝试各种工作，后来发现，水上救生员、雪山救生员、消防员这几个工作都不适合他，最后，他找到了一份在高空救援的工作。

还有一本书也有趣，书名是《Little Beaver and the Echo》。内容讲的是，小河狸因为没有朋友哭了，回声也跟它一起哭，她跟回声说，自己很孤独，没有朋友，回声也回应她，自己很孤独，没有朋友。小河狸就找回声当朋友。她决定去找老河狸，路上遇到了鸭子、乌龟、水獭，最后找了老河狸的窝，老河狸告诉她，你开心，回声也开心，你难过，回声也难过，于是，她决定每天都开心，最后她收获了3个朋友：鸭子、乌龟和水獭。

为了科学地衡量每个人的学习进度，学校为每个学生设计checksheet。丁丁的ESL课程也不例外。每完成一项，并测试合格，Rose就给他打上勾，直至最后所有项目全部完成。

经过一段时间的学习，丁丁说自己明显地感到记忆英语单词、理解英语单词更容易了，词汇量也明显提高，阅读能力大大提升。

有一天晚餐时，丁丁跟我们说，Rose告诉他一些学习方法。“做一件事，先要掌握基础，然后再慢慢往上走，最终做到最难——这就是阶梯学习法。还有，当你学习一个全新的内容时，你一定要找个实物作为参照，这样才能理解得更为透彻。比如，你正在学习关于海洋的知识，那就要走出去看海，如果条件不允许，就要看关于大海的照片或者视频，最好不要是音频。实在找不到，就用一个跟它差不多的东西来代替。”晚餐后，他拿出了讲述这个观点的那本书《生活中的学习艺术》，丁丁跟我说：“妈妈，这可是我们学校的“圣经”，Rose让我带回来看，但一定记得还她。还说，这是一把学习的钥匙。Rose已经给我讲了2个key word，每个后面还有一些练习题，要根据书中的观点来做。”

第二天放学回来，丁丁又跟我分享了Rose讲给他的第三个观点：“当你学一个东西时，遇到不理解的字要马上处理，不然在后面的学习中会遇到很多bug。最终导致，学完一篇文章，你也不记得文章说了什么，学习兴趣下降。那么，如何解决生词的问题呢？比如，你可以查字典，搞清楚它的多种意思，比如，shoe既是‘鞋’的意思，还有外胎、制动器的意思；home是家的意思，还有体育比赛终点的意思。搞清楚这两种意思以后，再通过造句的形式，彻底检查自己是否学会。如果读到最后，还是对这本书的内容没印象，怎么办？要重新开始读，正确理解每一个词。我觉得这个方法对我将来会非常有帮助。”

“从实践中来，到实践中去”澳大利亚的学校深谙此句话的意义，场景教学比理论教学更具吸引力。

• 了解大堡礁如何形成？先去滑雪

听了丁丁的讲述，我突然间顿悟，为什么学校会采取那么丰富的上课形式。

上地理课，老师要讲述澳大利亚著名的大堡礁如何形成，怎么讲呢？首先组织同学们去悉尼的雪山滑雪，然后共同研究，为什么澳大利亚会形成那座山，为了检测同学们对知识的掌握情况，老师会出一个卷子，让大家完成。丁丁入学晚，没赶上雪山滑雪，对那个山不了解。“老师给我找了一本足有7厘米、比字典还厚的书，挑选了3页关于火山的内容，让我读。因为在国内学过科技英语，我很快看完了。然后老师又找了纯英文的视频，由地质学家来讲澳大利亚的雪山是如何形成的。原来，澳大利亚、新西兰、印度这些板块是连在一起的，火山爆发后，印度向西移，新西兰和澳大利亚之间形成大海，大海之间有一座岛，就是著名的大堡礁。这是我听到的，不知道是否准确。如果我也赶上了滑雪，会理解地更加透彻。”丁丁感慨。

而诺诺的种蒜课也让他回味无穷。“老师拿着一包蒜分给大家，我们分工协作，有挖坑的，有推车的，我负责挖坑，然后把蒜放进去埋好。我之前从来没有种过蒜，也第一次知道种蒜居然不用剥皮。整个过程大约一个小时，这种课我永远都觉得上不够。”不过，据诺诺妈后来考证，孩子们种植的不是大蒜而是剑兰。

丁丁也说：“我们坐校车2分钟就到了一个蔬菜地，校长指着田里的秧苗给我们讲它的名字，有什么特点，今天我们认识了好多菜。”

对着实物学习，孩子们果然印象深刻。

• 澳大利亚博物馆给孩子们的特殊待遇

澳大利亚博物馆是世界公认的10家顶级的展馆之一，也是澳大利亚最大的自然历史博物馆。这家博物馆建于1827年，是澳大利亚第一家博物馆。藏品极为丰富，很多藏品是独一无二的。

抵达悉尼后，我们利用周末时间特意带孩子们去参观。但是，入学后，诺诺和丁丁的学校又组织他们去参观了一次。只是这次，他们参观的是没有对外开放的实验体验馆。说起这个体验馆，各种有趣的实验让两个孩子滔滔不绝。有可以用机器人遥控的自动收球机，有可以喷很多彩色泡沫的化学反应试验，有用手机软件操控内部马达的小球游戏，还可以在显微镜下看微生物跑得有多快，通过游戏测试握力，感知长度等。孩子们最感兴趣的是提取香蕉的DNA。在密封塑料袋里放两片香蕉，再在里面倒入3种液体，把手放在袋子外面，碾压香蕉，直至其成糊状。然后摇晃袋子，再把袋

子打开，把液体倒入小试管里，再把另外一种液体倒入试管。拿一根带圆片的塑料小棍，轻轻搅拌，插入液体中，慢慢往上提，就可以提取香蕉DNA。“真是一个很神奇的实验。”两个孩子不约而同地说。

我们也感慨，澳大利亚的孩子真幸福，能够享受博物馆给他们的特殊待遇。

海外学校对阅读的重视表现在课堂内外，真心期待政府和国内的学校别把重视阅读当做口号。

• 这是读书节，不是万圣节

8月23日，丁丁放学回家，特意跟我们说：“明天是读书日，不需要穿校服，但每人要捐2块钱或者2本书。”第二天早上我去送孩子们上学才发现，老师、学生几乎都穿着“奇装异服”，有的把自己扮成白雪公主，有的扮成海盗，有的穿着蜘蛛侠的服装，还有的把脸化妆成猫的样子。Sarah扎了两个朝天的辫子，连70多岁的Rose和校长也都穿上了特别的服装。我很好奇，问丁丁：“既然是读书节，为什么没有举办什么读书活动，而搞得像万圣节？”丁丁请教了他的同学才知道，这一天要求每个人都穿上自己读过的书里最喜欢的角色的衣服。所谓读书节，就是为学校捐款购买新书。

而每周五下午，在孩子们所在学校的Assemble公开课上，所有的学生欢聚一堂，总结一周的生活，表彰一周来运动最多的学生、坚持穿校服的学生、上课不迟到的学生，还有为学校做贡献最多的家长等。而最大的亮点当属图书馆老师的登台了。她像展示宝贝一样，将讲台上一块红布突然掀起来，一排排新书整整齐齐摆放在桌子上。她兴奋地告诉大家，自己好不容易又募集到一部分资金，用这些钱给图书馆添置了很多新书。教室里响起了尖叫声，然后老师用很夸张的语气和表情来介绍每一本书，每次介绍都掌声如雷，好像每一本书都是他们渴望已久的宝贝。

下课后，我跑去问老师，为什么如此隆重地介绍这些新书，买书的资金从哪里来？澳大利亚的书价很高，如何能利用有限的资金买到孩子们爱看的书？

看得出，这是一位非常爱书的老师，看到我对她的工作如此感兴趣，她立刻滔滔不绝讲起来：“我们学校非常重视阅读，因为通过读书，孩子们可以认识外面的世界，形成好的价值观，培养他们的创造力。通过书本，孩子们可以知道，哪些是可以做的，哪些是不可以做的。我们通过向学生们售卖午餐、校服，还有热心人士以及学生和家长的捐款筹措买书资金。每次的资金不多，而且比起美国和中国来说，澳大利亚的书是偏贵的，但是，我认为值得，只有这样，作者才能得到更好的收入，也才有兴趣和精力写出更高质量的书来。所以每次，我都不厌其烦跑很多书店，为孩子们选性价比最高的书。”丁丁说，他们的同学中午或者放学后，会泡在图书馆看书。“当我把书签送给Rose时，她特别兴奋，跟我说‘谢谢你，Brian，我最喜欢读书了，读过很多书，这个书签对我来说太适合了。’”诺诺也跟他妈妈说：“澳大利亚的书一定比中国的书好看。因为，老师每拿一本新书，同学们都会尖叫，有时候会边吃午饭边看书。而在国内，老师拿书展示，我们都没有反应。”

无论是政府还是学校，能够如此花心思地营造读书氛围，孩子们怎能不爱上阅读?

• 音乐、艺术是最好的倾诉

为了让丁丁保持弹琴的感觉，我们这次让他带着琴谱去了澳大利亚。每天放学，他需在自己的教室里弹一会儿琴。

最初，丁丁有点不好意思，迟迟不肯开始弹，一定要等同学老师都离开才弹。随着跟同学的熟悉，他下课后就开始弹奏。每当音乐响起，路过的老师和同学家长都会驻足，走进教室，安静地站在他身后聆听一会儿，不由自主地说一句“so beautiful”。校长专门走到我旁边说：“Brian能够每天坚持练习弹钢琴，真棒！要知道，这很不容易。”我说：“是的，他从5岁多开始学琴，时常想放弃，但最终坚持下来了。”校长竖起拇指给了他一个大大的赞。

渐渐地，他的同班同学下课后也会留下来听他弹琴，还有2个女生在他的音乐声中跳起芭蕾。看着翩翩起舞的美丽女孩，再听着舒缓优雅的琴声，我也不由沉醉，还有比这个更美的画面吗?

离开学校之前的一个下午，丁丁弹奏肖邦的圆舞曲，巧合的是，另外一个教室传来悠扬的小提琴声。两首曲子不约而同透着淡淡的忧伤，似乎在倾诉自己的恋恋不舍。坐在校园里，抬头仰望天空，我也不禁有一丝伤感，未来的日子，这里的，每一张笑脸，每一声问候一定会时常在我心底荡漾。

交给孩子一把认识世界的钥匙，让他们终生具备学习的兴趣和能力应该是我们的初衷。

• Oliver：只上了5年小学，却具备了终生学习的能力和兴趣

开学第二天，我和诺诺妈妈送孩子们去上学，听到不远处的声音："Carema! Camera！"我们循着声音望去，一个充满青春活力的澳大利亚男孩兴奋地跟我们打招呼。目光相交的一刻，他跑过来，自我介绍："Oliver，nice to meet you!"然后，就开始与背着相机的诺诺妈妈探讨拍照问题。

一直被我追着问问题的Sarah走过来，说："Oliver是我们学校毕业的，如果你们有什么问题，可以跟他交流，他会一点点中文。"

怎么可以错过这个机会，于是，我跟Oliver约定周五认真聊聊他的故事。

十几年前，Oliver的家人把他送到这所学校。5年后，他从这所学校的Primary school毕业，很遗憾，那时候，这里还没有high school。他就只好在家上学。他的爸爸是法国人，妈妈是澳大利亚人，也是一个很好的老师。于是，后来的知识就由妈妈传授给他。

我很好奇，这所学校到底有什么神奇的力量如此吸引他。Oliver说："这个学校有两个'秘密武器'，一个是，学校的理念是"当你觉得学的东西有用时，就会把不喜欢变成喜欢"因此，如果学习时遇到困难不开心，这里的老师会帮助我们把学习变得有趣，另一个就是使用checksheet。很多年前，我觉得学习法文很难，练习很长时间也记不住，后来受到学校理念的影响，我的态度改变了，突然发现法文也不那么难了，包括中文也是这样。当时，我有一个台湾女朋友，我就尝试着学中文，居然也学得差不多。"

Oliver说，虽然自己只上了5年小学，他却学会了很多处理问题的方法，形成了真正的能力。"我现在在写一本书，关于摄影的，需要把漂亮的照片放进去，我就通过Youtube的视频自学修图，我还在自学日本历史，写历史故事。我现在学什么都不怕，只要想学，都能学会。"

说起班上的混龄学习，Oliver记忆犹新："老师就用checksheet这个工具管理学生。学生可以很清楚地知道自己在学习什么，还应该学什么，进度如何？老师也可

以很清楚地知道每个人的特点，每个学生学到什么程度，遇到什么困难，如何帮助他们。而从国外来这里上学的同学也可以很快知道自己的方向。同时，在一个团队中，每个人的学习速度是不一样的，有的人速度快一点，他的check sheet就不断升级，有的人慢一点，没关系，老师会关注他，帮助他。”

虽然已经从学校毕业很多年了，Oliver坦言自己仍然会怀念学校，时常回来做义工。

“这里很小，很像家，我们彼此都是朋友，大孩子和小孩子未来也会变成朋友，老师觉得每个学生都很重要，尊重他们。学生们很友好，很绅士。所以，即使离开学校了，我和老师们、同学们仍然保持很好的关系。”

• 会想念这里的

两周的时间转眼即到，有点多愁善感的丁丁前一个晚上就开始情绪低落。

我问丁丁：“喜欢这里吗？”丁丁说：“喜欢，尽管学校设施不多，却很温暖。当小同学受伤，或者不高兴的时候，校长会带着他们在院子里走，边走边聊。校长还会在课间或者午餐的时候问每个同学今天过得怎样，是否开心。我有问题时，老师总是第一时间帮我解决。同学也让我觉得温暖，在国内学校，有时候会出现大同学欺负小同学，小同学找更大同学来报仇的事情。但在这里，班上来了新人，同学们会第一时间问他，觉得这个学校怎么样，是否开心。”

诺诺妈妈问诺诺：“学习结束之后，会想念这里吗？”诺诺说：“会想念这里的制度。老师和蔼可亲，从不训人，学生们可以叫他们mum。而且作业少，课间时间长，在校园里可以随便玩。”

诺诺妈也感慨地说：“老师们都很有爱心，负责多门课程，全天候投入。但从笑容中能够感觉到他们非常热爱这个事业。似乎教学生不是一种工作，而是心甘情愿地付出。如果有机会，我真希望孩子能体验更长时间”。

周五的Assemeble公开课上，老师为丁丁和诺诺颁发了结业证书。孩子们与同学、老师依依惜别。

离开校园时，同学们目送着我们，边挥手边不舍地说：“Bye! Brian. Bye! Will!.”

第三次微留学，13岁男孩决定留在新西兰

吴剑

Part 1 为什么去微留学

家长说

在孩子还无力规划自己人生轨迹的时候，家长有责任帮助他进行不完整的规划，旅行、微留学、留学，是我们希望引导儿子走的人生路。

• 蜜水里泡大的孩子，从4岁开始走世界

儿子Evan的出生无疑给我们带来了喜悦，同时也让我们意识到沉甸甸的责任。由于我和他妈妈常常加班，儿子的日常起居多为奶奶照顾。孩子的爷爷奶奶、外公外婆加上我们，6个大人照顾一个小孩，对他宠爱有加。可以说，儿子是在糖水里泡大的。

随着中国经济的快速发展，以及中国家长渴望让孩子开阔视野的愿望，留学、出国旅行已经成为常态。我们也一样，从Evan4岁开始，不管工作有多忙，我们每年总会抽出时间全家出国旅行。旅行多了，我们深深地感受到英语的重要性，从4岁开始，Evan就被我们送到有外教的英文兴趣班，通过做游戏的方式记常用单词，掌握简单会话。我们希望他能学会融入团队，学习与人相处，与外国人自信交流。逐渐地，我明显感觉到，Evan的思维比同龄孩子成熟很多，这也许跟旅行有关系吧。

• 旅行后，我们开始关注微留学

随着孩子年龄的增大，我觉得更应该让他深入国外某一个环境和当地的孩子一起

学习和玩耍。夏令营、游学形式虽不错，但我更想让孩子在一个固定的学校学习，至少能有一个月以上的学习时间，而不是蜻蜓点水。

暑假留学是最好的机会，既不影响国内课程的学习，也符合我让孩子进行一个月以上深入学习的要求。而且，原本孩子的暑假让我们双职工家庭头痛，孩子基本上都是老人来看管，然后上几个补习班打发一下空余时间。与其这样，还不如把他送到国外去更好，既能学习英文，也能体验国外的教育。

2009年，Evan开始上小学，快乐的童年就这样过去了。各种升学信息扑面而来，我们也开始规划儿子的未来，升入哪个初中？考哪个高中？读什么大学？也考虑过让儿子读私立或者国际学校，但经济上有点难以承受，最终还是选择了公立学校。

由于我们夫妻年轻时也有2～3年的海外留学经历，我们清楚地知道出国留学不是困难的事情，在我的年代不难、那么将来会更便捷，而且，越年轻越能适应，或者说越容易接受外面的世界，并很快融入。于是，我和Evan妈妈初步规划让孩子去国外读大学或在国内读完大学后再出国深造。

每到寒暑假，我们的旅行依然会进行，只是时间越来越少。我们也不断思考审视对孩子不完整的人生规划，突然发现，如果最终的目的是让儿子出国读书，为什么不考虑早一点送他出去，或者让他早一点体验一下，看看他的适应性如何。这个念头在我脑子里不断闪现。于是，我在网上疯狂地搜索，可是得到的信息实在太少。我开始注意跟出国留学相关的报道。

我发现，我们放暑假，北半球其他国家的学校也在放假。那就看看南半球吧，我首先想到的就是澳大利亚，然后就是新西兰，这两个国家都是英联邦国家。

经过比较，我们最终选择了新西兰。为什么呢？原因一，通过研究当时的政策，我发现，孩子满5岁就能到新西兰留学，而澳大利亚没有这样的规定；原因二，新西兰没有攻击人类的大型动物，甚至连蛇都没有，这对儿童来说相当安全；原因三，我到过很多国家旅行，新西兰的自然环境深深地打动了我。

Part 2 连续三年“探险”微留学

吴奕帆 / Evan：2003年出生，目前就读于上海一所公立学校。

爸爸：广告公司CEO。

妈妈：在外企从事综合管理工作。

随着孩子慢慢长大，想到每年高考的残酷性，我决定把孩子出国的时间往前推（出国读高中）。为了让他提前适应国外的环境，打好基础，Evan从四年级开始，每个暑假去新西兰做插班生。

人生总会迎来第一次，只要方向是对的，遇到困难也要坚持。走过风雨就会看到彩虹。

• 10岁第一次微留学，独自住在homestay，思念家人，夜不能寐

第一次送孩子微留学，我们家庭进行了三番五次的讨论，最终决定让六旬的奶奶和Evan妈妈陪儿子一起出行。

我们通过网络联系好学校并确定了homestay，冒险真正的开始。我在机场送走儿子、妻子和妈妈，非常不安，他们要面对一个完全未知的未来。Evan可能只是认为这又是一次旅行，他怎么知道这是他人生的一大转折。

到新西兰后，儿子稍事休息，于开学前一天到学校报到，校长又高又壮但很亲切，给Evan做了一下英语水平测试，随后分了班级。Evan被安排一个人住homestay，妻子和妈妈住在朋友家。这对Evan来说是一大挑战，虽然上四年级了，但他睡觉从未离开过我们，生活近乎无法自理。新奇的第一天过后，第二天就是儿子无助、无奈、痛苦纠结的开始。他几乎每天晚上都要打电话给我们，拿着电话不肯放。

Homestay家有一个8岁男孩和5岁女孩，洋爸爸是修汽车的，洋妈妈是理发师。他们给了Evan一个小房间，房间里有一张小床和一个衣橱。洋妈妈很热情地迎接了他，让他不要担心。Homestay和学校只隔着一条马路，每天上下学洋妈妈都会接送他。

洋妈妈教他怎样把需要换洗的衣服放在洗衣机里。虽然，儿子的英语还不足以应付当地的生活，但他完全可以依靠肢体语言搞明白很多事情，与Homestay家的孩子们玩耍更不需要太多语言。

白天忙着上学，跟同学们玩，Evan似乎还很开心，可是到了晚上，他就用QQ打来电话“爸爸，我睡不着”，电话那头传来了委屈的声音。“怎么了？”“我想你们。”我的头马上晕眩起来，这才第二天啊，我只能岔开话题“今天你都干了些什么呀”他开始兴奋起来“家里有只猫咪很可爱，我抱着它一起玩。”就这样说了一会儿，他说：“我困了，想睡觉了。”我的心终于放下了。

放下电话后，我却睡不着了，听见孩子在电话那头说想我们，我心里五味杂陈，有时候真想放弃，我在思考，这样做是不是正确。

• 第一次插班上课，没有任何压力

第一天上课回来，孩子告诉我们：“他们的数学太简单了，只做加减法。”我问：“上课都能听懂吗？”“懂，都能听懂。”我知道这肯定有水分，不过孩子很好强，我也就不去揭穿他。“回家作业多吗？”我继续问他。“没有，一点作业也没有。”他说。“回家后干什么？”我又问。“陪小男孩玩游戏，和猫玩玩，很无聊。”他显得有点无奈。“晚上怎么办啊，我睡不着？”儿子似乎在自言自语，又像跟我说。我说：“睡不着可以看书呀，看看书就可以睡着了。”“那我试试吧。”Evan说。

在新西兰小学上课对我们中国的孩子来说那是太享受了。新西兰上课很随性，每个班级只有一位全能老师，数学、语文、美术、体育一个人全包。孩子们上课可以随意走动，还可以吃东西。这个在国内很难想象，中国孩子刚去那里会有一点不习惯，孩子说：“在课堂上可以随时向老师提问，而且老师也很乐意回答你的问题，这个要是在我们学校早就被老师骂了，可能还要罚抄。”老师布置的作业也很简单，只要你回家阅读就行。

每天10:00左右是学生们的加餐时间，孩子们可以吃自己带来的点心，整个学习生活就这样保持不紧不慢的节奏，孩子们没有一点压力。

体育课是孩子最喜欢的，活动项目很丰富，有篮球、游泳、乒乓球等。打橄榄球时他是中心人物，因为比别人高半个头，身材又结实，所以很受欢迎，每天回家都大汗淋漓。

就这样，Evan白天在学校很开心，晚上睡觉就想家。妻子鼓励孩子："男子汉一生要面对太多挑战，这是你人生的第一次挑战，如果第一次就放弃、就逃避，那么长大后遇到什么，你都会逃避，永远不会想着去克服，对不对？"她的态度有点强硬。我妈妈有点不舍得："不行我们就让他回来吧。"孩子奶奶一表态，我们顿时感到巨大的压力。儿子听到妈妈和奶奶的语气不对，很乖巧地说："我再坚持坚持吧，你们不要为了我不开心。"虽然他勉强答应留下了，但晚上还是无法睡着。

电话结束后，为了让奶奶放心，Evan妈妈和我商量了一个折中的方法，每个星期让奶奶去学校门口看孙子2～3次。在异国他乡，孩子看到奶奶开心了很多。经过安慰引导，他慢慢适应，我们不断鼓励Evan，也不断鼓励着自己，一定要坚持住，特别是这最重要的第一次。

对孩子来说，夜晚是最可怕的，孩子独处时更会想念家人。为了让Evan尽快平静下来，homestay妈妈半夜陪他坐在房门前的台阶上，对着天空数星星。回来后儿子告诉我们，其实他还在默默倒数，算算还有几天能和爸爸、妈妈，还有奶奶团聚。我不知道这段时间对孩子有什么影响，但一定能让他知道团聚的可贵。

1个月的时间很快过去了，孩子也已经适应。我到机场接他，看着那个幼稚而可爱的笑脸，我的心情无法形容，真想好好亲亲抱抱这个宝贝。当我们以玩笑的口吻说起他在新西兰默默数日子的故事时，他会一本正经地告诉我，"下次再去我就不会

了。”是啊，孩子长大了，下次，下次你又会遇到什么呢？

回国后紧张的学习生活又开始了，首当其冲的压力就是暑假作业，Evan出国一个月，落下很多作业没有完成，他拼足全力，终于在开学前完成。看着孩子低头认真写字的样子，我不禁又思考起来，用这样写作业的方式学习孩子能记住多少，记住的东西除了用来考试，对他以后又有什么帮助呢？新西兰的小学教育太宽松，四年级的学生还在做加减法，孩子们长大以后怎么办？出国学习真的好吗？除了让英语有一点进步，还能学到什么呢？跟国内孩子学的课程比起来，那里的课程也太没有挑战性了。

毋庸置疑的是，孩子的听力和口语能力有了明显的提高，而且在公众场合也敢于和外国人说话，这样的情况大概持续了半年，之后孩子的英语又开始退化，所以语言环境很重要。

我的留学研究还在继续。中国的教育特点是“早教”，学校把所有的课程都往前提，让孩子尽早掌握知识，对年纪太小，智力还没发育的孩子们来说，压力不言而喻。

时间过得很快，不知不觉Evan已经进入六年级，各种复习和考试把我们和孩子拖得筋疲力尽。

通过儿子在新西兰腿受伤的事件看出，平时对孩子进行一些常识性教育是非常必要的。

• 第二次：独自上学、独自面对棘手的问题，游刃有余

暑假又一次来临，根据上次的经验，我们做了相应的调整，想换一所能接收12岁孩子的中学。因为Evan回来说：“那所小学的课程太浅显了，实在没有什么挑战性。而且，我比其他同学高出一个头，每天站在操场上，不会做操，显得很突兀，傻傻的。”

中学相对于小学更难找，能够接收短期生的学校不多，私立的更是不可能，我们发出了十几份申请信后终于得到了答复。新西兰的中学会是怎样的呢？我们都很期待，儿子还记得两年前的誓言。这次是真正的独立出行，一个人的通关，一个人的飞

行，一个人的homestay，一个人的学习。在出行前我们不断为他打气，使用了各种我们可以使用的方法，激将法、速成法、贯穿法……他就像一个临上场的拳击运动员，处于极度兴奋的状态，努力地想证明给我们看他已经长大了，有了上次的经历，孩子的奶奶也放心了许多。

又一次来到机场，孩子信心满满地告诉我："这次我一定不会想家。"目送着孩子出海关，我们再一次沉默了，他一个人可以吗？在新西兰会遇到什么样的问题？他能够应对吗？他毕竟还是个孩子呀。我们一家人彼此安慰着，或许换一个环境，他就能激发自己的"小宇宙"，就有能力应付发生的一切……抵达的当天晚上，儿子自豪地告诉我们，他是如何自如地出关、登机，在飞机上如何教几个第一次去的中国高中生填入境卡，又如何镇静地入境，一副小有成就的口气。嗯，有信心就好，很好的一个开头，我们继续鼓励着。

网络的高速发展为我们带来了通讯便利，可以方便地与孩子保持着每日联系，奶奶有一句很贴切的比喻："我们只隔着一层玻璃的距离！"这对奶奶来说，也是一种安慰，想孙子了可以随时看孙子。

这次的homestay家庭中的妈妈是中国人，嫁给了当地KIWI，有两个混血孩子，这给Evan带来了很大的帮助，他还是对母语感到非常的亲切。开学第一天，homestay不负责接送，这是我们没有想到的，是事后孩子告诉我们的。他自己坐着公交车来到学校，在一个完全陌生的校门口下车，站了好久也不见有人来接应，于是，硬着头皮问了一个老师模样的人怎么去办公室。经过指点，他独自拎着书包去报到，进行语言能力测试，领校服……他说的时候是一派轻松，但我知道这绝对不是一件简单的事。他这个年龄段的孩子，如果在国内，是需要家长每天接送的，学校里的事也都是家长一手操办的，或许这就是区别吧。他领来的校服是旧的，是学校毕业生留下的，他把校服放在床上拍照给我们看，还拿着一双有洞洞的袜子笑着说："好大一个洞啊，还好给了我两双，呵呵。"我们也大笑起来，这大概也是一种教育吧。在新西兰，每个学校都有旧校服回收，比起国内的反浪费教育实际得多，少了一份口号，多了一份自然。孩子对这个印象深刻。

最初的一个星期，Evan还是会想家，白天在学校上各种课程，参加活动，但到了晚上就会想家，唯一的排解方式就是看书（出去时让他带了1本，之后我们又通过快递送去2本，并写了鼓励的信件）。

7～8月的上海闷热难耐，但此时的奥克兰却是冬季。儿子只穿着校服短裤，他却说没问题，完全能适应，并轻松地给我们看当地孩子光脚跑步、席地而坐的照片。他兴奋地告诉我们：“爸爸，我弄清了当地手球的游戏规则，不会像以前那样傻傻旁观了。”他还通过QQ传来跟同学们的照片。每天晚上一次的常规家庭通话时间渐渐缩短，他不再说“想家、想你们”的字眼，他开始跟我们说：“这里真好，没有那么多作业、测验，好轻松地就拿了数学竞赛金奖、银奖。”

孩子说上课很快乐，特别是数学课，老师出的题目他用口算就能算出，其他同学都很羡慕他。我说：“你不能骄傲啊，在中国你的数学根本排不上名次，在那里只是人家没有学到，不能小看别人。”儿子见我数落他，狡猾地反转话锋：“我不是这个意思，我是说我能听懂和看懂他们的英语题目了，要知道看懂题目很难的。”哈哈，好机智的辩解。体育课是他的弱项，他在国内跑个100米已经是上气不接下气了，在新西兰每天奔跑是必不可少的，特别是在打球的时候，从他发回的视频中可以依稀听到同学们为他大声加油：“Evan，快，Evan，快，快跑！”

新西兰中学提倡“让孩子们自己去寻求答案”的教学方式，重在培养孩子的阅读水平和演讲能力。在学期结束前，老师要求短期生们写一篇文章并在欢送会上进行演讲，儿子对微留学做了一个总结，用了一周时间准备了演讲稿。

欢送会的那天老师发来了视频，儿子站在讲台上大声地朗读着，虽然词语和发音都不是很标准，但那份自信油然而生。演讲内容是：独自游学的感受。他说：“在学校，我接触了跟国内完全不一样的学习方式，在Homestay，我学会了自立，不担心语言，游学是一种锻炼的机会，不仅仅是语言上的，还有各种能力的培养。不用害怕，不要退缩，迈开第一步就会让你有不一样的感受。”这是孩子有感而发，我们听了是多么的激动。

他主动要求再延长滞留签证时间，我们紧张的心终于可以放轻松，知道他已经适应了那里的同学、老师还有学校的生活。但对我们来说，这是多么漫长的过程，而且他对父母的思念依然。

接下来，儿子与我们QQ通话时间变得越来越短，有时甚至2天没有他打来的电话，看来他在那里适应得很好。我们却有一点小小的失落，孩子不想家了吗？孩子是不是学坏了？各种稀奇古怪的念头在脑海中出现。

• 儿子膝盖溃烂，老师和医生给予他细心呵护

一天清晨，我突然收到一份学校发来的邮件，要求我们提供保险单号码和各种医疗委托签字。面对一串串陌生的医疗、保险类英文单词，我们顿时阵脚大乱，不知道

出了什么大事，马上联系了学校和homestay。2小时后我们终于了解了基本情况。Evan在一次运动时，擦伤了膝盖（也就是蹭破了一点皮），本来也没有什么大事，他也没有在意。如果在国内，擦点红药水就可以了。大概我们平时在这方面的常识给儿子普及的很少，他不知道如何处理伤口，每天还照样洗澡，也没有做防水处理，四五天后整个膝盖表面全部溃烂。老师无意中发现了这个情况，然后带着Evan去了医务室进行简单处理。校医看他的溃烂面积较大，建议去医院治疗。所以，学校给我们发了通知，要我们签委托书。状况虽然不大，但足够击溃当时远在北半球不明事态的我们，一家人着实花了很多心思研究那些复杂的英文单词。新西兰医院针对Evan的情况向我们询问得非常详细，他对什么药物过敏？有没有接种过疫苗？有没有打过破伤风针等，一大堆医疗问题。

这件事也给了我们一个教训，孩子小，生活经验不够丰富，细微的地方不可忽略，平时应该多教他些小常识，别让他到了关键时候手足无措。

通过这件事情的处理，我们也体会到新西兰的医疗和保险制度的完善。学校对学生的照顾也非常体贴。

去新西兰上学都必须购买学生保险，保险一般由学校统一购买。这次因为学校没有为短期留学生提供这项服务，所以，我们自己在网上购买的保险，一个月的基本保险费是34纽币，我们当时也没想太多，买了最基本的险，条款很简单，涵盖医疗、医疗运送、存款损失三项。其实一般治疗校医就能搞定，而且不需任何费用。这次是去了医院才产生了医疗费，老师将所有诊疗费单据扫描给了我们，一共140纽币。我们把这些单据都上传给保险公司，保险公司第二天就答复了我们，他们表示已经审核了单据，可以赔付其中120纽币的医疗费，另外20纽币的药物不属于赔付范围，可以向ACC提出申请。ACC是新西兰特有的福利，所有进入新西兰的人，不管是旅游、读书还是工作，都会自动得到一份意外事故伤害险，发生意外后所有医疗费用由ACC负担。

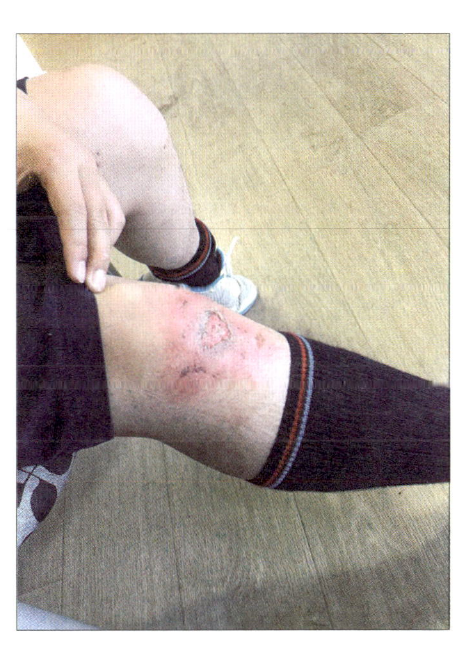

记得儿子第一次去医院上药，他传给我看当时拍的照片，医生围绕着他溃烂的皮肤边缘画了一个圈。他饶有腔调地跟我们说：“知道吗？这个框是医生帮我画的，他还告诉我，如果溃烂部分超出他画的线，就要马上来医院找他。”“你能听懂医生和你说的话吗？”“没问题的，奇怪了，到了新西兰，不管是老师、同学、医生，他们说的基本我都能懂，不懂，他们也会重复说，直到我搞明白。”多细致、直观的解释呀，无须太多理论。听着儿子讲述他受伤后学校医生处理他伤口的过程，我还有什么不放心的呢？

这一次的微留学时间似乎过得很快，又到了Evan回国的时间。我们早早就到了机场，焦急地等待他走出来。他高昂着头骄傲地走出机场，仿佛在告诉我们，瞧！我多了不起！是啊，他仅仅12岁，独自闯荡新西兰2次，独自处理伤情，真的很了不起。他的膝盖还裹着纱布，但这丝毫没有影响他的脚步。我感慨，孩子长大了，可以一个人闯荡世界了。

儿子一见到我们就开始滔滔不绝讲述自己在新西兰的经历。孩子的奶奶激动得一把抱住了他，问长问短。他的膝盖已基本痊愈，但奶奶还是不放心：“不能动，好好休息。”孩子又回到了奶奶精心制造的蜜罐中。

儿子微留学2次，分别为1个月和6周，虽然从表面上看不出他有多少变化，但在日常生活中他却微微透露出一点成熟和一点自信，这或许就是微留学带来的影响吧。

13岁的孩子对未来已经有选择能力了，那就尊重他的意见吧。

• 进入初中，完美主义的儿子被学业压得透不过气来

中学生活开始了，作为初一新生，孩子被分配到特色班（管乐班），也就是所谓的好班。初中的生活也是令人兴奋的，各种兴趣小组等着他报名参加，但兴奋期很快就过去了，繁重的学业像一座座大山压了过来，兴趣小组成了空壳和摆设，每天有做不完的功课，家庭气氛也逐渐紧张起来。儿子是个执着的娃，诸事都追求“完美”，再加上他动作有点慢。这种理想的“完美”似乎成了奢求与全家人的负担。

撇开语文的抄写、数学习题，每天的英文背诵不谈，就说说英文的阅读理解吧。

按照我们的想法，学生读完文章，然后选ABCD，应该很快就能做完英语阅读作业吧？但Evan每天要读4篇英文文章，必须要一字字翻译，并写下来。他是个完美主义者，追求的不仅仅是翻译出来，还要词语优美。别的孩子10分钟翻译一篇，而他往往要花20分钟，甚至更长时间。我们曾经劝他别那么完美主义，但他饶有情趣地给我们朗读他美妙的翻译，做父母的怎么忍心去打击他的积极性呢？看着他每天睁着布满血丝的双眼说“老爸、老妈，你们先睡吧，我一个人可以的，一定要完成”时，我们的心在哭泣。

用电脑三维设计是儿子的爱好，有时为了设计一个程序，他一坐就是2～3小时。而他常常只能在完成全部功课后，挑灯夜战到凌晨才能完成三维设计。我们一家人心疼他，希望他能够放弃兴趣课，多多休息，儿子却说：“小组里只有我会这个，我不做完，一组的成绩就都没有了……”

慢慢地，孩子变得不爱说话。随着下学期的到来，情况变得越发严重，孩子出现了轻微的厌学现象，这使我万分焦虑。他原本是个多么喜欢上学、多么渴望学习的娃呀！

• 全家人初步计划将他的留学提前到初中

看着儿子的状态，我开始思考，是不是应该让他提早出国留学呢？

原本想再等两年，中考结束后马上为他办理出国留学。所谓计划不如变化快，一个偶然的机会我遇见一个女生，她在新西兰读高中，初三下学期出国的。在和她的交谈中，我得到了一些模糊的信息，她说：“我感觉出去晚了一年，有好多科目都没有学到，现在选择的余地小了。”由于谈话时间很短，我也没有细问，后来经过研究，我大概体会到她这句话的含义。首先我们来看看新西兰的教育体系，一年级至六年级是基础教育阶段，孩子们主要以玩的形式来学习基础知识。七年级至八年级，教授孩子基本的生存能力和阅读能力。课程有手工制作、简单的烹饪、历史、社交礼仪等。九年级（初三）开始为高中做准备，孩子们要将所有的科目轮流学习一遍，然后按自己的喜好选择将来要学的科目，到了高中再进一步学习。那个女生所说的“晚去了一年”，也就是指这一年，有很多科目她没有读到，所以可以选择的科目就少了。十年级至十二年级是高中阶段，学生们需要筛选所选的科目进行或换科目，为将来考大学做准备。

研究完新西兰的教育体系，我由衷地感慨，西方的教育体系提供了多样性的选择。对孩子们来说，就是所谓的条条大路通罗马。

初一考试结束，假期马上就要到来，大多数家庭都在准备旅行计划，我们却在纠结着儿子的人生规划，由于怕影响儿子的学习和考试，我们一直没有认真和他谈过，现在放在他面前的是两条路，不过我也设置了一个缓冲，先以微留学的名义送他出去，让他自己感受一下，如果想留下，那么直接转留学，如果想回来，那么微留学结束后回国继续在国内读初二。

7月初，我跟儿子说了我们的想法，他也开始了思考。这个决定，对任何一个家庭来说都不是容易的。妻子一直徘徊在亲情、陪伴、跨距离引导与微留学转留学的取舍“漩涡”中。虽然我们考虑得更多、更深、更远，但我们会尊重孩子的选择，无论他做出怎样的选择，我们都会接受。距离新西兰第三学期开学还有20多天，大家都可以再认真思考一下。我试探地问儿子：“一个人在国外读书你会想爸爸妈妈吗？”“想，当然会想。”这让我很欣慰。“如果一个人不行，爸爸陪你一起过去读书怎么样？”“你去干什么？我住外国人家里，又不能和你住一起，我想你们的时候可以用微信呀，你一个人住在外面，又不会英语，在那里待着干什么？”汗！“你在那里没有大人看管，会不会整天都上网玩游戏啊？”“不会，那不是浪费你们的钱吗？”虽然这些都是假设问题，但足以看出孩子多少还是有点想法的，并有去留学的决心。

在陪伴儿子一次次经历选择、再选择的过程中，我们都成长了。

• 第三次：微留学转为长期留学，困难依然不少，但儿子坦然面对

出行前，孩子的奶奶加强了对他生活能力的训练，做饭、烧菜、洗衣服等全面铺开，儿子也学得很认真，或许他也隐隐约约觉得这次出国非同寻常。

机场，同样的场景，孩子已经比我高了半头，但满脸的孩子气还没有褪去，这次他又要踏上人生的转折点。在入关口他的背影闪过，我们知道，真正属于他自己的征途开始了！

这次还是选择同一个学校，主要原因有：1. 学校老师相当负责，并且非常亲切；

2. 学校所处的是北岸的富人区，环境相对好一点；3. 孩子去年已经适应这里的环境，这次应该轻车熟路。

暑期的homestay很难找，学校要接待大量来自韩国和日本的短期生。最后，招生老师只好把自己的家腾出几间房来接收Evan那批中国短期生，这次去微留学的中国男孩连同Evan一共有3个，一个是我同事的孩子，另一个是深圳的朋友的儿子（网上认识的）。3个小伙子很快就成了好朋友，也不会感觉寂寞。儿子到达新西兰的第二天就不跟我们联系了，这又让我担心起来，是不是几个人挤在家里打游戏啊？是不是只说中文啊……跟招生老师沟通后我发现，我们的担心都是多余的，孩子们住在老师家，受到的管教还是比较严格的。每天的作息时间被安排得井井有条，如果不下雨，每天必须走着上下学，单程在25分钟左右。放学回家后不许在家里打游戏，要去附近篮球场打1个小时篮球，晚上8:30以后关闭Wi-Fi，21:00点睡觉，定期打扫房间及卫生间，生活很有规律。遇到休息日，老师还会开车带他们出去玩一整天。所以这段时间，孩子们很开心，也不想家。

回到学校，Evan被分到去年的那个班级，同学们还清楚地记得他。见到他，大家纷纷投来好奇的目光，认为他是一个很神奇的人物，怎么又突然冒了出来？这让他很开心，也觉得自己有几分神秘感。虽然还是同样的班级，但Evan却说，感觉上有点不一样，他说：“去年交朋友很容易，但今年不行，感觉有点隔阂。”也许吧，随着年龄的增长，同学们已经不是单纯的小孩子了。所以我认为，如果出国留学，10岁以前出去，是最容易交到朋友的。

• 留学生活开始，儿子学会了与孤独相处

宽松的环境让孩子很容易就决定留下来。我们很快把这个消息告诉招生老师Janine，她高兴又吃惊，没有想到我们会做出留下的决定。从旅游签证转留学签证需要相当的时间，Evan的停留期只有一个月，时间比较紧，很快Janine为Evan准备好了入学通知书，我们将入学通知书和学费汇款单递交移民局，漫长的18天过去，终于等来了留学签证。Evan八年级的留学生活开始了。

1个月的临时家庭生活就要结束，其他小伙伴都要回国，老师的家也不能继续住下去，Evan需要重新找一家长期的homestay。两个星期后、我们终于找到一家，不过离学校有点远，他需要转乘两辆公交车。新的挑战又要来临，朝夕相处的小伙伴们都离开了，如影随形的孤独感不期而至。新的homestay当然没有老师家管得严，儿

子每天早上自己动手做好三明治带去学校，放学后，自己再坐车回家，安排学习，一切完全靠自觉，他从来没有这样的放松和自由。我们能得到的信息也非常少，他平时到底在干什么呢？我们只能从孩子的只言片语中拼凑出一个大概。

ESL是学校专门为国际生开设的英语课程，去年回国前进行英语测试，Evan已经达到当地9～10岁孩子的水平，但今年测试下来，他还是停留在10岁的水平，这就说明他在国内辛辛苦苦学了一年，英语居然没有提高。Janine老师对他说：“我们学校隔壁是一所非常著名的高中，如果想去读，必须提高你的英语成绩。”我们也对孩子说：“你已经没有退路，抓紧学习，提高英语水平才是出路。”儿子好胜心比较强，每天回家后就拿着字典背单词，经过2个月的时间，他的英语已经达到11岁的水平。儿子也比较喜欢ESL课上的老师，他用羡慕的口气告诉我：“那个老师很厉害，会说中文、日语、法语和意大利语。”

学校的课程丰富多彩，有一天儿子拿着一个木头架子给我看，他说这是木工课上制作的手机架，造型很时尚。烹饪课是他的最爱，他做的饭菜总是被同学们一抢而光。跳交谊舞也是他最感兴趣的，12月的毕业晚会，同学们都要穿西服参加，所以，从八年级第三学期开始，他们就多了一门舞蹈课。孩子们都是第一次接触交谊舞，需要各自选择男、女舞伴，这对孩子们来说相当的新鲜、老师还教给他们舞会上的礼仪，以及怎样邀请自己的舞伴。

随着时间的推移，孩子和我们聊得越来越少。我们每天既盼着他来电话，又怕他来电话。初到一个地方，朋友少，每天放学后，他有大把的空余时间。除了看书和学习以外，他几乎找不到什么事情干，跟我们用QQ聊天，也是简单地用嗯、哦、是、不是、好的，几个词来应付。有时候，他兴趣来了会和我们聊上一段时间，然后2～3天没有声音。聊天中他经常说的一句话就是“我好无聊啊。”我说：“无聊就回来吧。”他说“不，我喜欢在这里读书，虽然很无聊，但现在我是为自己读书，以前是为老师和你们读书。”这句话让我非常感动。

时间就这样一天天过去，我们每天重复着差不多的生活。儿子跟我们QQ聊天，似乎也没有什么新鲜话题好讲，但即使这样，我们还是需要知道他每天过得怎么样。于是我告诉他，不讲话可以，但每天回家必须报平安，说一声到家了，好让我们放心。

• Evan顺利进入著名高中

南半球的春天就要来临，孩子已经进入第四个学期，Evan只能在这个中学读到八年级，从九年级开始，就要换一个学校了。隔壁的高中对国际生的英语要求很高，学生需要通过考试才能进入。ESL老师表示，按Evan现在的学习进度，到年底，他的英语能力能够达到13岁的程度。Janine老师更是为他破格写了一封推荐信，这让我放心不少，也证明了孩子学习能力得到了老师的认可。

很快，高中发来了录取通知书，这让我们非常高兴。儿子的留学之路得以继续。但是，学校让我们选择是读NCEA课程还是IB课程，另外还要选择一门第二外语。

什么是IB课程呢？我还是第一次听说。于是，我又开始了研究。

新西兰的高中有两种体系，第一种是NCEA课程，这是新西兰本地的课程体系。九年级、十年级都是预备阶段，主要是打好各个学术科目的基础；十一年级开始进入NCEA的Level1，十二年级就是Level2，十三年级是Level3。学生读完NCEA后，原则来说，可以凭着Level1-13的成绩去申请大学，大学的选择范围主要以澳大利亚和新西兰两国为主。

第二种是IB课程，全称为国际文凭课程。该课程在十二年级和十三年级开设，因为九年级至十一年级，学生要打好英语和学术科目的基础。严格来说，IB课程的难度比NCEA大，此课程对学生的英语和综合能力要求比较高。学生在十二年级进入IB文凭课程，通过2年的学习，最后凭2年的成绩来申请大学。该课程被所有国家顶尖大学认可。

简而言之如果孩子以后定好目标打算在澳大利亚和新西兰上大学，那么NCEA就可以满足他的需求。如果没有决定将来去哪个国家或者哪所大学就读，可以选择IB，因为IB课程受全世界所有顶级大学认可，诸如，牛津、剑桥、哈佛等。

通过了解，一般私立学校才会设立IB课程，让我们没有想到的是，儿子所在的那个公立高中也有该课程，可想而知，儿子上的高中还是很不一般啊。

最终选择哪个课程体系，还需要儿子自己做决定。我们只会帮助他分析两种可能，出乎我们意料的是，儿子没有丝毫犹豫就选择了IB课程。问他为什么，他说：“我刚看完埃隆·马斯克的自传（上海带去的书），我认为，未来要发展一定要去美国。”没有想到，这本书对他有这样的影响，我说：“IB对英语的要求很高，你知道吗？”他说：“知道，我现在每天都在背字典，很快就会赶上的，你放心。”我说：“好吧，既然你有这个决心我们不反对，好好加油吧。”

Evan选择了法语作为自己的第二外语，他觉得若学西班牙语，自己的舌头不好使。

选择、选择、再选择，我们在不断地选择中前进和探索，和孩子一起成长，新的探险又要开始。

9岁男孩的新加坡求学路

陈晓颜　采写

新加坡小学教育概况

新加坡约有200所政府建立的小学，每年开课日期为1月2日。小学入学年龄为7周岁。新加坡小学为6年制，分为4年的基础阶段（一年级至四年级）及2年的定向阶段（五年级至六年级）。新加坡小学对中国学生收取600新元/月（约合人民币3000元）的学费。新加坡教育部规定所有外国学生每2年需要缴1000新元给教育部基金作为教育捐款。

除公立小学外，新加坡还有私立小学和国际学校。私立小学仅有2所，新加坡三育中小学和ST FRANCIS。国际学生申请新加坡私立小学，前者大概需年缴13000新元，后者一年缴纳19000新元左右。

国际学校主要是为了满足世界各国设立在新加坡的分支机构或跨国企业工作人员子女入学的需要设立的。不过也有一些新加坡本土孩子选择上国际学校。

新加坡公立学校采取精英筛选机制，从四年级开始就对学生不断分流，很多孩子在下午2:00放学后继续前往各种补习班、兴趣班。由于担心开窍比较晚的孩子分流过早导致错失选择未来的机会。一些新加坡家长选择将孩子送到环境更加宽松的国际学校。

Part 2 在新加坡上学，从迷茫到享受

Henry：11岁男孩，曾在石家庄公立小学就读，成绩优异，9岁赴新加坡插班国际学校。

爸爸：高级工程师。

妈妈：国际公司雇员。

在孩子的成长过程中，我认为让孩子保持健康，找到孩子的兴趣点比成功教育更重要。

• 选择新加坡，选择健康的生活环境

由于石家庄空气污染严重，Henry一到换季就为上呼吸道感染苦恼。医生给出的治疗方案基本上是频繁使用抗生素，这让我一直很担心。同时，儿子所在的国内的学校硬件虽然不错，但由于学生多，教室拥挤，加上课间活动偏少，导致儿子的视力下降得很厉害，他从二年级开始戴眼镜。因此，我一直很期待让儿子在年龄尚小的时候换一个环境，提高抵抗力，减少使用抗生素引发的副作用。

恰好2015年，我有机会被公司派往新加坡工作，跟Henry爸爸商量后，我决定独自带着儿子飞赴新加坡，让他在这里接受一段时间的教育。

我和Henry爸爸从小接受的是传统的应试教育，一路走来，并不觉得国内的教育有太大问题。Henry爸爸很认可国内的基础教育。不过，我们上学的那个年代，并没有现在这么疯狂的题海战术。前一段时间热播的《小别离》再一次引发了大家对中国教育的讨论，但我们认为，很多时候，是家长把成人世界的诸多焦虑映射到孩子身上。

其实，对Henry的教育，我们心态比较平和，没有给他设定很高的目标，觉得做个幸福的普通人就很好。在儿子的成长过程中，我们最在意两件事情：第一，有一个

健康的生活环境；第二，找到他自己的兴趣所在。

从我个人的成长经验来看，我小时候一直被问理想是什么，可是，直到填写大学志愿时，我都不知道自己喜欢什么，这很可悲。现在从事的工作，也未必是自己喜欢的。我想，可能很多人都如我一样，从小就缺失对未来规划等方面的教育。

因此，我们一直希望孩子能够发现自己的兴趣，这样学习起来才会有动力，将来长大了，如果能把兴趣跟工作结合起来，那就是完美的，也是最幸福的。当然，他们这一代更幸运，不必像我们当年那样为了生存而生活，他们有条件按照自己的心愿规划未来。作为父母，我们会尽力为他提供一个好的平台和必要的物质保障，而他的人生就靠他自己了。

离开石家庄之前，Henry在公立学校按部就班地上学，成绩优异，业余时间练习钢琴，沉迷乐高机器人，有一些不错的朋友，他对自己的生活很满意。因此，当得知要跟随我去新加坡上学时，他拒绝了。经过我跟他爸爸的反复劝说，他才勉强同意。

在孩子遇到困难，或处于焦虑状态时，坚定地站在他身后，让他时刻拥有安全感。

• 入读国际学校，开始并不美好

为Henry挑选学校颇费周折。新加坡好的公立学校当然是我梦寐以求的，但是需要等待排位，参加入学考试，更重要的是，新加坡公立小学每天14:00放学，然后孩子就要由家长带着参加各种各样的兴趣班、补习班，我要全职工作，无暇分身。于是，我们为Henry选择了全日制国际学校。

这是一所有着30多年历史的学校，从学前班到十二年级，有来自70多个国家的近4000名学生，华人生源约占10%。每个国家的家长都会成立一个家长委员会，组织参与学校各类活动。

入学之前，我先带着儿子去学校熟悉了一下环境。校长跟我说："学校为母语非英语的孩子设置了SPP（Study Preparation Program）课程，分SPP1、SPP2、SPP3三个阶段，正常情况下，每个学期进阶一级，进入SPP3以后，就可以在主流班上课了。"这让我很欣慰，学校为儿子这样情况的学生设置了语言的缓冲期和强化期。我最担心的是安全问题，经过考察我发现，学校设施先进，安全措施到位，制度人性化，老师也很好。剩下的就是孩子的适应问题，这需要一个过程，我们有心理准备。

学校发来入学通知书，详细介绍了入学流程和班主任的情况。因此，入学第一天，我信心满满地牵着儿子的小手走进校园。Henry的班主任是一个和蔼可亲的人，她说："放心吧，班上有8个孩子，分别来自中国、挪威、白俄罗斯、芬兰和日本，他不会觉得孤单，会很快适应这里的，我也会针对孩子的问题发邮件跟家长沟通的。"把Henry交给班主任，我就离开了。

第一天放学，我迫不及待地问Henry："怎么样，这一天过得愉快吗？"儿子幽幽地说："妈妈，我想回中国，虽然校区很漂亮，但环境是陌生的，同学和老师也都是陌生的，上课不固定在一个教室，要不断换地方，还要自己去食堂吃饭，而且是不同年级轮流去，我很不习惯。我想念石家庄的同学和老师。"这让我始料未及。我跟儿子说："咱们再坚持一下，慢慢就会好起来的。"

第二天，我把儿子送到小区门口的校车上，让他独自去学校，老师会在下车处接他。下班回家，我看到儿子已安全到家，忍不住询问他一天的情况，他依然不开心："老师很有耐心，但我几乎听不懂老师在讲什么。"我能感受到儿子在陌生环境里的焦虑。

第三天，正常情况下，我上班时间比儿子坐班车的时间早15分钟，Henry很懂事地说："妈妈，你放心吧，我可以自己去坐校车。"

我知道第一个星期对儿子来说是比较艰难的，他要克服陌生环境和语言不通导致的焦虑，我们彼此默默坚持着。我以为，儿子一定能够顺利度过这段困难时期。就在这时，我收到了班主任的邮件，她说Henry上课注意力不集中，常常会走神。我问："儿子为什么会这样？"他说："因为我听不懂老师在讲什么，当然会走神。"第二周，我再次收到班主任的邮件，说Henry跟隔壁班一个中国孩子偶尔有冲突，他们用中文沟通，老师听不懂，处理起来很吃力。我问儿子事情的经过，他很委屈地说："有个先来的中国孩子对我不友好，但是，他的英文比我好，我明明有理也没有办法跟老师解释。"在和儿子详细核实后，我给老师打电话，做了解释。我希望儿子知道，在陌生的环境下，他能够得到妈妈的支持和帮助。这样，他在非母语的环境下才会有安全感。他爸爸在国内也通过电话跟他交流，告诉他："谁到新的环境都要有一个适应过程，不能遇到困难就退缩。人在每个阶段都会遇到困难，最好的办法就是坚持，熬过去了，就会发现一切都是值得的。"

两周后，学校召开了孩子入学的第一次家长会，告诉家长孩子要学什么，如何帮助孩子适应。与国内不同的是，Henry的作业都是学校通过邮件系统布置的，每周一会布置一周的家庭作业，全英文，家长和孩子都要学着适应。

入学第五周，学校集中两天召开家长、学生和老师的一对一家长会，每到这时候，学校会放假。老师先让孩子自我评价，然后再就孩子在学习、社交、运动等几个方面表现做出评价，并提出需要改进的地方。Henry的班主任认为他因为语言障碍，上课注意力不太集中，有时候跟中国孩子在学校说中文。课间，偶尔会在公共场所大声说话。

我把老师的评价反馈给儿子，并鼓励他多跟老师和同学用英语沟通。逐渐地，他跟班上一个白俄罗斯男孩成为很好的朋友。他们兴趣相投，个性相近，有很多共同语言。在老师的建议下，我还为Henry请了一个英语家教，这是一个刚刚大学毕业的华人男孩，6岁被父母送到新加坡上学，住在亲戚家，13岁从亲戚家搬出去，开始独立生活，非常自立。家教老师一周给Henry补习2次，既帮助他提升英语，也陪伴他度过我下班前的一段时间，他的故事对Henry激励很大。我还买了一些新加坡当地学生的习题册，让Henry抽时间做。经过几方面努力，儿子的英语突飞猛进。中国孩子的优势也在此时凸显出来，班主任老师说："Henry的拼读、写作比别的非英语国家孩子好，比如挪威的孩子。挪威的孩子口语和阅读非常好，但是拼写不好。我会根据每个孩子的特点，区别对待他们。"

• 5周过后儿子在学校渐入佳境

Henry开始越来越喜欢学校，当语言不再是障碍时，他的自信心开始恢复。他一直比较喜欢数学，经过国内数学的训练，儿子对这所学校的数学课应付自如。这里不太强调计算能力，因为可以把计算交给计算器，而是更注重培养学生解决实际问题的能力，比如，设计一个场景，到超市购物，通过教孩子如何付账，让他们了解整数、小数、分数的运用。新加坡的数学学习体系跟国内也不一样，比如几何、四则运算，从一年级到五年级，学生每年都会学，但不同年级；所学内容的难易程度不同。

儿子放学回来，常常跟我说起学校的食堂，这对他来说是一个很新鲜的体验。从最初的忐忑，到游刃有余地拿着每天的6新元到食堂自己选餐，这让他很有成就感。一个偶然的机会，我看到儿子写去食堂就餐的感受，我还是有颇多感慨——9岁的孩子，迈出了独立的第一步。

“新的学校，一切都是崭新的。第一天，终于到了午饭时间。哇，校园里一下子冒出了这么多人啊。妈妈告诉我，从幼儿园到十二年级，全校大约有4000名学生。不过不用担心，学校安排了错峰就餐，一切都井井有条。

轮到我们年级吃饭了。我们排好队，由老师领着开进餐厅。第一次拿着现金去餐厅买饭，既紧张又担心。我担心自己说不好英语，工作人员听不懂怎么办？还担心餐厅的食物不好吃怎么办？

餐厅很大，目测有几百个座位吧。到了食物售卖区，同学们奔着自己中意的食物散开了。我看到很多种食物，包括意大利面、中国面条、比萨、热狗、三明治、米饭、炒菜、寿司、炸鸡、鱼排、沙拉、水果杯以及各种小吃和饮料。我最喜欢吃意大利面了，第一天的午餐就买了意大利面和一瓶饮料，花了5元新币。

工作人员很和善，大部分能听懂汉语，我的一个担心解除了。食物嘛，说真话，味道一般般，比妈妈做的意面差远了，以后试试别的食物吧。

过了2～3周的时间，我已经适应了餐厅的环境和吃饭流程，也找到了适合自己口味的食物—中式面条。妈妈嘱咐我多吃蔬菜和水果，少买含糖的饮料。我大部分时间做到了，偶尔会买个冰激凌犒劳一下我肚子里的小馋虫。

第一学期我在餐厅丢过两次钱包，都是因为自己马虎，吃完饭倒完餐盘就忘了带走钱包。和我一样马虎的小伙伴们大有人在哦，大部分新生都有过丢钱包的经历。幸运的是，我第二次丢的钱包在学校的失物招领处找回来了。”

Henry每天8:45到学校，9:00点上课，50分钟后有短暂的课间休息，没有午休，上下午各有零食时间。所有课在15:30结束，然后是课后活动，有免费项目，也有自费项目。

免费的项目有竞技性的，比如足球、篮球、橄榄球、板球、乒乓球等，也有非竞技性的，比如游戏、手工、折纸等，收费的有乐器类的、乐高机器人、刺绣、烘焙、编织等。

儿子跟我商量后，报了周一到周四的课外班。他喜欢的课程是利用废旧易拉罐做一些艺术作品，他还喜欢折纸课，当然他最迷恋的是收费项目乐高机器人。

第一个学期结束，很多孩子会升入SPP2。Henry的班主任跟我说："这是个小班，孩子少，我对每个孩子的关注度会更高，希望Henry在小班接着再上一学期。第三学期，看情况，也许可以直接升SPP3。"我接受了老师的建议，此时，班上只有6个学生，Henry的英语进步神速。第二学期结束，他直接从SPP1升级到SPP3，进入主流班。

四年级结业仪式上，Henry因为成绩优异被选为主持人，看着他面对几百名学生和家长在台上淡定自如地用英语侃侃而谈，学生家长纷纷向我表示祝贺，我的内心也充满欣慰，我们一年的努力没有白费。

家长说

儿子这一年的求学经历，让我想起了那句歌词"不经历风雨怎能见彩虹"。波折，可能是人生道路上的最美曲线，它让生命充满各种可能。

• 进入主流班，这样的课程怎能不让人迷恋

Henry所在的五年级主流班上有30多人，只有他一个中国孩子，他的同学来自印度、芬兰、南非、菲律宾、英国、西班牙、日本、韩国等10多个国家，非常多元。

学校采用IB体系教学。IB课程有3个特点。一是它代表了一种教育理念和教育思想，即探究式教育、培养孩子终身学习的能力，也为世界培养国际化人才。二是它代表了一种办学标准或办学规范。IB课程体系更加关注怎样学、学什么，而不是怎样考、考什么。IB课程体系对各个年龄段和各学科都有范围和进阶的规范性要求，同时强调知识、学科间融会贯通。PYP（小学）和MYP（初中）阶段，基本是用综合性评估（Assessment）代替传统意义的考试（Examination）。

Henry的课程包括IPC核心课程，还有数学、英语、体育、音乐、艺术、编程、

国际象棋、母语课等等。

IPC采用模块式教学，内容涉及科学、国际化、人文、经济、能源等许多方面。每学年有5个模块要学，每个模块学习5周。其他学科的学习内容与IPC模块相关联，目的是使学生能够融会贯通。

Henry已经学了８个IPC课程，科学模块有3个，分别是关于大脑的结构和学习原理、动物在极限环境中如何生存、耳朵的构造以及工作原理；国际化模块有２个，分别是拥抱全球化、国际移民；社会模块２个，技术进步的代价、我来当侦探；能源模块1个，能源驱动世界。

Henry最喜欢“我来当侦探”这个模块。他说：“特别刺激。通过学习这门课，我突然发现，也许我有当侦探的潜质。”

我也很好奇，这些课是如何上的呢？让我们看看Henry的描述。

案发现场：Ｘ老师被发现躺在８楼活动室的地板上，不省人事。人已被送走急救，地板上仅画有一个人体的轮廓，现场已经被隔离带封锁起来。

警察局：有许多塑料袋，里面放着法医搜集的证据。还有嫌疑人的名单，以及有可能作为证据的物品，包括茶杯、鞋子、帽子、外套、学校地图。

校长杰克：回想案发当天上午可能与Ｘ老师有关的嫌疑人和物品。他现在需要大家帮助他一起破案，找到罪犯。

学习任务：假设自己是法医科学家，接受培训后，通过发现线索、分析证据、确定嫌疑人，最终破案。

破案过程：通过对证据进行分类，环境证据和直接证据，同学们列出28位嫌疑人，发现了14条线索，最终破案。

的确，这样的课程太有吸引力，既锻炼了孩子的逻辑分析能力，也提升了他们的观察能力，难怪儿子念念不忘，老师通过这样的方式教会了孩子解决问题的能力，也许他们长大还真能用上这样思考问题的方式。真心为这样的课程点赞。

家长说

一个人的视野，能够决定他未来发展的水平和高度，一个国家的视野，能够决定它在整个国际格局中的地位。Henry的学校让孩子们在10岁就开始睁大眼睛看世界。有了这样的格局，我相信，他们会走得更远。

• 假如我在联合国工作

培养具有国际化视野、国际化思维，并能够针对问题提出解决方案的地球公民是这所学校的宗旨之一。

因此，他们学校推出了模拟联合国（MODULE OF UNITED NATIONS）教学活动。最初，这个活动仅限于中学阶段的内容，并向全球学生开放，旨在为青少年提供一个互相交流和学习的平台，受到了学生和老师的热烈欢迎。2014年，这个活动开始推广到小学四年级、五年级，每学年的第二学期举办一次。年级不同，主题也不同。

Henry在四年级第二学期参加了模拟联合国活动，他至今对活动记忆犹新。让我们通过他的课程报告感受一下这个活动是如何开展的，Henry从中收获了什么。

活动主题

结束饥饿、食品安全、改善营养、发展可持续的农业，包括5个具体问题：

1. 提高食品安全意味着支持小规模农业从业者；
2. 拒绝消费高糖食品；
3. 所有食品进口必须经过公平贸易认证；
4. 超级市场应该减少食品浪费（这也是Henry所在的小组抽到的题目）；
5. 尽快采用转基因食品技术以增加产量。

学习目标

1. 能够与他人合作工作，找到互惠互利的解决问题的方法；
2. 能够阐明一个国家或群体中人们的生活如何受到其他国家或群体人们的活动的影响。

背景知识

1. 联合国于1945年成立；
2. 联合国标志的设计者是Lundquist；
3. 联合国标志是以北极为中心的世界地图，周围环绕着象征和平的橄榄枝；
4. 联合国有六大目标：

   维护世界和平；

   发展国家之间的友好关系；

   通过合作改善人们的生活；

   减少贫穷、疾病和文盲；

   停止破坏环境；

鼓励尊重他人的权利和自由。

Henry在这次活动中的角色和任务

成为中国派驻联合国的代表，完成以下任务：

1. 讨论会前

（1）准备会议发言材料；

（2）充分理解中国即将表达的观点。

2. 讨论会中

（1）始终佩戴代表证件；

（2）穿着得体，以示尊重大会和他人；

（3）向新代表做自我介绍；

（4）了解委员会会议室中新代表的姓名；

（5）关注小组或会谈中的其他代表。

3. 参加委员会会议和大会

（1）跟进委员会会议达成的协议草案；

（2）作为国家代表积极参与有关问题互动；

（3）积极参加讨论和辩论；

（4）有礼貌地向你的代表团伙伴致辞。

具体会议议程

1. 参加国别会议，向与会代表介绍中国；

2. 参加第一次委员会会议，倾听其他国家代表介绍自己的国家，记录关键点；

3. 参加第二次委员会会议，介绍与本次活动主题相关的具体问题（超市应减少食品浪费），与委员会讨论有关问题，逐步形成中国在这个问题上的观点；

4. 参加第三次委员会会议，代表们分别陈述观点，就所提建议展开辩论，争取达成一致意见，会议主席负责汇总建议清单及总结各国代表表态；

5. 参加第四次委员会会议，形成委员会会议决议（禁止销售食物的机构浪费食物，鼓励他们在食物过期前打折卖掉或捐给慈善机构……），提交联合国大会表决。

我的收获

1. 了解了联合国会议流程；

2. 自我管理能力得到提升，例如能够较好完成我的任务，按时提交材料，很好地计划我的工作，跟进协议草案等；

3. 社交能力得到提升，学会倾听、考虑别人的感受，与他人交往时举止得体，参与并分享我的意见，合作工作等。

这是我极其欣赏的一种教学模式。当今的很多世界问题，都是由于各个国家前期只考虑本国利益，不考虑国家之间的共同利益造成的。其实大家都住在一个地球村，谁也不能逃避大环境。比如污染问题。很多年前，发达国家把污染行业迁移到发展中国家，在国内，政府也常常把污染企业从一线城市迁移到二三线城市，这似乎是一个发展的逻辑。但现在不可以这样解决问题了，应该通过技术改进，从根本上解决环境问题。

Henry学校所有的教学模块都突出这个理念——你是一个地球公民，不能只为你的家庭、社区、城市，甚至国家着想，要站在全人类的角度思考问题，解决问题。在这样的理念中，孩子的视野一下子就开阔了，格局也大了，虽然他们现在还小，不能体会这么深，但长期以这样的视角看问题的孩子，长大后会怎样呢？他们胸怀世界，关爱人类，不耽于眼前一城一池的得失，而是着眼于推动全人类的进步。

这不仅仅是孩子的教育问题，也是成人的教育问题。我也常常跟儿子说："大到每个国家，小到每个人都有自己的优缺点，也都有自己的使命和责任，不要只想着把自己的问题解决掉，而是要思考如何让大家都受益。"

• 掌握多国语言，熟悉多国文化不是梦

新加坡是一个多元化国家，Henry的学校更是一个多元化学校。从2014年开始，学校推出了“亲近母语”的活动。

学校在研究语言学习时发现，很多孩子熟练掌握英语以后，不愿意用母语跟家人交流了，同时也习惯用英语进行思维。而世界发展的趋势表明，只有那些既能熟练使用英语，也能够用母语交流思考的人才具备真正的优势。因此，学校不希望孩子跟自己的母语疏远。他们聘请了来自14个国家的老师，教孩子们学习母语。

Henry学习SPP1、SPP2时候，老师不建议他报母语课，第三学期，当他进入主流班后，他才开始选修他非常喜欢的中文课。很巧，新加坡用的教材跟国内一样，是人教版，虽然进度比国内慢。这也足以让我很兴奋，将来有一天，Henry回国上学，他的语文不至于落后太多。

除此之外，学校还会在每年4月份举办International Picnic（国际周）、语言周活动，这是学校最隆重的活动。在国际周，不同国家的家长委员会通过招募志愿者，用演出、美食、服装、演讲、手工艺品展示等方法展现自己国家的特色与文化。我还作为家长代表为同学们做了一个中国文化的讲述，介绍中国的文房四宝，以及其他文化符号，教孩子们制作灯笼。孩子们穿梭在不同的展台前、教室中，品美食、看风景、学歌舞，接受多元文化的熏陶。

而在语言周上，学校给每个孩子发一个护照，让他们去学习如何用日语、汉语、俄语、韩语、德语、法语、丹麦语等表达问候，每学会一种语言，就在护照上盖一个章。每当这个活动举行时，校园里如同节日一般，充满欢声笑语，70多个国家的文化、习俗在校园里传播展示，让我们这些家长也是大开眼界。

学习了英语，亲近了母语，学校还提供了12种语言作为学生的第二外语选修课。目前Henry还没有开始选修，相信不远的将来，他又可以在另外一种语言环境中遨游了。

• 有那么多喜欢学习的课程，加油哦

美国总统奥巴马曾经呼吁让美国的孩子重视计算机编程课。幸运的是，Henry的学校也开设Coding课，这对他来说，是全新课程。数学课讲到多边形时，老师就引导学生设计一个程序，用计算机画出多边形。学函数计算时，老师又引导学生用编程进行函数运算，看着自己编写的代码生成一个个图形和运算结果，Henry非常有成就感，也越来越喜欢学习。

现在，每天放学回家，他都会很兴奋地跟我讲自己上课的趣事，有时候说：“妈妈，我在国际象棋课上棋逢对手了……妈妈，我喜欢游泳课。”有时候说：“妈妈，

这学期的兴趣班，我选了赛车工程师和视觉艺术课，都非常喜欢。下学期我还想学哦，加油！”看着儿子如此享受校园生活，我满是感慨，第一学期的挣扎、第二学期的适应、第三学期的享受，每一步都走得不易但很踏实，付出的努力都是值得的。

• 经历风雨收获彩虹

课余时间，除了每周六上篮球课外，我跟Henry的足迹遍布了新加坡的植物园、动物园、博物馆和展览馆。我们也常常去圣淘沙、环球影城玩。我希望他能够在紧张的学习之余，充分享受这个年龄段的孩子应该有的快乐。

记得刚到新加坡，看到儿子英语不够好，我有些焦虑。有的家长宽慰我说：“不用着急，到了一定阶段，你儿子说梦话都在讲英语。”现在，我儿子就进入了这个阶段。

除了语言的进步，最明显的就是他独立能力的提高。我上班走得比他早，下班比他放学晚，儿子能很好地安排时间，照顾自己。初到新加坡时，他上学独自下楼坐校车，回家后，还要独处1个小时，常常觉得孤单，情绪低落，现在则应付自如。有时候，我出去办事，他独自在家，也会跟我说：“妈妈，没问题，你放心去吧。”

很多时候，人的成长要经历痛苦才能获得。Henry小小年纪经历了这么多，他一定能够收获一些东西。男孩子后发优势比较明显，在人生的前半阶段经过一些波折，心理上会更加成熟，这对他未来的成长是有好处的。

我发现Henry在多元化的环境里待久了，他的思维越来越理性，有自己的独特看法，逻辑性也越来越强，常常纠正我表达上的不严密。看着10岁的儿子一本正经跟我探讨一些宏大的问题，并从孩子的角度关注世界问题时，我欣慰而感恩。

• 喜欢新加坡，但更爱中国

与中国的孩子相比，新加坡的孩子更幸运一些。我常常说，新加坡是世界的直辖市，世界的一流大学，比如牛津、剑桥，留给新加坡的录取比例比中国高多了，加之新加坡曾经是英国殖民地，跟英国的教育体制衔接紧密，新加坡的学生在申请剑桥、牛津时比中国孩子更有竞争力。

每当我问儿子：“下一步，你是想留在新加坡，还是回中国？”他总是毫不犹豫地说：“当然是回中国，我喜欢现在的学校，但更爱中国。希望我们一家人在一起，这比什么都重要。”我说：“石家庄的空气不好。而且，回去之后，你也会陷入题海之中，恐怕没有太多自由的时间做自己喜欢的事情了。”他却说：“跟爸爸妈妈在一起的感觉更好。”我和他爸爸选择尊重儿子的选择。

陪伴孩子的过程，也是家长自我教育和成长的过程，家长心态平和，孩子的成长自然会瓜熟蒂落。

• 选择适合自己的教育，然后坚定走下去

在新加坡的这段日子，通过陪伴孩子成长，我也对比了中西方教育，有了自己的一些思考。总有人讨论中国教育和西方教育哪个更好，其实，在我看来没有什么可比性。就像大家走在不同的路上，看到的是不同的风景，很难说你看到的风景就一定比我看到的好。选择任何一条道路，里面都有机会成本。我们现在的心态比较平和，坦然面对未来。

带孩子到国外来上学，最初一定会遇到一些困难，尝遍酸甜苦辣。但是，只要家长和孩子的心态调整好，很多事情并没有那么可怕，最终绝大部分人都能适应。

在国内，不少家长把成人世界的焦虑和对成功的渴望转嫁到孩子身上，所以，孩子压力很大。其实，孩子是独立个体，他的人生他负责，家长没必要对孩子报太高期望，长期生活在高压的环境下，对孩子是一种摧残。如果家长能够尊重规律，不拔苗助长，孩子自然也会瓜熟蒂落。

如果有条件，我还是建议家长尝试不同的教育方式，经过实践检验，就知道哪些适合自己。找到适合自己孩子的教育方式，然后坚定地走下去。

我跟一些国家的妈妈交流过教育心得，也通过自己的实践感受到，任何一个好的结果，都是要通过努力获得的。要考上国际一流大学，孩子要面对的学习强度并不比国内高考弱，天道酬勤。

在新加坡的工作终有一天会结束，我跟儿子也随时做着回国的准备。因此，他一直没有放弃用业余时间学习国内课程。平时，我会带他去图书馆借阅大量中文书、英文书，以增加他的阅读量，通过量的积累耐心等待质的飞跃。在寒暑假，他爸爸也会给他补习数学，让他做一些国内同步练习题，尽量让他跟国内教育的差距保持在可控范围内。我们全家一直在努力。

寻找一切机会，让自己的“视界”更远更宽广

王丽静　刘熹源

Part 1 为什么两次选择新加坡游学

我们会尊重孩子的选择，同时我们会创造和抓住一切机会，扩大孩子的视野，让他能在这纷繁复杂和日益国际化的社会中学会生存，并生活得更好。

• 妈妈说：过于专注的“乖孩子”

堂堂从小就是一个比较听话的孩子，喜欢被表扬，尽管被表扬时会表现出不屑的样子，但是我们明白他还是很看重别人的评价。堂堂同时是一个过于专注的孩子，甚至在吃饭、玩具、交友上都过于专注。开始我们认为这是他的优点，但是后来我们发现这个性格还是有缺陷的，举个简单例子：由于他喜欢吃的蒜苔，别的蔬菜就很少吃，时间长了就会造成营养不均衡；他玩玩具只玩小汽车，而且睡觉都会拿着车睡，很多更有意思的玩具不去接触，这影响了孩子视野的宽度和广度。

意识到这个问题后，我们就开始让他品尝相近味道的食物，增加他摄入的食物多样性。在学习上，让他了解更多领域的知识，体验各种社会角色；去科技馆见识各种科学技术，去索尼探梦，去了解光和电的多彩世界；带他到大自然中，亲密接触山水花木，到祖国的各地去观赏大好河山。

在初一和高一的暑假，堂堂都报名参加了学校组织的新加坡游学项目。两次都选同一个国家，说明新加坡对他很有吸引力，也说明堂堂做事确实过于专注。

我们全力支持孩子去新加坡交流，首先对新加坡教育还是比较认同的。据我了解，新加坡的教育体制有利于每个学生循序渐进地发展自己的天赋和兴趣。新加坡的

教育同时吸收了东西方文化的精华，采用灵活的教学方法使学生的潜能得到开发和培养。因此它的教育非常成功，自成一体。新加坡的教育既可以让孩子学到知识，又可以让孩子们拥有发散思维的机会。

新加坡中学教育分四年快捷课程与普通（工艺）课程和五年普通（学术）课程两种。一般入学年龄为13岁；采用单学时课制。学生要参加体育、艺术等课外活动。可以根据个人兴趣选修艺术、音乐与语言等。他们还可以选择信息技术、商务以及工程学等高级选修应用课程模块。因为新加坡中小学采用半天制学习，课业没有那么繁重。

合格中学毕业生凭成绩及兴趣选择初级学院、高级中学及理工学院（大专学府）继续升学，或进入社会工作。初级学院的大学先修课程为两年制，高级中学为期三年制。

• 为什么我报名去参加新加坡校际交流

我去的第一个国家是新加坡，它虽然是一个小国，但是它的教育、科技和经济都很发达。在我看来，新加坡是一个很精致的国家。

2013年7月，在初中的班主任的带领下，我有幸和我的同班同学们第一次去新加坡进行校际访问与交流。这次交流使我对新加坡的整体情况有了初步的了解。说心里话，此次“造访”新加坡，让我对新加坡产生了些许的好感，貌似有些喜欢，甚至产生了将来去这里留学的愿望。由于了解得不深，回国后还有一种意犹未尽的感觉。

2016年7月，正因为此前留下的些许好感，当我的高中有新加坡交流学习的机会时，我有些动心。在父母的“煽动”下，我再一次报了名。如果说上一次我还懵懵懂懂，不知道该了解什么，但这一次，3年后的我比以前应该有些成熟了，有自己的想法，知道从不同的角度看问题。父母也鼓励我要更加深入地了解新加坡的经济、科技和文化，多听多看多记，多和对方学校的老师和学生交流，用心去感受。

让我动心并毅然报名的另一个原因是，这一次要交流的学校是新加坡以数理学科见长的一所著名的中学——国大附中。我刚刚选择了学习理科，所以动力很足，想再次去感受一下新加坡的中学理科教育。实践证明，我不虚此行，收获多多。

Part 2 我的新加坡之旅

堂堂 / Louis：17岁，目前在北京四中读高二理科。
妈妈是大学教师。
爸爸是企业管理者。

2013年7月——第一次游学新加坡

3年前，读初中的我首次探访新加坡，内心相当兴奋。这是我第一次到国外的未知领地探究和学习，第一次来到一个一点都不像中国的地方，而且也是第一次与外国的学生一起交流（虽然是用中文），感受不同的风土人情。

飞机落地，走出机舱，我看到机场“密密麻麻”的英文，既新鲜又有些恍惚。

• “没想到”的南洋女子中学

我们此次访问交流的学校是新加坡著名的中学——南洋女子中学。

那时我还以为“女子学校”只是个代名词，不会有哪个学校全是女生。而事实上我到了南洋女子中学后，便感到疑惑：“这个学校好特殊，为什么学生全是女孩子，这样会有趣吗？”后来我才知道世界上许多国家都有女子中学或男子中学。

在新加坡排名前五的中学中，有3所是女子中学或男子中学，排名第一的莱佛士书院（Raffles Institution），是新加坡的一所公学性质的私立男校；排名第二的是莱佛士女子中学（Raffles Girls' Secondary School）；南洋女子中学（Nanyang Girls' High School）位列第四。没想到，我们此次到访的是这么了不起的一所学校。

• 南洋女子中学的校训

走进校园，教学楼上镌刻的四个大字“勤、慎、端、朴”令我眼前一亮，心想这应该是这个学校的校训吧！在交流的过程中，女子中学的接待老师给我们讲解了这四个字的涵义。

勤（Diligence）：勤奋进取，尽心尽责，意志坚定，精益求精；慎（Prudence）：慎言、慎行、慎思、慎独；端（Respectability）：举止端庄，品行端正；朴（Simplicity）：真诚自然，朴实无华。

素质教育是南洋女子中学的教学特色。把学生培养成“德、智、体、群、美”五育均衡发展的高素质、全球化人才，是学校的办学理念和目标。优异的学业成绩仍是南洋女子中学最显著的标志。我前面所提到的中学排名就是依据每所学校学生参加剑桥普通文凭考试的成绩排出先后的。

• 中国传统文化的传承

在文化交流之前，“谦恭有礼、温文尔雅”的女中学生们带我们参观了校园。我本以为学校都是一个样子的，无非是中规中矩的长方形或正方形的建筑和操场。不过她们的学校像一个大花园般美丽，许多植被覆盖了大半个校园。建筑古朴典雅，轴对称的格局符合中式建筑的传统风格。这颠覆了我对学校的整体认识，我被她们的校园吸引。

学校的主要场所都以著名校友的名字命名，以纪念她们对母校的卓越贡献。我们参观了秀梅大会堂、图书馆、校史馆、爱礼堂、食堂、IPAD教室、烹饪教室等。在这里，我要说说他们的校史馆和食堂，它们很有特色。

校史馆，名曰思源馆，陈列了大量有关学校发展历史的各种资料，如民国时期的校刊、不同时期的校服、学校获得的各种荣誉等。从摆满了展柜的无数奖杯就能看出这是一所顶尖的学校。我猜想，之所以将校史馆称为思源馆，正是为了体现学校所要传承的“饮水思源”的人生信念，以及富有远见的先驱者们的奉献精神和教育理念。

再说一下她们的食堂。学校特别重视对学生进行中国传统文化的教育。食堂也有一个名字，叫作仓满厅，很形象。我在食堂的墙上还看到了《朱子家训》中的名言，“一粥一饭，当思来之不易；半丝半缕，恒念物力维艰”。同样是教育学生要珍惜粮食，懂得感恩，南洋女子中学的做法可谓是“一箭三雕”，一是传承中国传统文化（包括对书法的展示）；二是帮助学生学习中文，营造学习中文的氛围；三是教育学生节约、珍惜粮食，不忘感恩。

• “笔墨纸砚”的文化交流

参观校园之后我们之间的文化交流便开始了，其实主要是书法交流，也是中文学习的交流。

新加坡实行双语教育。新加坡人主要来自中国、马来西亚和印度，其中华人占75%以上。通用的语言有英语、汉语、马来语和淡米尔语（南印度语），4种语言均为官方语言。为了尊重各民族的历史，弘扬各民族的文化，新加坡政府规定所有中小学都必须实行双语教育，不仅要学好英语，还要学好母语。

南洋女子中学秉承优良的双语教育传统，1979年获选为特选学校，学生要修读第一语文水平的中文与英语课程。学校的中文学习气氛浓厚，学校到处可见悬挂在墙壁上的学生的书法作品，且书法作品选取的章句几乎全部出自中华传统文化经典，如《全唐诗》《论语》等。

我们有幸参加了学校举行的“第三届翰墨传情书画交流展”，也在一个活动中当场用毛笔写了“万孝图”，一万个“孝”字拼凑出了“万孝图”，也拼凑出了我们心中的孝。笔墨纸砚是我们中国特有的文房四宝，书法也是中国传统文化的代表之一，通过书法文化与新加坡南洋女子中学的交流，让我们的友谊走得更加长远。

2016年7月——第二次游学新加坡

带着重回故地的心情，我又一次踏上了新加坡这座美丽的“花园城市”。因为曾经来过，似乎还感到一丝丝的亲切，但我依然很兴奋。我暗下决心，这一次，一定要用心去感受我所经历的一切。

• 细节感悟：登记台的“巧妙设计”

既然要用心感受，那就不要放过任何一个细节。下了飞机我就开始观察记录机场的每个细节。功夫不负有心人，在新加坡的入境登记口，我找到了其创新之处。入境登记处的登记台并不是并排排列，而是采取交叉式设计，类似于宜家的收银台。这也算是我的一个小小的发现吧，并激励了我继续深入观察。

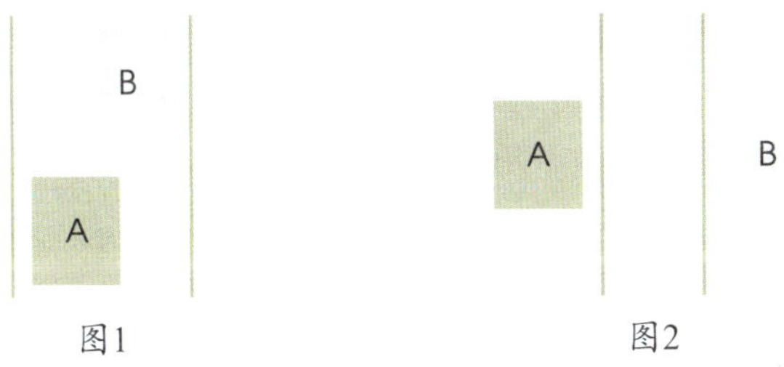

图1　　　　图2

通过对图1、图2的比较，不难看出，图1的"巧妙设计"更能节省空间。或许是由于新加坡面积很小的缘故，新加坡的景观都显得很精致，能科学地利用空间，这不仅体现了新加坡人"节约"理念在建筑设计方面的渗透，也是新加坡现状的一个真实写照。

• "无压力"的教学，有压力的学生

新加坡国大附中，全称新加坡国立大学附属数理中学，成立于2005年，是新加坡一流中学，以数理教学见长。学校注重对学生进行数学、物理、化学、生物等科学学科的教育，着重培养学生的科学精神，其培养的学生多次在世界奥林匹克竞赛中获得佳绩，毕业生深受世界名校青睐。

新加坡的中学从中一至中六共6个年级，而这所中学与新加坡其他中学都不一样！

不同之处主要体现在其独创的自主教育体制。比如，其他中学都是在中四升中五时设置GCE'O'Levels（剑桥普通水平考试），在中六毕业前有GCE'A'Levels（剑桥高级水平考试）。而国大附中则无'O'Levels和'A'Levels的考试。这点确实令我很是惊讶，意味着几乎不需要中考和高考即可获得国大附中的文凭。但是这种看似"无压力"的教学方式并没有使任何一个学生"无忧无虑"。

国大附中的教科书都由国大教授编写。如前所述，国大附中的学生毕业时不用参加"高考"，有自己的文凭，只要成绩合格，大部分可以直升新加坡国立大学和本地的其他大学。另外，国大附中的文凭，已获得美国、英国和澳大利亚顶尖大学的认可，学生可以凭此申请到国外的大学学习深造。

国大附中每一届的学生人数都严格控制为170人，这是为了保证老师与学生的比例是1：10，让每个学生都能得到老师的关怀和帮助。

• 低调的学校，出色的学生

我们坐大巴进入学校时并没有意识到这是一个学校，没有在门口看到“国大附中”的校牌，只是在进入正门后才看到再普通不过的校名“国大附中”。校园并不大，只有两座大建筑物：教学楼和宿舍楼，中间是400米的操场，周围是丛生的树林。

这个学校的建筑有一点令我印象深刻，那就是建在地下的食堂和图书馆以及建在楼顶上的网球场和英式篮球场。有些人会觉得这很滑稽，或许由于因为这在中国很少出现。但与我入境新加坡时所见到的登记台有相似之处。这样设计为了节约土地和空间，新加坡这个国家是靠一点一点填海形成的，每一平方米国土都值得被保护。

就是这样一个“低调”和“普通”的学校，每年都会有10多名学生进入国际奥林匹克竞赛并获得荣誉。

• 为什么宿舍楼“刷卡”

我们这次游学住在国大附中的学生宿舍楼。初到国大附中的宿舍楼时，老师叫我们每人拿一张卡，跟我们说进出宿舍楼时每人都要刷卡，不允许好几个人使用一张卡进出的情况。我们一开始就一知半解，为什么这样做？他们的答案令我既诧异又敬佩。

答案很简单：为了在火灾疏散时点清人数及弄清人名。这个看似可能永远不会发生的事也被预防了。发生火灾并不是常有的事，但他们还是细致地完成每一个细节，想到每个可能发生的意外的防范措施，令我非常震撼！

• 新加坡国大附中的校训

国大附中的校训是“Experiment、Explore、Excel”。中文就是“实验，探索，超越”。

国大附中主要擅长数理化生等教学，因此实验必不可少。做实验能接触新的知识、新的领域，然后不断地进行探索，对其有更深入的了解。我认为国大附中的校训能使学生们懂得如何去探索新的事物，这既是学生们未来的航标灯，也是现在积累知识的好帮手。实验是根，探索是枝，超越是果，这3种密不可分的探究事物的方法是学生们开启成功之门的钥匙。

正是因为“实验，探索，超越”的科学精神，成就了拥有无数光环的国大附中，培养出了众多国际奥林匹克竞赛获奖者。在访问期间，国大附中的老师曾介绍说，2008年至2015年，国大附中在国际奥林匹克数学、物理、化学、生物竞赛中共获得17金、31银、11铜的佳绩。难怪有人说，国大附中是新加坡最好的中学，在理科竞赛和科研方面处于无可争议的领先地位。这是何等的荣光!

• 国大附中的课程表

国大附中的课程分为主修三科（数学加两门科学）和选修课，同时还有高级研究计划，后面会提到。

表1　国大附中的课程表

<table>
<tr><th>MON
星期一</th><th>TUE
星期二</th><th>WED
星期三</th><th>THU
星期四</th><th>FRI
星期五</th></tr>
<tr><td>Mentoring
辅导课</td><td rowspan="2">Lessons
必修课</td><td>Lessons
必修课</td><td rowspan="2">Lessons
必修课</td><td>Mentoring
辅导课</td></tr>
<tr><td>Lessons
必修课</td><td>ACE
情意品格</td><td rowspan="2">Lessons
必修课</td></tr>
<tr><td>Assembly
周会</td><td rowspan="2">Electives
选修课</td><td rowspan="2">Da Vinci
达·芬奇计划</td><td rowspan="2">Electives
选修课</td></tr>
<tr><td>CCA
课外活动</td><td>CCA
课外活动</td></tr>
</table>

学校每天上午都有必修课，必修课是每个学生都必须上的；下午有课外活动、选修课等，选修课由学生根据自己的爱好决定。每周一、周五下午都有课外活动，学生们会加入数十个项目，比如在运动方面有乒乓球、篮球、网球；在艺术方面有华乐团、舞蹈团、戏剧协会等；在学会方面有文学学会、棋会、小记者协会等。另外，还有学生军、童子军、圣约翰救伤队等“五花八门”的社团。每周都会有一节ACE（情意品格），国大附中在学生的情意与品格教育上付出了巨大的努力。每周一，每个班的导师（即班主任）会与同学们私下交流，让同学们表达自己的心声，交流自己的苦闷与困惑，当然也可以分享自己的快乐与收获。最特别的是，新加坡的学校中都有政

府所派的专职辅导员和大学咨询导师，解答同学们各方面的问题！

在学习的同时，学生的课余生活也是丰富多彩，学校有很多社团如合唱队、管乐队、民乐队、陶艺、烹饪……

• 达 · 芬奇计划

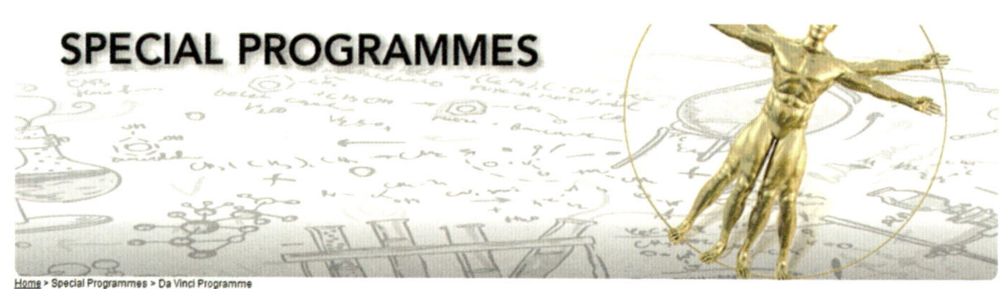

图3　达 · 芬奇计划网上截图

新加坡教育注重学生的科学素养的培养。新加坡的科学教育在世界上处于领先地位。

国大附中作为数理中学，尤为重视数学和科学（物理、化学、生物）的教育，这所学校的所有学生都是学理科的，而艺术、历史等课程都是选修课。与其他学校不同的是高级研究计划，比如达 · 芬奇计划、爱因斯坦计划、伽利略计划等。

达 · 芬奇计划是一个为期6年的计划，是新加坡高中的重点项目，意在补充学校的核心课程，发展学生的科学思维。它的目的是培养学生从事科学研究的能力，以及欣赏和理解多方面知识和学科的能力，使他们能够成为这个快速变化的世界的研究者站在创新的前沿。为了日后的研究工作做准备，所有的学生都需要掌握很多种研究方法，增加经验。所以在前4年的学习中，学生要接受科学研究方面的熏陶，研究项目的框架包括：初级数学、科学、设计项目、研究方法、科学专题呈现、创意解难、设计工程以及达 · 芬奇基础项目等。第五年学生要寄宿，学校里有专用的实验室，有研究项目的合作者和学生共同进行实验和研究。这也是国大附中理科教学与研究的特色。学生们从中学阶段就有机会从事科学方面的研究。

我最有兴趣的是伽利略计划，主要研究航天卫星方面的项目。

• 走进80分钟的课堂

我在新加坡国大附中随堂听课，总共听了6节课。国大附中的课时很长，比如每节课平均有80分钟，可以充分探究一个课题，不会出现一堂课讲不完一个知识点的情况，新加坡学校一节课的时间比较长，相应的课间休息时间也比较长，一般为30分钟。这样的安排可以使学生们充分放松，做到劳逸结合。

下面我就仔细谈谈每节课给我带来的不同感受。

我们去听课的时候，正赶上他们进行单元测试，每个科目都要考30分钟。考完后，同桌互判试卷，老师边讲边判。在课堂上既没有作弊的学生，也没有发现判卷不认真的学生。这一点与国内中学的考试有些不同，我们考完试后一般都是老师判卷，讲评也不是在现场进行。

• 一堂生动的《落花生》

“我们家的后园有半亩空地。母亲说：‘让它荒着怪可惜的，你们那么爱吃花生，就开辟出来种花生吧。’我们姐弟几个都很高兴，买种、翻地、播种、浇水，没过几个月，居然收获了。”

华文课上传来了朗朗的读书声，这是参加华文课的3个中国学生在做朗读示范。今天我们随堂听的是中四（即高一）的华文课，学习的是许地山先生的《落花生》。在这堂课上，老师讲解的是“借物喻理”的修辞手法。大家其实都知道，新加坡人说华语的水平相当于中国人说英语的水平。在我们看来，新加坡的学生在中四学习这种手法是很难的，就像我们学习英语的语法一样难。他们学习的方法和我们学习英语的方法比较像。老师讲课用的是ppt，他首先教大家学习生词，然后讲每段的段落大意，然后归纳出中心思想。后来我曾经问交流回访的周伟衡：“英语和中文哪个好些？”“中文难得很，真是博大精深，有的词语意义丰富，我们很难把握，只能多交流，多去实践。”周伟衡一脸为难地说。

开放式的学习

国大附中每个班有二十多人，课堂上同学们可以随意围桌而坐，快乐地听讲、开心地计算题目，激烈地讨论，老师快乐地给学生讲授知识，不时地调节着课堂气氛。在这里学习，累并快乐着。

我们有机会见识了他们的数学课。课上，学生以小组展示的形式讨论了问题。每个小组4个人，问题是老师课前布置好的，课上要求小组以ppt的形式进行展示和讲解，每个人都参与其中，每个人都能理解其中的知识点，这是在我们的课堂中少有的学习形式。此外，我在他们的课堂上看到他们使用的一种类似计算器的高级数学工具，可以绘制图像，既能增强图像学习的直观性，又能节省学生画图的时间。

国大附中在理科方面做的研究更加深入，教学设施非常先进。他们的实验室令我很震惊，虽然不多，但设施非常完备，有生命科学实验室、新能源实验室，物理实验室、化学实验室等，还有木工操作间。每个实验室都有其不同的功能，对同学们来说都非常宝贵，必学课程有时就在实验室中上，学生可以亲自动手实践。实验室是用来做研究的，使用的自由度非常大，学生只要有想研究的课题项目，就可以去实验室做实验。

• “意外”的了解

这次游学的内容之一是走进新加坡的普通家庭，体验生活。我们3个同学来到了国大附中学生范欣榆的家里，那是典型的三口之家，住在100多平方米的房子里。主人热情地招待了我们，饭后范同学的父亲与我们谈到了新加坡的学校生活。我们有一些“意外”的收获，学校和学生们很注重节约资源，学生毕业后都要把书和校服捐给学校，循环利用。

范欣榆向我们介绍说：“学校会组织中四（相当于我们的高一）的学生做工作展览，意在强调工作的重要性，早早地培养同学们对工作的热情和兴趣，让我们对未来可能从事的工作有一个初步的了解。”“你将来想做什么工作？”我们问他。

“我就是在这次工作展览中确定了要当一名医生的愿望，我想致力于眼科的研究，希望能解决学生的近视矫正问题。在上次的工作展览中，我看到很多人在为此做努力，我也希望为此尽点绵薄之力。当然收入也很可观。”

两次去新加坡游学交流，让我受益匪浅，更坚定了我学好数理化和英语的决心，将来专注于某一领域研究，广泛交流，放眼世界，拥有属于自己的研究成果。

Part 3 如何游学新加坡

• 学校组织的游学"机不可失"

我这两次去新加坡游学都是随学校的访问团去的。因为新加坡拥有优质的教育，国内很多中学都和新加坡的中学建立了友好交流关系，不仅互派访问团进行短期的交流，还互派学生到对方的学校进行至少一个月的体验学习。这是非常宝贵的对外交流学习的机会，也是非常难得的海外游学的机会。

随学校的访问团去游学的优势是对接的学校一般都是当地的优质学校，交流学习的内容针对性强，学校接待热情友好，各方面的安排都很得当，能保证安全，同时费用相对低廉。

我这两次游学的费用都没有超过8000元人民币，游学的收获非常大。所以我建议，如果学校有对外交流游学的机会，一定要好好把握机会，增加一次开阔眼界的机会。

• 如何就读南洋女子中学校

新加坡基础教育的基本学制是六年小学加四年中学（相当于我国的初中）。但这个学制是有伸缩性的，成绩差的学生可适当延长学习时间。南洋女子中学是一个初中学校，从中一到中四有4个年级。

新加坡小学生毕业要参加全国的会考，会考成绩名列前茅的人才有机会升入南洋女子中学就读。如果小学毕业没有考上南洋女子中学，在中三还有机会申请到该校就读，但需参加该校的年度入学考试（笔试和面试）。报名时要提供小学六年级会考成绩单或中学入学考试成绩以及过去两年的成绩等。

据了解，国际学生如想进入南洋女子中学学习，可以凭国际学生入学考试成绩进行申请。大概每年的2月，9月/10月考试，考试通过后，由教育部分配学额随机到公立中学，再经过前面所说的入学考试进入南洋女子中学。或者先进入新加坡的小学学习，参加毕业会考以优异的成绩考入南洋女子中学。

14岁少年，4年边走边画

麦格

杨杨 / Micky：14岁男孩，就读于国际学校，自8岁起开始学习绘画。

妈妈：热爱旅行和艺术，家庭亲子美术教育的践行者，相信艺术会让孩子拥有一生幸福的能力。

• 两个人的旅行——缘于对世界的好奇

作为一个不折不扣的旅行爱好者，我总在想，旅行之于我最大的魅力是什么，某天我终于想到一个词，那就是——好奇。是的，世界如此之大，有太多未知的东西我们渴望去了解和探求，而异国的文化，和生活在异地的人，是最让我好奇的。在儿子杨杨出生之前，我和杨杨爸爸两个人每年都会安排出行，相比自然的风光，我们更偏爱历史人文气息比较厚重的地方。而欧洲因为悠久的历史与辉煌的艺术成为我们的最爱。读万卷书，不如行万里路，我相信那些旅行路上所看到的、听到的、接触到的一切，会沉淀在人的生命中，它们在不知不觉中影响和改变着我们的生活。

第一次去巴黎，在那个巨大的艺术殿堂——卢浮宫里参观时，给我印象最深的不是馆内的各种名画或雕塑，而是在展厅内的老外夫妇带着孩子流连忘返的场景，那些孩子中有牙牙学语的孩童，甚至还有在襁褓中的幼儿。国外的父母在孩子如此小的时候就开始对他们进行艺术的启蒙，这让我非常惊讶，同时也让我暗自下定决心，我们的生活，绝对不会因为孩子的到来而发生变化，我们要带着孩子一起行走世界。

• 三个人的旅行，沿途风景成为儿子的绘画素材

儿子杨杨出生后，旅行依然是我家每年的常规安排，从两个人变成三口之家，多的不只是一个小小的同伴，这让我有机会从一个孩童的视角来观察世界，感受生活。在杨杨6岁前，我们旅行的目的地更多选择三亚或东南亚的海边，以便杨杨可以在沙滩上尽情玩耍。随着杨杨逐渐长大，我们越走越远，法国、荷兰、瑞士、西班牙、英国等地都留下了我们一家三口的足迹。杨杨从8岁起开始学习绘画，因此我们的旅行更是多了一项内容，那就是在路上边走边画。绘画赋予了儿子一双观察入微的眼睛，

那些旅行路上的风土人情，风景名胜正是他绝佳的写生素材。4年的时间里，杨杨的写生画作已积累了厚厚的几大本，翻看起来，真的是满满的成就感。不管是走在国外，还是行在国内，一支画笔和一个画本，都是他每次出行必不可少的装备。

家长说

著名教育家迪斯科·韦赫曾说过，“画1小时画获得的东西，比看9小时获得的东西还多。”我希望他将在路上所看到的一切，透过少年的画笔，一点一滴铭记在心里；日积月累，这些积累会构成一种强大的力量，让他内心充盈而丰富，让他在未来能够清楚知道要成为怎样的人，要过怎样的生活。而我所能做的，就是默默地陪伴他，把他带到世界的面前，让他用自己的眼睛和心去感受。

• 从每日一画到边走边画

画画是件需要长期积累的事情，为了鼓励儿子坚持下去，我会和他一起读画册，看展览，从中国的传统艺术到西方的油画，我们母子一起在艺术的海洋里徜徉。从8岁起，杨杨坚持每天都画一幅画，题材不限，或是写生人物，或是临摹经典作品。几年中，他的画也从稚嫩到成熟，绘画也成了他生活的一部分。即使是旅行在外，每日一画也不会改变，更何况路上的风景对少年来说正是鲜活生动的题材，每次上路前，我都会和他约定每天至少要完成一幅写生，不管路上发生怎样的状况，他基本上都会如约完成。久而久之，边走边画成为了他的一种习惯，每次出行前，他都会问清楚计划要去的地方，并和我商量在哪里完成哪幅作品。而为了配合杨杨的写生，我们每次出行，博物馆是必到之处，因为那里是一个最好的写生地，而且夏天可以纳凉休息，冬天可以避开寒冷。在旅行路上各国展馆内丰富的藏品和艺术品，也每每让我们流连忘返，大饱眼福。

时间：2012年夏，泡在马德里普拉多博物馆临摹

对西班牙的向往缘于建筑大师高迪，我和杨杨曾经在杂志和网络上见过他设计的建筑作品，一见钟情，心生向往。筹划了许久，在2014年的8月，我们到了西班牙的首都马德里。

我们在马德里的第一站就是普拉多博物馆，馆内收藏了西班牙及欧洲历史上众多著名画家的绘画作品，其中最具代表性的是西班牙画家委拉斯开兹和戈雅的作品。去西班牙之前，我和儿子一起翻看了蒋勋编著的《西方艺术史》，还特意购买了介绍普拉多博物馆的DVD，对欧洲的一些著名画家及其代表作品有了初步了解。临行前的准备功课对我们参观普拉多博物馆帮助很大，亲临现场看书中介绍的一些名作真实地出现在面前，那种震撼真的无法用语言来描述。

普拉多的镇馆之宝是委拉斯开兹创作的《小宫女》，画面中竟然也有画家本人，很多细节值得仔细玩味。戈雅在晚年黑暗时期所创作的系列作品，尤其是《吞噬自己儿子的农神》这幅画，讲述的是农神塞坦害怕自己的孩子们推翻自己，在他们出生之后，将他们一一吞噬下去的残酷情景。面对这幅画，杨杨说从农神的眼睛里看到了恐惧与绝望。我告诉他，这也许和戈雅晚年的经历有关，他两次身患绝症，并且患终身耳聋，身边亲人也一个个死去，只留下他一个人孤苦伶仃。听了我的解释，杨杨若有所思地说：“看来艺术家的作品不只是美的，也许我在生气或害怕时，也可以画一画。”听了杨杨的话，我很高兴，他领会到了艺术家进行创作的真谛——透过画作来表达自己的情感。

空旷的展厅内，杨杨被一幅超大的油画吸引了，那幅画刻画了战场上一位骑马的勇士挥舞着战刀所向披靡的情景，也许是这幅画的气势以及所传达的必胜信念征服了儿子，他强烈要求临摹它。看着他满脸的兴奋与激

动，我虽然担心他可能掌控不住如此复杂的场面，但还是要鼓励他去做，于是我陪着他坐下来慢慢画。那一瞬间也许有一条神奇的纽带连接了小孩与绘画的作者，他们之间似乎发生了一种穿越时空的交流，杨杨不断抬头观察着，又低下头在本子上画着。将近一个小时的时间里，他专注的神情和安静画画的身影，成了那个下午普拉多博物馆内我眼中最美的风景。作品完成了，杨杨非常高兴，虽然他的笔法看上去有些稚嫩，但还是画出了人物的气势，我给他了一个大大的赞。

回到旅馆后，或许是在馆内看到了太多裸体雕像和画作的缘故吧，刚刚洗过澡的杨杨突然冲到房间内的镜子前，用自己瘦瘦的身体模仿馆内的雕像摆出各种姿态，认真观察自己身体上的肌肉，此情此景，逗得我笑起来，这真是个可爱的孩子，想必此次的博物馆之行给他带来很多视觉上的震撼与刺激。

带孩子旅行，博物馆、美术馆是一定要去的，特别是一些国家级别的展馆，它们犹如一个神奇的窗口，可以让我们在尽可能少的时间之内溯古追今，借此了解世界并认识自己。透过一件件藏品，我们可以近距离地触摸历史，与世界进行跨越千年的交流。对孩子来说，博物馆是一个特别好的学习场所，不仅仅只是参观，它还会引发我们的各种思考，对世界的，对自己的。这些思考我认为是参观博物馆活动中非常有价值的部分。

时间：2012年夏，巴塞罗那

• 写生高迪的著名建筑

巴塞罗那是一座古老的城市，它因为1992年的奥运会而为中国人熟知，但其实它知名度最高的是大师高迪的建筑作品。一走出火车站，我抬头就看到了高迪那座著名的，至今仍在修建的圣家族教堂，这是巴塞罗那的地标建筑。亲临现场去写生，是杨杨在去西班牙之前就萌发的强烈愿望。

尽管之前看到了很多关于圣家族教堂的图像资料，来到现场，我们仍然被震住了。我走入教堂，看到了大量精巧绝伦的内部装饰，每个细节都充满着非凡的想象力。阳光透过美丽的彩色玻璃直射到教堂内部，让人产生了一种奇妙的晕眩感。仰望高大的教堂顶端，巨大的几何曲线结构仿佛让人来到了天堂，美得不真实。这不只是一座教堂，更是一个丰富得足以让人细细品味的艺术世界。螺旋形的楼梯让人联想到蜗牛的壳，弯曲的几何造型就好似动物的骨架，教堂屋顶上的各种灯被各种自然的藤蔓缠绕，所有的细节让我和儿子目不暇接，我们还找到了龟壳上的碎纹、蝴蝶的翅膀、贝壳上的螺旋……这些复杂而精致的图案体现了高迪浓浓的大自然情节。“我的头都快要仰酸了，但是我仍然舍不得低下来，它真的是太美了。妈妈，高迪是神吗？”杨杨的问题也让我有相同的感觉。我相信任何一个走进圣家族教堂的人，都会由衷地对高迪深深的崇敬。

走出圣家族教堂，我们在附近找了一处安静的坐椅，从这个角度可以清晰地看见教堂的外观，儿子开始画面前这座恢宏的教堂。此时已是下午，阳光很强，专注于画画的杨杨小声抱怨：“太晒了，我的眼睛都冒绿光了。”即使这样，他也没有停住手中的画笔，渐渐地，圣家族教堂的两座高塔在杨杨的画本上慢慢呈现出来，来来往往的游人很多，好几位外国游客见到正在画画的杨杨，纷纷竖起了大拇指，甚至还要求和儿子及其手中的作品合影。杨杨很自豪，大声地告诉游客：“I come from China!”

西班牙的街道让人有些迷乱，走在大街上，只要拐一拐就能看见一些著名的景观，高迪的巴特略之家就是这样突兀地出现在我们面前的，它的屋顶就好像是巨龙脊背上的鳞片，在阳光下闪闪发光，室内的门窗、屋顶及各种灯饰，每个细节都设计得精巧绝伦，令人联想到许多来自大自然的动物及植物形态。杨杨尤其喜欢巴特略之家的阳台设计，高迪居然将它变成了骷髅头的样子，真的很符合男孩的恶搞趣味，杨杨坐在对面的咖啡厅画了这座著名的建筑，在画本上又留下了一个美好的回忆。

高迪的米拉公寓距离巴特略之家不远，是一处有着波浪形曲线外观的石头房，屋顶的各种大烟囱被高迪巧妙地设计成骑士及外星人的奇特造型，仿佛来到一个与周围世界毫不协调却又独立存在的空间，置身其中有种不真实的奇幻感。或许是这个奇特的场景与小朋友的想象世界有很多相似之处吧，杨杨在这个屋顶平台上特别自由，一会儿欢快地奔跑，一会儿又好奇地眺望远处的风景，当然也有一段时间他安静地坐下来写生。在和儿子做西班牙行前功课时，他最喜欢的是高迪的奎尔公园，小朋友对公园门口那个色彩鲜艳，用马赛克拼贴的大蜥蜴一见钟情，尽管之前看过许多关于这座公园的图片，但是亲临现场，他仍然忍不住惊叹。奎尔公园真的宛如童话中的世界，它有着奶白色屋顶，墙体用缤纷色彩装饰的梦幻糖果屋，用碎瓷片拼接的蜿蜒起伏的马赛克长椅，充分表现了高迪奇异的想象力与自然主义的设计，杨杨兴高采烈地和他最喜爱的大蜥蜴拍了许多合影，并且坐在旁边的台阶上，对着那两栋童话小屋完成了一幅写生作品。

• 在巴塞罗那港完成最满意的作品

由于一次意外，我们不得已在巴塞罗那多滞留了几天，当然也因祸得福游览了更多的景点，杨杨完成了他在西班牙最满意的写生作品——一艘古老的木船。

那是一个阳光灿烂的午后，我们路过巴塞罗那港，岸边停泊着大大小小的各种船只，杨杨一眼就看中了其中一艘大大的船。走近一点，我们才发现原来它是西班牙历史上非常有名的一艘船“老胜利号”，停在岸边是供游客参观的。在船上和它近距离接触后，杨杨决定画它，我们陪着他坐在岸边的台阶下，看着他一点一点在画本上画。

我们面前的木船非常古老，高高竖起的桅杆，各种穿梭交织的线条，船身上刻着的深深的历史印记的木质纹理……整只船的结构和轮廓看起来非常复杂，让人眼晕，我也尝试和杨杨一起画，可是真没坚持下去，我由衷佩服他的耐心，这幅写生杨杨是用签字笔画的，因为不能像用铅笔画一样用橡皮进行修改，所以每一笔都需要非常细致地观察再准确地画到本子上。近两个小时后，他终于将这艘古老的木船画完。“刚开始画，感觉很难，但是坚持画下去，就会越来越好。”杨杨举着自己的写生作品，成就感满满。“看，我真的画下来了！”这个少年自信灿烂的笑容，在阳光下的巴塞罗那港闪闪发光。

有很多朋友问，带孩子在路上究竟画什么？我比较推荐博物馆内的经典展品，或者沿途所见的有历史感的建筑，普通的山水风景很容易会画得平淡，因为越简单的越难画，尤其是刚学画的孩子，有特色的建筑或展品反而更容易让孩子去抓取，父母不必在意最终落在画本上的是什么样子。孩子用心观察、画下来的过程本身就是收获，只要坚持这个习惯就好。

时间：2012年秋，用画笔记录瑞士

十一的大长期，我们去了瑞士，一个幸福指数极高的国家，印象最深的就是雪山环绕的绿色牧场，蓝天白云下牛儿悠闲的漫步，湖光山色，美的像人间天堂。

瑞士除了优美的自然风光，还有特别发达的火车系统。我们住在瑞士的首都伯尔尼，并以此为据点，每天乘坐火车往来穿梭于各个城市，特别方便。令我大开眼界的是由伯尔尼开往因特拉肯的黄金列车，沿途经过了最具瑞士特色的自然美景，超大景

观的列车车窗，让人仿佛置身于一幅流动的风景画中，美得让人目不暇接。少女峰是欧洲的最高峰，海拔4158米，峰顶处处白雪萦绕，风景秀丽，与山下的草原牧场相互映衬，就像是一幅壮丽的图画。

卢塞恩是一座美丽的城市，一出火车站，迎面就是广阔的卢塞恩湖。走到桥头，我们一眼就看见了湖上那个著名的景观——卡贝尔木桥，古老的木桥静静地矗立着，仿佛在向人们诉说着往日的荣光，虽然曾经被焚毁，但经过重建，新生的木桥依然魅力十足。木桥上装点着各色鲜艳的花朵，像瑞士小屋一样，表现着瑞士人对生活的热爱。美丽的卢塞恩湖畔，水面上游着悠闲的天鹅、鸭子，天空中飞翔着海鸥，大大小小的船只和快艇停泊在湖面上，远方高高的雪山矗立着。一眼望去，有一种特别的宁静，时间仿佛停滞了，只有一幅美丽的画卷在无声地流动着。

早晨9:00，此时的城市特别安静，我们从入住的酒店出发，沿着湖畔小路，走过一幢又一幢瑞士小屋，每家前面都有宽阔的草坪，热爱生活的瑞士人把家里的花园收拾得漂亮整洁，偶尔碰上附近的人拉着狗散步都会友好地向我们点头致意。在路上我们发现了很多种的树，还找到了毛栗子、松果和各种不知名的果实，儿子突发奇想，对我说：“妈妈，今天我们在卢塞恩，走的是一条发现之旅。”是呀，这个早晨，没有赶往各个景点的奔忙，也没有地图的指引，只有一家三口静静地走在林间小路上，我们呼吸着新鲜的空气，跟着感觉慢慢地走，静静地体会卢塞恩的美，这个发现之旅永远铭记在我们的心里。

儿子边走边用他那“小画家”的眼睛观察着周围，时不时坐下来临摹几笔。这一程，他用画笔记录下了伯尔尼的古老教堂，卢塞恩湖上著名的卡贝尔木桥，还有被鲜花装点的瑞士小屋。

1. 在欧洲国家中，瑞士相对较小，火车系统非常发达，去瑞士旅行，建议可以购买几天的火车通票，一般在机场及车站都能买到。

2. 如果有可能，一定要坐一次瑞士著名的黄金列车，每辆火车都有一节车厢是全景观的车窗，坐在里面视野非常开阔。从伯尔尼到因特拉肯的火车，沿路可以饱览瑞士最美的景色。

艺术熏陶不只是在纸上画画，也需要在生活中有一双发现美的眼睛，懂得欣赏细节之美，对孩子个人品位的提升会有很大的帮助。

时间：2013年，山西永乐宫生平第一次完成壁画

这一年夏天，我和儿子还在山西芮城浸泡了整整一周，如果不是因为去画壁画，可能我们很难有机会如此深入地去了解中国民间的艺术。永乐宫的壁画是与敦煌壁画相媲美的我国古代最杰出的道教壁画。7天的时间，我们吃住在永乐宫内，每天打着手电筒饱览宫内的巨型壁画，3个殿内的墙壁上有着近300个人物的画像，高达3.5米，表情神态各异，流畅精美的衣纹线条连成一气，气势恢宏。沉浸在这样的艺术氛围里，儿子选择了壁画人物中一名勇猛的武士，从铅笔打草稿，到毛笔勾线条，再到上色做旧，体验了壁画绘制的整个流程，这是他完成的平生第一幅大画，长度几乎与他的身高持平。

时间：2014年，广州、成都、大理，幽幽古镇被搬上画本

这一年又有满满的旅行回忆，年初寒假的广州之行，杨杨用画笔记录了古老的陈氏宗祠，充满异国风情的沙面街，还有长隆野生动物园的白虎、树懒等各种可爱的动物。6月的成都之行，他最兴奋的是看见了高达71米的乐山大佛，他在山顶平台上画了这座宏伟的佛像，引来了众人的围观。过路的行人纷纷给他竖起大拇指，少年非常自豪。年末的圣诞假期，我们带着杨杨去了温暖如春的大理，住在双廊的客栈，从房间里就可以看见风光秀丽的洱海，感受古城惬意而闲适的生活，还有浓浓的云南民族风情。悠悠古镇以及苍山下的风景，被儿子用画笔搬到了画本上。

时间：2014年秋和2015年冬，在英国与临摹的老人惺惺相惜

作为英国的首都，伦敦这座城市带给了我们太多的体验，很难用一个词来准确地形容它，古老与时尚、传统与现代并存，我们处处感受到它的优雅与精致、无处不在的历史与艺术气息，伦敦需要静下来慢慢地回味。

漫步在泰晤士河畔，欣赏着英国的蓝天白云，天高地阔，我们在海德公园租了自行车，一家三口在绿地上一边骑行，一边感受英国的绿地与自然植被。在白金汉宫

前，我们目睹穿盔甲的骑马卫兵队走过，仿佛穿越了时光，触摸到英国悠远而古老的历史。特拉法加广场和科文特花园的杂耍艺人表演，又向我们展现了英国的民间传承与城市活力。我印象最深的是在威斯敏斯大教堂里，我和儿子一个个地寻找传说中各种名人的墓，读着墓碑上的字，了解着这些历史名人的故事，我们发现历代国王的墓与牛顿、莎士比亚等名人的墓是并列的，甚至牛顿的墓比国王的墓还要宏伟壮观。英国人对科学家、作家及艺术家的尊重让人惊讶，他们享受着和国王一样甚至更高的礼遇。

伦敦的展馆之多，藏品之丰富也真的让我们出乎意料，而且大部分的展馆都是免费的。其中最著名的要属大英博物馆，这座世界上历史最悠久，规模最宏伟的综合性博物馆，珍藏了800多万件藏品，多得让人咋舌。两次的英国之行，我们都去了大英博物馆，因为即使是在里面待上整整一天也还是意犹未尽，馆内古埃及的木乃伊展品数量相当可观，我们甚至在展馆内见到了5000年前冰山上保存完好的干尸，杨杨对此很好奇，围观了很久。在馆内他最喜欢的是一些来自古希腊及雅典的巨大雕塑，特别是帕特农神庙的群像，那些人物的衣纹线条刻画，栩栩如生的面部表情与身体动态，都让人印象深刻，让人由衷赞叹古代文明所取得的辉煌成就。

在展馆内，我们还看见不少穿着校服的英国小学生，他们或席地而坐在本子上写着什么，或在老师的引导下参观展品。围观的杨杨说："他们可真是幸福，我也想在这样的环境中上课！"。杨杨选择了古罗马馆的一尊维纳斯雕像，阳光透过大英博物馆屋顶的玻璃洒在这座乳白的大理石雕像上，远远望去竟然有一种无言的美，少年一下子被吸引了。近一个小时的时间，博物馆内虽然人头攒动，但这座雕像和正在认真写生的少年却仿佛静止了一般，这个努力通过自己的眼睛认真观察的孩子，与面前的维纳斯雕像似乎形成了一种奇妙的气场，无声的交流透过他的画笔被定格在画本上。

博物馆之行的第二站，是特拉法加广场上的国家美术馆，这里云集了从意大利文艺复兴到19世纪艺术全盛时期各类大家的代表画作，米开朗基罗、达·芬奇、梵高、莫奈、德加……一个个都大名鼎鼎，如雷贯耳，虽然之前在画册上见过他们的作品，但直接与这些真品近距离接触，感觉还是很激动。馆内简直是艺术爱好者的天堂，不管在哪个角落，你都能看见专注作画的身影，这些人中既有年轻人又有老人，当然还有坐在地上的孩子。无论老幼，他们对艺术虔诚以待的态度，特别能打动人。第一次去，杨杨选择了一幅鲁本斯的名画进行临摹。时隔半年，杨杨又用了一个半小时，在展馆内临摹了一幅马，这幅画被挂在最大的展厅内很显著的位置，那匹大马自由的姿态和奔放的活力深受杨杨的喜爱。这幅作品前没有设座椅，杨杨刚开始是蹲着画，后来干脆坐在地板上画，来往的游客很多，很多人好奇地过来围观杨杨作画。还有几个外国小孩也被吸引过来一起画，这几个以各种姿势坐在地板上沉醉作画的孩子成了展厅内一道独特的风景。杨杨运用素描的手法，很细腻地将这匹威风的大马一笔笔勾勒出来。“我很满意我画的这匹马，因为我花了好多的时间，马身上的光影表现得还不错。”画完画，杨杨这样评价自己的作品。很明显这幅花费了很长时间及耐心的作品，让他很有成就感。

2014年秋天的英国之行，我们还乘火车去了伦敦郊外的温莎城堡和剑桥大学，杨杨在画本上记录了蓝天白云下高耸的城堡以及剑桥国王学院的宏伟建筑，不管是那个因为爱情故事而动人的古老城堡，还是百年学府里浓浓的学术气息，都给了我们特别美丽的回忆，而爱丁堡更让我们感受到与伦敦完全不同的别样风情。庄严巍峨的爱丁堡城堡位于城市中心的最高处，虽然沐浴在阳光下，黑色的城墙仍能让人感受到它久经风雨的冰冷。顶着寒冷的风，杨杨一边搓着有点冻僵的手，一边画苏格兰这座黑色的城堡还有爱丁堡皇宫内的教堂残垣。远处有一位身着苏格兰裙子的男士正吹奏传统的风笛，他脚下是长满青苔的石板路，一种原汁原味的苏格兰风情萦绕在呜咽的音乐声中。此情此景中，身着红卫衣的儿子正在专注写生，看着萧瑟破败的教堂内的这一抹红色的身影，我不免感怀，这个古老民族曾经的辉煌与今日之对比，也许杨杨在画笔中能更真切的感受到。

第二次在伦敦旅行，我们正好得知英国皇家艺术学院在举办鲁本斯的特展。儿子曾经临摹过鲁本斯好几幅画，而且之前恰好在国家美术馆临摩过他的画，机会难得，我们一家三口慕名前往。画展颇具规模，将鲁本斯好几个时期的作品很细致地进行分类和展示。看完所有的画，儿子照例选择了一幅作品坐下来写生。座椅上还有好几位外国老人，也掏出纸笔专注地画。杨杨旁边的老太太画完了手中的画，又看了看杨杨的画本，然后和他碰了碰肩膀，两个人相视一笑。这样的默契，让我突然很感动，我们的语言不通，甚至不知道对方来自于哪个国家，但那一时刻却因为相同的一幅画，大家的心是彼此相通的，艺术的感染力可真是奇妙。

1. **旅行前，我都会和杨杨一起做准备功课，我一般会让他去了解要去的城市有哪些博物馆可以参观，展馆的藏品有多少？镇馆之宝是什么？它的特色又在哪里？事前的准备工作，会帮助我们更好地计划行程。**
2. **除了大英博物馆及国家美术馆，伦敦还有3个博物馆也非常值得有孩子的家庭去参观，自然**

历史博物馆、科技馆还有全球最大的艺术与设计博物馆——维多利亚与艾尔伯特博物馆（也称V&A博物馆），V&A博物馆是我最喜爱的展馆，馆内展出的各种工艺品简直让人看到眼晕，儿子在这里也写生了一座雕像，V&A博物馆的设施非常完善，专门为游客提供写生的椅子，另外要特别推荐下V&A的咖啡馆，它被装饰得非常漂亮，还有好吃到爆的美食。

时间：2016年，用水彩在日本完成了一幅色彩鲜艳的写生画

在东京最古老的寺庙浅草寺，我问儿子对这里的第一感觉是什么？他脱口而出，“洁净”。是的，这座游人络绎不绝的寺庙，竟然被保护得洁净如新。日本人对环境和古建筑的保护真的值得中国人学习。从繁华的东京到古老的京都，我们领略着东京的现代化和京都的古韵文化，日本的城市各有各的风味，精致讲究的饮食，匠心独具的器物，红灯下的花间小路，身着和服慢行的艺伎，精致安静的园林……没想到日本的每一处都有让我们惊喜的发现。

我最喜欢的是京都的龙安寺，小巧精致，作为日本枯山水庭院的代表，它将园林的艺术运用到了极致。要感谢杨杨在这所庭院里写生，让我们得以慢慢体会田园的美好与静谧。杨杨在画本上留下了这座被树林围绕的安静寺庙。在京都伏见稻荷大社的千本鸟居，连绵不绝的橘色隧道让儿子欢呼雀跃，红色的寺庙与周遭绿色的树林形成了强烈的对比，在蓝天白云下格外抢眼。在山门前，杨杨用水彩完成了一幅色彩鲜艳的写生画，它还在本子上还写了几个字：“日本很洁净，我很喜欢。”

第二次去日本的时候是夏天。那是一次说走就走的旅行，我们直奔大阪与奈良。比起东京，大阪似乎更有活力。这里是美食的天堂，各种精致的日式料理让人看得眼花缭乱，口水直流。我家的大小吃货都吃得无比欢乐。而奈良更像是一个世外桃源，人与自然在这里达到了完美的合谐。街头巷尾随处可见小鹿的身影，它们居然都不怕人，竟然追着手拿鹿饼干的杨杨到处跑。一路行走一路画，东大寺的古建筑、奈良公园盘根错节的古树和欢快的小鹿，就这样一样样被搬到了儿子的画本上。而我关于这个夏天的最美好记忆，就是夕阳下杨杨坐在鹿群中间作画的身影，这画面伴着浅吟的鹿鸣声与青草的气味，永远地留存在我的记忆里。

两次的日本之行，带给了我们很多的冲击和思考，通过旅行，我们得以了解这个之前完全不了解的国家，也许我们看到的只是冰山的一角，但这一角的发现就已足够让人回味无穷。日本人对生活的热爱与虔诚，对器物的追根溯源，对食物本真味道的

极致还原，他们把生活的美学用到了极致。杨杨也不时跟我说：“日本随便一个角落，都可以那么美，我真希望能够用自己的画笔表现出来。”是啊，火车站内，餐厅里，普通民居的院子，处处可见精致的插花艺术，高低错落，疏密有致，给人带来不同的视觉美感，即使是在偏远景区的洗手间，我也能看到绽放于一角的野花。

日本人的生活美学非常值得细细回味，带着孩子游走日本，可以有意识地让他发现细节的美，比如商品的包装，随处可见的插花，甚至小饭馆里精致的餐碟……让他了解生活中无处不艺术。艺术熏陶不只是在纸上画画，也需要在生活中有一双发现美的眼睛，学习欣赏细节之美，对孩子个人品位的提升会有很大的帮助。

• 少年的边走边画，会继续

4年的时间，我们带着杨杨四处游走，眼看着他从稚嫩的孩童成长为一个硬朗的少年，起初是我们领着他走，到后来是他引着我们走，在旅行路上抢着背我肩上的包，在街头问路时与老外毫无障碍的沟通，坐地铁时率先发现这班地铁不开往我们的目的地。他累得不行依然能看完整场的音乐剧并陶醉其中，在我偷拍外国小娃时小声但坚定地告诉我要尊重孩子的隐私……我在一次次的出行中感受着他的成长。4年的旅行，也让儿子的画本收获了丰富的回忆与记录。著名教育家迪斯科・韦赫曾说过，“画一小时画获得的东西，比看9小时获得的东西还多。”我希望他将在路上所看到的一切，透过少年的画笔，一点一滴铭记在心里。日积月累，构成一种强大的力量，让他内心充盈而丰富，让他在未来能够清楚知道要成为怎样的人，要过怎样的生活。而我所能做的，就是默默地陪伴，把他带到世界的面前，让他用自己的眼睛和心去感受。

少年的边走边画，将继续坚持下去……

CHAPTER 3

短期微留学实践信息资源分享

到美国上小学，要做什么准备

挑选学区

在美国，好的学区和差的学区各方面差别都很大。美国公立学校的教育经费有很大一部分来自所在区的房产税。一个区的房价越高，所收的房产税越多，对公立学校资金的投入也越大，学校也就越好。在美国，好学区多居住着白人和亚裔，多在郊区、高房价地区。

如何查询学区的相关资料呢?

充分利用网络平台。下面介绍几个非常有用的网站，很多相关资讯都可以从这几个网站上查到。

http://www.publicschoolreview.com/，只要输入邮政编码，不但可以查询该学区各学校的评价，还可以查询到该学区家庭收入水平、教育程度、种族分布、房价资讯等，非常方便。

http://www.greatschools.org/，这个网站可以查询到学校各年级各科目的成绩排行。

http://www.city-data.com/，在这个网站既可以查询所在区的各种信息，比如房价、人口等，还可以查询所住地区罪犯的信息，他们的住址、特征和犯罪时间都有详细记录。

如果到加州，可以登录http://www.cde.ca.gov/ta/ac/sa/，这是加州教育部网站，有一个SARC（School Accountability Report Card）即学校责任报告卡，通常由以下几个资料组成：人口统计数据、学校安全和气候的学习信息、学术资料、毕业率、班级人数、教师和工作人员的信息、课程与教学的说明、大学预科信息、财政和支出数据。

学校报告卡每年更新，并于每年2月1日公布。家长可以在http://www.sarconline.org/Home/Search查询加州各学校的年责任报告，了解学校每年的情况，以便选择学校。

一旦选定学区和学校，就可以进入该学校网站了解目标学校的具体信息了。

还有一个美国教育部官网http://www.ed.gov/，输入邮政编码，可以查询学区学校的总信息。

Tips

美国排名在前的公立小学很多都在加州。这里阳光灿烂，气候也舒适，华人多，生活很方便。这里各方面条件当然不错，但因为硅谷也在这里，有很多高科技公司，生活消费水平较美国其他地方高很多。如果孩子在这里上小学，家长准备的资金就要多一些。
美国东部，比如波士顿等地区也差不多，消费水平也不低。美国内陆地区生活消费水平相对较低，也有不少不错的学校。选择学区时，不妨多看看，多比较，选择性价比最高的。

入学条件，居住证明很重要

美国公立小学的入学条件非常简单，入学手续非常方便。当然不同的州可能某些方面会有不同的规定，这个要打听清楚。

首先，需要一个合法的身份。即护照以及相关能证明你身份的资料。

其次，居住证明。这就需要房产证或者租房协议。

再次，疫苗卡。

美国公立学校遵循就近入学原则。只要你住在这个区，无论是买房还是租房都可以方便入学。所以居住证明就变得十分重要。

在加州，儿童入学有一项特别测试要求，那就是肺结核检测。如果你所在学区不认可国内的肺结核检测结果，要在当地检测的话，最好找个当地的华人医生做皮试，因为华人医生比较了解中国孩子打卡介苗（预防结核病的疫苗）的情况，对于皮试的结果，华人医生可能会把疫苗因素考虑进去，因此有可能会作出比较有利的评价结果。这样就可以免去重新去医院进行血检，等待血检结果而浪费入学时间的情况。

交通

纽约或者波士顿这样的城市公共交通比较发达。硅谷，像个大乡村，土地广阔，人口稀少，几乎没有公共交通，无论去超市还是去学校都需要开车。所以代步车很重要。

大家可以租车，也可以买二手车。美国租车行业非常发达，出租的车状况很好，家用轿车的租金一周在200美元左右，租得时间越长越优惠。如果想再经济些，购买一辆二手车也不错。美国二手车市场也很发达，买车过户手续简单，离开时卖掉也很方便，费用可以比租车便宜很多。

如果住房离学校和超市都很近，平时也不出去远足，那么买自行车也不错。

利用美国公共资源

孩子上学时，大人该做些什么呢？我觉得要充分利用美国的公共资源。美国是个移民国家，很多机构会推出一些项目来帮助母语非英语者学习英语，以及其他学习项目。如果想提高自己的英语水平，可以去各地的成人学校学习。成人学校有各种班级针对英语非母语者的不同水平而设立，有免费的，也有收费的，大家可以各取所需。

喜欢读书的人要充分利用社区图书馆的资源。图书馆每个月都有活动时间表，可以到图书馆网站上去查阅。

家长们也可以参加义工活动。美国的义工体系非常完备，从学校到图书馆，从老人院到其他领域，对义工的需求很大。不过各地区对义工的要求，可能会有不同。就以加州为例，听洛杉矶的朋友介绍，如果要去学校做义工，要填一系列的表格，还得每年进行肺结核检测。硅谷在去学校做义工就非常简单。在学校网站找到义工项目，进行注册就可以了。

义工信息可以在各大网站获得。想做学校义工就到学校网站去看，想做图书馆义工就去图书馆网站查找。帕罗奥图有个城市网站，在上面可以查找该城市的各种信息，非常方便。网址：http://www.cityofpaloalto.org/

周末活动

硅谷附近有很多美丽的海湾，如著名的半月湾，“17英里”，以及著名的艺术小镇卡梅尔，还有风景优美的加州1号公路，可以一路观赏美丽的太平洋海景。这些地方都离硅谷很近，周末的时候可以去看看。

硅谷附近还有各种博物馆。旧金山就有非常有名的海洋馆、科技馆等，都可以带孩子去看看。

如何参加CTY夏令营

• 如何报名参加CTY

CTY有自己的英文网站，介绍得很全面，家长可以直接登录，直接在网上报名。

首先，提交CTY报名申请，缴纳155美元的报名费；然后，根据学生的就读年级报名参加相应级别的考试。CTY承认这4类考试的成绩：SCAT, SAT, STB, ACT。其中SCAT为CTY专属考试，适合所有年级的孩子。

孩子只有通过考试才有申请选课的资格。最终是否被录取还要看孩子的成绩排名和申请的先后顺序。

• 参加CTY需要哪些条件

SCAT对大部分中国家长来说可能有些陌生。可以简单地将它理解为，CTY对口的一个入学考试，分为Verbal和Mathematics两部分。通过Verbal考试的学生，可以获取参加CTY社会和文学类课程的资格；通过Mathematics的学生，可以获取参加CTY数学和科学类课程的资格。因此，学生不一定需要同时通过两门考试来获得CTY夏令营的敲门砖。

• SCAT在中国有考点

SCAT在中国设有考点，考点集中分布在北京、上海、广州等一线城市。向CTY提交报名申请后，会获得一个9位数的SCAT准考授权码，即可向考试中心预约考位。每年10月到次年2月，CTY在全球进行考试。

• SCAT机考和纸面考试的不同

SCAT常年可以机考，北京、上海、广州和香港等城市设有机考考点，需提前进行网上预约，考试时间为周一至周五。近年来，由于中国参加SCAT考试的学生数量迅速上升，因此CTY开始组织在北京、上海、香港3个城市进行纸质考试，分别安排在

11月的3个周日。北京、上海各设一场考试，香港在11月13日上下午各安排了一场，一般考试前10天左右报名截止。12月前后报名机考考位比较紧张，需提前报名。考后一般3天内收到成绩，纸质考试试卷需送回美国评阅，大约一个月后才能收到成绩。

• CTY全是寄宿营吗

二年级至四年级为走读营，五年级和六年级为可走读、可寄宿营，七年级以上全部为寄宿营。

• 有没有办法提前热身，做好参营准备

在参营前，多读与夏令营有关的英文书籍，提高英文阅读和学术理解能力；参加英语培训机构的语言训练，着重加强听力及口语表达。特别是参加一些全英文教学的与CTY相似的课程，对学生迅速适应CTY的学习和生活非常有帮助！

• CTY提供哪些课程

CTY课程非常丰富，有人文、社会、科学、数学等各类课程。SCAT的Mathematics成绩合格可申请参加数学、科学类课程，Verbal成绩合格可申请人文、社会类课程。不同年级课程安排有所不同。七年级及以上的课程安排更加丰富。

• 参加CTY的年龄段要求

CTY的课程对小学和中学的课程安排是不同的。小学通常分为二年级至四年级和五年级至六年级两组课程。中学的课程内容不同，适用的年龄段也不相同，所有七年级以上学生又分为九年级至十二年级、十年级至十二年级。

• Verbal得考多少分

具体是否通过不是按照成绩预先设定的分数线，应该是按照孩子的成绩排名。按照官网说法，孩子的成绩要超过80%比他高2～3个年级的孩子。

• CTY开营时间

夏令营一般为期3周，有2期，从每年6月下旬持续到8月初。

• 如何办理签证

CTY是专业的课程项目，并不是普通的夏令营。CTY要求学生必须提供F1学生签证，不接受旅游签证。

• 学费多少

可以选择走读或寄宿，3周寄宿学费约4000美元。CTY夏令营在中国香港也有分校。美国除了巴尔的摩本部外，还有洛杉矶、西雅图、兰开斯特等地。香港的CTY夏令营设在香港科技大学校内。夏令营提供付费接送机服务。

另外，CTY也有网络课程，一辰同学从夏令营回来后，还参加了CTY网络课程。

• CTY报名网址及联系方式

报名网址：

http://cty.jhu.edu/

CTY在美国20多个城市有授课点，分布在美国东西海岸风景优美，拥有浓厚学术氛围的大学校园里。

CTY联系方式：

General Information

Mailing address: Johns Hopkins University - Center for Talented Youth (CTY)

(name of contact or program)

McAuley Hall

5801 Smith Ave, Ste 400

Baltimore, MD 21209

Email: ctyinfo@jhu.edu

Phone: (410) 735-6277 or 6278

Directory By Department

Phone

Development & Alumni - (410) 735-6007

Diagnostic & Counseling Center - (410) 735-6238

Family Academic Programs - (410) 735-6115

Online Programs - (410) 735-6166

Student Accounts - (410) 735-6063 or 6048 or 6049

Summer Programs - (410) 735-6277 or 6278

Summer Programs Employment - (410) 735-6185

Email

Development & Alumni - ctydevelopment@jhu.edu

Diagnostic Counseling Center - dcc@jhu.edu

Family Academic Programs - ctyfam@jhu.edu

Online Programs - ctyonline@jhu.edu

Student Accounts - ctyar@jhu.edu

Summer Programs - ctyinfo@jhu.edu

Summer Programs Employment - ctysummer@jhu.edu

Talent Search - ctyinfo@jhu.edu

CTY项目案例（以2016年为例）：

★美国马里兰州约翰霍普金斯大学夏季项目

地点：美国马里兰州

兴趣类别：课程教学

英文字：Maryland John Hopkins University Summer Program

适合年龄：8～18岁

营地类别：日营～提供住宿

时间：2016年6月26日～8月5日

费用：3周2600美元（不含食宿）；5650美元（含食宿）

约翰霍普金斯大学是美国最著名的私立大学之一，是美国排名前10，世界排名前15的研究性大学。学校在暑期开设的夏令营分为二年级至七年级组和七年级至十二年级组。每个组设置了不同的课程，包括集中补习、学术发现、领袖力培养等。课程持续6周，每期为3周。

营地官网：http://cty.jhu.edu/summer/about/

如何参加美国童子军

如何报名

报名参加童子军的方式很多，现在很多营地都有国内中介，他们在国内各个城市招生，在微信上搜索公众号能搜到很多信息。如果家长英语足够好，可以直接登录国外bsa网站，自己联系即可。

参加童子军具备什么条件

参加童子军最合适的年龄是8~16岁，太小的孩子自理能力不足，不一定能适应这种野外生存训练。英语要稍微好一些，能够听懂大部分指令，和队友沟通协作。不过如果是国内中介组织的童子军，对方会配备中文老师和随队翻译。

童子军其实是一种自讨苦吃的活动，娇气的孩子或者身体不太好的孩子不建议参加。因为它要求孩子必须在营地封闭地住一周，条件比较艰苦，没有走读营。

家长只能在开营仪式和闭营仪式上进入营地，剩下的时间要自己安排节目。对自己有信心的可以租车自驾游，想省心的就在当地找旅行社跟团玩。

参加童子军的费用

美国不同州的童子军，不同的营地收费都不一样。因为运营商不同，环境条件也都有差别，一般来说都是以一周为一个周期，300~500美元不等

部分美国童子军营地所在地及网站（以2016年为例）

★美国芝加哥Medill McCormick女童子军夏令营

地点：美国伊利诺伊州芝加哥地区Stillman Valley

兴趣类别：休闲户外

英文名：Chicago Medill McCormick - Girl Scout Outdoor Camp

适合年龄：6～17岁 女孩

营地类别：日营，提供住宿

时间：2016年6月19日～8月5日

费用：1周150～277美元（不含住宿）；290～546美元（含食宿）

营地官网：https://www.girlscoutsni.org/en/camp/why-camp.html

主办方介绍：https://www.girlscoutsni.org/en/our-council/who-we-are.html

营地介绍

女童子军夏令营已有100多年的历史，旨在帮助女孩子们发现自己的长处、激情和天赋，培养孩子们的勇气、信心和领导力。此夏令营对6～17岁女学生开放。营地将提供丰富多彩的户外活动，包括射箭、游泳、独木舟、皮划艇、钓鱼、速降，登山、户外烹饪、工艺美术、自然探索和骑马等。

如何参加YMCA夏令营

YMCA夏令营是什么

基督教青年会（Young Men's Christan Association），简称YMCA。YMCA夏令营是美国夏令营行业的领头羊，也是美国历史最悠久的综合性夏令营。目前全美国有2600多个分会，各处分会规模不一，但都有房屋设施，包括体育馆、健身房等，规模大些的有室内游泳池，提供各类活动场地和课程项目。YMCA夏令营为青少年提供体育培训班、夏令营、青春教育等活动。

坎贝尔夏令营是YMCA旗下最优质的营地之一，坐落于旧金山Boulder Creek附近，是一所世界公认的面向男孩、女孩的经典寄宿制夏令营。它成立于1936年，营地有红杉环绕的绝佳环境和完备的设施，可以为营员提供安全及舒适的环境。

YMCA营地位置

YCMA传统营主要集中在美国西北部、东北部新英格兰地区的纽约州、马萨诸塞州、康涅狄格州、宾夕法尼亚州和缅因州等。

营地大多位于距离城市1～3小时车程的郊区，环境优美，森林茂密，湖泊清澈，空气纯净。

夏令营的周期

一般为2～6周。

参营建议

如果第一次送孩子去参加YMCA夏令营，公立营地可以满足孩子们的需求，课程非常丰富。第二次可以尝试私立营地，课程更吸引人，设施也更加完备。

如何参加

1. 自助办理

可以浏览YMCA分布在美国各地的官网并在网上完成注册、选课、缴费。

2. 通过机构报名

如果使用英语有障碍，可以通过国内运营机构帮助你完成报名。

YMCA营地分布地点及官网（2016年度，具体可查阅网站）

★美国新罕布什尔州 康尼斯顿YMCA户外夏令营

地点：美国新罕布什尔州

兴趣类别：休闲户外

英文名：New Hampshire YMCA Camp Coniston

适合年龄：8～15岁

营地类别：住宿营

时间：2016年6月26日起，分为1周营、2周营和探险营

费用：1周营790美元、2周营1625美元、探险营800美元（含食宿）

营地官网：http://www.coniston.org/

★美国芝加哥YMCA 综合夏令营

地点：美国芝加哥地区

兴趣类别：综合营

英文名：Chicago YMCA Camp

适合年龄：4～17岁

营地类别：日营，提供住宿

时间：2016年6～8月

费用：查阅官网

营地官网：http://www.ymcachicago.org

★美国马萨诸塞州YMCA休闲户外夏令营

地点：美国马萨诸塞州

兴趣类别：休闲户外

英文名：Massachusetts Becket-Chimney Corners YMCA Outdoor Camp

适合年龄：7～18岁

营地类别：住宿营

时间：2016年6月26日～8月20日，可选2或4周

费用：2周2540美元；4周4925美元（含食宿）

营地官网：http://www.bccymca.org/

★美国夏威夷YMCA英语ESL夏令营

地点：美国夏威夷州檀香山

兴趣类别：语言类—英语

英文名：Hawaii YMCA ESL Summer Camp

适合年龄：9～17岁

营地类别：住宿营

时间：2016年7月17日～8月5日，共3期

费用：每期880美元

营地官网：http://www.ymcahonolulu.org/camp_erdman/ResidentCamp/weekly_overnight_camps/esl_camp

★美国华盛顿特区周边YMCA户外夏令营

地点：美国华盛顿特区周边

兴趣类别：休闲户外

英文名：Washington DC YMCA Outdoor Camp at Catonsville Family Center

适合年龄：5～11岁

营地类别：日营，不提供住宿

时间：2016年6月～8月

费用：1周235美元

营地官网：http://www.ymaryland.org/

★美国加州湾区YMCA营地钟声户外夏令营

地点：美国加州湾区

兴趣类别：休闲户外

英文名：California YMCA Camp Campbell Outdoor

适合年龄：7～16岁

营地类别：住宿营

时间：2016年6月12日～8月12日，可选1或2周

费用：1周680美元；2周1145美元（含食宿）

营地官网：http://www.ymcasv.org/ymcacampcampbell/

★美国加州圣地亚哥YMCA冲浪夏令营

地点：美国加州圣地亚哥

兴趣类别：体育类—冲浪

英文名：California San Diego YMCA Surf Summer Camp

适合年龄：8～18岁

营地类别：住宿营

时间：2016年6月12日～8月12日

费用：1周770美元（含食宿）

营地官网：http://www.ymca.org/camp/summer-camp/camp-surf.html

★美国加州湾区红杉YMCA户外夏令营

地点：美国加州湾区

兴趣类别：休闲户外

英文名：California Sequoia YMCA Outdoor Summer Program

适合年龄：5～16岁

营地类别：日营，不提供住宿

时间：2016年6月13日～8月19日

费用：1周372～614美元

营地官网：http://www.ymcasv.org/sequoia/

★美国德州YMCA Grady Spruce休闲户外夏令营

地点：美国德州达拉斯附近

兴趣类别：休闲户外

英文名：Texas YMCA Outdoor Camp Grady Spruce

适合年龄：6～16岁

营地类别：住宿营

时间：2016年6月12日～8月6日

费用： 每周515～887美元

营地官网： http://campgradyspruce.org/

★**美国华盛顿州西雅图Colman YMCA青少年夏令营**

地点： 美国华盛顿州西雅图

兴趣类别： 休闲户外

英文名： Washington State YMCA Camp Colman Outdoor Program

适合年龄： 6～15岁

营地类别： 住宿营

时间： 2016年7月3日～8月27日

费用： 每周875美元（含食宿）

营地官网： http://www.seattleymca.org/Locations/Colman/Pages/Overnight_C.aspx

★**美国华盛顿州YMCA Dudly休闲户外夏令营**

地点： 美国华盛顿州Yakima

兴趣类别： 休闲户外

英文名： Washington State Yakima Family YMCA Camp Dudly

适合年龄： 5～15岁

营地类别： 日营，不提供住宿

时间： 2016年6月26日～8月15日

费用： 每周195～530美元

营地官网： http://www.yakimaymca.org/camp-dudley/

如何去苏格兰留学

李江南留学费用

由于持有陪读签证，李江南可以上苏格兰的公立小学、中学，不需要学费，所以李江南的留学并不需要费用，并能够享受当地的免费医疗。这是她和普通的留学国外的孩子最大的区别。

苏格兰是否接受中小学国际留学生

苏格兰的学校接收18岁以下的国际生，但走读或住宿需要根据学校的具体要求来确定。

留学费用是多少

苏格兰中小学国际生的费用远高于大学，大约40万人民币起。

持旅游签证短期插班留学的相关事宜

英国有少部分中学是允许插班的，但是因为这属于特殊案例，所以需要把学生的情况告知学校，再由学校进行面试，决定是否可以接受学生入读。一般来说，除了要求学生拥有一定的语言能力以外，学生的学习成绩也必须非常优秀，至少要达到目前在校生同等水平。

美国高中留学及交换生申请概况

• 美国高中分类

美国高中分为公立高中、私立走读高中和私立寄宿高中。公立高中一般由政府资助，学校的硬件设施较好，学校的规模大，一般有上千名学生。私立高中办学规模小，只有几百名学生，走的是“小而精”的办学路线。私立寄宿高中除了具备私立高中的条件外，一般都有100年以上的历史，各方面条件都非常好，美国的社会名流、政要的子女一般都选择私立寄宿高中。而我们出去自费读的高中，通常是私立走读高中，需要在当地找homestay。

公立高中不收学费，但是对留学生不开放申请，只能申请最长1年的J-1访问学者签证（一年的交换生结束后，如果要继续在美国读私立高中或者大学，需要重新申请F1的留学生签证）。

私立学校学费昂贵，不同的学校收费不同，越是好的私立学校对学生考试成绩等各方面要求越高，随着近年来留学生低龄化，有些私立学校会接收较多的留学生。

• 什么是美国交换生

美国公立高中交换生项目，是美国国务院官方指定的国际文化交流项目，起始于“二战”之后，旨在为全美国的高中生提供与世界各地的学生交流的机会。该项目已经在欧洲、韩国、日本、新加坡等全球数百个国家和地区运作了60余年，1995年中国加入此行列。每年都有数万名来自世界各地的中学生（年龄在15～17.5岁且尚未高中毕业）持J-1签证赴美进行为期一年的学习和生活。访美期间，交换生入读公立高中并入住homestay，深入了解美国的社会、教育和生活。

美方机构把交换生安排在社会治安良好的中小城市。学生在美期间的homestay是经过政府审核的没有任何劣迹的中产家庭，homestay父母对交换生有监护权，他们像对待自己的孩子一样要求交换生遵守家庭规定，同时也承担起家长的责任照顾孩子的生活。

美方机构在每个地区都配备了社区联络员，社区联络员属于美国机构的工作人员，他们负责处理所在区域的交换生的各种事情，他们会经常与homestay、学校联系，了解交换生的生活学习情况，帮助学生解决在美国出现的各种问题，同时，会定期给家长递交学生近期学习和生活报告，让家长了解孩子在美的各方面情况。他们也会定期举行游乐、体育和参观活动，把本地区的来自世界各地的所有交换生聚在一起。

• 申请美国交换生的费用

美国的交换生项目由政府授权的几个非营利机构在办，美国的机构跟中国的中介对接，学生就读的是美国公立高中，所以不用交纳学费，整个项目费约11万元（包括食宿费用），再加上签证费（160美元）、SEVIS费（180美元）、个人生活花费、中美往返机票，总费用一般在15万元。

交换生对申请美国大学的优势、劣势

应该说，做交换生对孩子了解美国文化、丰富国际视野的好处是毋庸置疑的，但是申请大学有无优势不能一概而论。简单地说，如果有两个同样条件的美国大学申请者，那么有交换生经历的肯定更有优势。

美国大学在录取时对学生的分数是有要求的。

所以，如果在做交换生之前能达到你目标学校的最低成绩要求，孩子在交换生期间没有了升学考试的压力，就能更深入地融入当地的生活和学习，而这样的经历在申请美国大学时毫无疑问会非常有价值，如果把提高升学考试成绩的任务带到做交换生时，那交换生文化交流的义务与升学考试的紧张学习会发生冲突，难免顾此失彼，甚至搞得得不偿失（托福口语、听力成绩的提高例外）。

• 适于留学的基本素质

1. 独立自主能力：不能凡事都跟家里沟通好再做决定，需要孩子对事情有正确的判断。

2. 自我管控能力：缺少父母的监管，在外面，只能靠孩子自我管理生活中的细节，满足学校的要求。

3. 英语能力：学习、生活必备，对于留学生来说，语言是永远爬不过去的坡。

4. 良好的沟通能力：清清楚楚地表达自己，才能被人理解、与人进行深入地交往。

5. 平和的心态：身处异乡，各种差异都存在，平和的心态能让孩子更好地适应环境，避免产生心理阴影。

6. 热爱体育：美国人特别爱体育，学校常有赛事活动，同学、家庭常有体育活动，如打篮球、游泳。

7. 有一定的特长：能让孩子在新环境一下子闪光。

附：

选择美国高中着重考虑的因素：美国高中的师生比例、学校拥有硕士以上老师的比例、过去几年毕业生进入大学及一流大学的比例，学生的SAT成绩，学生参加AP/IB课程比例及成绩。就读的高中如果离常青藤大学或者名校较近，就可以有更多的机会到大学参加活动或者学习课程，更容易被大学录取。

加拿大留学概况及实现

可以申请留学的年龄

加拿大满5岁（学前班）就可以申请留学。小学教育是一年级到六年级，6岁入学。

中学教育在大部分省份是七年级到十二年级，除了魁北克省是七年级到十一年级。

留学加拿大中学可以选择的学校类型

1.公立学校

加拿大重视教育，各省和地区都设立有公立教育局。各教育局下辖小学、中学。

特点：政府出资建立，课程丰富多样，学生功课压力小，活动多，引导学生追求感兴趣的课程。

优势：原汁原味的北美教育，课程设置丰富，除数学、物理、语文、历史等学术课程外，也会开设房屋设计、木工、厨师、领导力等各类课程启迪学生心智，培养学生兴趣。

2.国际学校

学生基本由国际生组成，可以住校，对学生课余生活管理更严格，督促学生把更多精力放在功课上。

优势：大学升学率较高，课程设置和开课时间都是围绕如何使国际学生顺利进入加拿大大学设计的，所以重视对学生学习成绩、学习方法，对学生生活照顾得更多些。

3.教会学校

教会出资建立，主要服务于学校周边会友子女的学校。

特点：学风好，教师强调学生身心共同成长，学习成绩相比品德倒在其次，老师对每名学生的思想、身体、生活都非常关注，由于管理条例严格，教会学校毕业的学生往往可以得到加拿大中学教育的精髓，并更容易适应大学生活和加拿大生活。

优势：教会中学的最大优势是，相比国际学校更强调素质教育，相比公立学校更强调学生品行修为，适合希望孩子接受到严格、慈爱教育的家庭。

4.私立学校

代表了加拿大中学最高的教育质量。

特点：私立学校的学习和生活成本远高于公立学校，录取要求较为严格，远非公立学校、国际学校和教会学校可比，这直接导致其生源整体质量较高。

优势：北美一流的中学教育水平，可以住校，活动丰富多彩，学习有趣，同学的文化和素养水平普遍高，毕业生几乎100%入读大学和名校。

留学费用

加拿大公立中学：主要由政府出资，学费一般在12000～15000加元/年，生活费由于各省情况不同，在8000～12000加元/年。

加拿大普通私立中学：主要由个人或者财团出资建成，一般只有30～50年历史，学费在14000～16000加元/年。

加拿大教会中学：主要由宗教组织或人士建立，可以选择走读或者寄宿，一般学校收费20000加元，如果选择homestay，每个月大概10000～12000加元/年（含食宿）。

加拿大贵族私立中学：大多有100年以上的历史，大部分学生都住在学校里面，每年学费加寄宿费用在45000～55000加元/年。

申请条件

申请加拿大公立中小学不需要英语成绩。申请加拿大私立中学，各学校要求不一样，有的可以直接申请，有的需要面试。六年级以上的学生需要考SSAT。

如何实现澳大利亚微留学

如何去

微留学逐渐引起了很多家长的兴趣，但是如何实现？费用如何呢？

首先，决定去微留学，有两种方案选择，一种是DIY，所有的事情自己搞定，可节约费用，但由于信息不对称，常常颇费周折。第二种是通过中介，需要缴纳一定的费用，但省心省力。

1.如何DIY

联系学校

悉尼和墨尔本的很多小学不接收短期微留学的国际生，或者不接收单独申请插班微留学的国际生。因此，需要多方了解，同时多给几家学校发送邮件。

租房

在悉尼微留学，不太容易在学校周边找到步行即到的住房。有以下几种方式可供参考：

（1）有的学校会帮助解决homestay；

（2）学校周边有汽车旅馆、公寓，可以做饭，但费用较高；

（3）通过airbnb寻找短租房，有时可以找到合适房源。丁丁（Brian）的母亲就很幸运地找到距离丁丁学校300米的Kelly家。可以使用他们家的厨房自己烹饪，确保孩子们能吃到可口的饭菜；

交通

建议尽量选择步行就能到学校的房子租住，如果实在找不到合适的房子，租的远一点，也可以考虑在当地购买一辆二手车，离开时再卖掉，或者租一辆车。悉尼的公交、铁路系统都比较发达，到站时间很准时，下飞机后就可以在机场快线处购买Opal卡，悉尼公交、火车甚至轮船都必须刷卡乘坐。火车站内或者路边便利店均可充值。

解决了上述3项问题，你的微留学之旅就可以开始了。

2.通过中介的方式

目前从事微留学服务的机构国内外均有，可以提供入学申请、住宿等一条龙服务，具体收费金额各有不同。

费用问题

澳大利亚留学的费用不是统一的，不同的学校收费金额略有不同。一般来说，悉尼中小学学费一年需5万～8万元。微留学是按照周来收费，比按全年收费的价格略高。

丁丁（Brian）微留学实际发生的费用见下表：

项目	金额	备注
学费	350元/周	不同学校略有不同
注册费	无	不同学校收费不同，但差异性不大
机票	10800元/3人	时间不同差异很大，8月不是澳大利亚旅游的旺季，机票价格相对较低
签证	700元/人	若条件允许，可自行在北京、上海、广州、成都的澳大利亚签证申请中心办理，北京一般3～5个工作日即出签
住宿	600澳元/1周、1个房间	通过airbnb寻找，租住当地人家
餐食	约300澳元/周	丰俭由人，主要是在超市购买原材料，自己烹饪
通讯费	28天5G流量，90分钟国际长途电话，可接热点不超过5个的电话卡，100元左右	淘宝有售，可供选择的套餐有多种
租车费	7座车，日均500余元，含车险； 5座车，日均300多元，含车险	“租租车”官网
保险	24天境外旅游保险，170元/人	保险公司淘宝旗舰店有售

签证问题

澳大利亚微留学可以持旅游签证。

持澳大利亚旅游签证可一年多次往返，每次停留时间不超过3个月。

陪读家长闲暇时间干什么

澳大利亚要求18岁或以下的小留学生，可以由直系亲属家长陪读。

白天孩子去学校上学后，家长大概有6个小时的空余时间。这段时间，家长可以做什么呢?

1. 到语言学校接受英语培训;

2. 了解当地市场、商品情况，做一些代购生意。澳大利亚的保健品、奶粉、羊毛制品因为安全、质量好被国人喜爱，陪读妈妈可以利用闲暇时间做代购，贴补留学费用;

3.惬意地享受阳光、海滩、咖啡……

微留学期间周末玩什么

我们住在城中，一到周末，就带着孩子们坐着地铁感受悉尼。

距离住地最近的是悉尼大学，步行半小时就可以抵达。

乘坐火车几站地，就可以抵达澳大利亚博物馆、悉尼艺术馆、悉尼歌剧院、海港大桥、达令港、海德公园、战争纪念博物馆、悉尼皇家植物园、市政厅、邦迪海滩等地。

澳大利亚博物馆儿童免费，成人15澳元。其他公园及室内场馆均免费。

可以在Circular Quay环形码头乘船去Manly Beach、Watsons Bay海滩游玩。Watsons Bay位于悉尼东北部富人区，沙子极其细腻，游人不是很多，如果用心寻找，能从海里捕捞到海螺、海胆、八爪鱼、海星。

另外，悉尼的市场也非常有特色。最具特色的当属鱼市场，各种海鲜名目繁多，新鲜安全，很多游人慕名而来，现买现吃，非常美味。

岩石区的周末市场，是设计师和艺术家的天堂。每到周末，设计师纷纷将自己设计的服装、首饰拿到市集售卖，也有不少街头艺人在这里表演。

如果想走得远一点，可以坐火车或者租车去著名的蓝山。澳大利亚是右舵驾驶，需要一个适应过程。中国驾照翻译公证后可以使用。驾车离开悉尼城区时，有时会有些堵车，原因是有的路段红绿灯多，不过交通非常有序。

（丁丁妈经验）

如何实现新西兰微留学

如何实现

去新西兰微留学，有两种方案选择，一种是diy.所有的事情自己搞定，节约费用，但费时费神。另一种是通过中介，需要缴纳一定的费用，但省心省力。

1. 如何diy

如何选择微留学学校

最初，我联系了奥克兰东区一所9分学校，学校负责为家长孩子推荐homestay，还免费开设家长培训。请教朋友后，她认为东区距离奥克兰市区有点远，交通不太方便，我们放弃了。第二所小学是朋友帮忙联系的一所优秀的教会学校，但不负责推荐homestay。最终因为解决不了住宿问题，不了了之。期间，我们也通过百度搜索“新西兰小学decile打分表”，选择9分以上学校，登录官网，给招收国际生的学校群发邮件，个别学校表示能够接收短期国际生，欣喜之余，再发邮件询问细节，又迟迟得不到回复。最终，家住在奥克兰中区的朋友帮助我联系了一所9分学校，并租住在她的家里。

近两年，到新西兰插班读书的中国孩子突然间增多。因每个学校接受能力有限，如果是通过搜索新西兰小学列表，自助联系，至少应该提前3～4个月甚至半年，选择起来能够更从容。

如果你想了解关于新西兰教育的相关问题，或者想查找学校，也可以登录新西兰教育部网站：www.minedu.govt.nz

租房

在新西兰微留学，短期租房不太容易，尤其是好小学周边的房很早就被预定。怎么办呢？有几种方式可供参考：

1. 有的学校会帮助寻找homestay；

2. 学校周边有汽车旅馆、公寓，可以做饭，但费用较高；

3. 通过airbnb寻找短租房，大部分房源都距离学校2～3千米甚至更远，步行难以抵达，能找到步行到学校的房子机会难得；

4. 通过当地网站Trade me寻找短租房，这个网站提供的房子绝大部分是长租的，所以，很多房子没有家具；

5. 通过朋友帮忙介绍。

交通

建议尽量选择步行就能到学校的房子租住，如果实在找不到合适的房子，租的远一点，也可以考虑在当地购买一辆二手车，离开时再卖掉，或者租一辆车。当地公交系统不是很发达，如果乘坐公交车，需要等待较长时间。

解决了上述3项问题，你的微留学之旅就可以开始了。

2. 通过中介的方式

目前从事微留学服务的机构国内外均有，据我所知，如果是长期留学，新西兰当地有一些留学机构会从申请人学校获取佣金，因此，一般情况下他们免费为学生申请学校，但是新西兰当地正规中介机构无法通过为短期微留学者服务从学校获取佣金，所以，他们会向申请者收取一定费用。

国内的留学机构也可以提供申请、住宿等一条龙服务，具体收费金额各有不同。

• 费用问题

新西兰留学的费用不是统一的，不同学校的收费金额略有不同。一般来说，新西兰中小学学费一年5万～8万元。微留学是按照周来收费，比按全年收费的标准略高。

丁丁（Brian）微留学实际发生的费用见下表

项目	金额	备注	备注
学费	300纽币/周	不同学校略有不同，decline分数越高，收费标准也稍高一点	
注册费	50纽币/人	不同学校收费不同，但差异性不大	
机票	27000元	时间不同差异很大	
签证	1100元	家庭签证	

续表

项目	金额	备注	备注
住宿	350纽币/周（1个房间）	租住当地人家	有的学校提供homestay，费用约280纽币/周/人，含一日三餐，但有些家庭不接受家长陪同
餐食	约300纽币/周	丰俭由人，主要是在超市购买原材料，自己烹饪	
通讯费	24纽币/月	30天 新西兰500M流量 + 本地短信无限 + 本地100分钟 + telecom热点wifi免费每天1G流量	淘宝有售
租车费	（1）80纽币 （2）90纽币	（1）打车从机场到住处（单程）；（2）租车2天到周边游玩	（1）从机场到住所也可以乘坐shutlle bus，约40纽币/人；（2）90纽币包含租车费和全险
保险	儿童40纽币/月，成人60纽币/月	根据年龄确定金额	淘宝有售

签证问题

新西兰微留学可以持旅游签证。

去往新西兰可以办理家庭签，一家三口1100元左右。新西兰签证最新规定允许2年内多次往返。

陪读家长闲暇时间干什么

新西兰要求10岁或以下的小留学生，必须由直系亲属（父母、爷爷奶奶、外公外婆）家长陪读。

白天孩子去学校上学后，家长大概有6个小时的空余时间。这段时间，家长可以做什么呢？

1. 参加学校开设的免费家长课程。有的小学专门为学生家长开设了烘焙、绘画、编织等课程；

2. 到语言学校接受英语培训；

3. 了解当地市场、商品情况，做一些代购生意。新西兰的蜂蜜、奶粉、保健品因为安全、质量好被国人喜爱，陪读妈妈可以利用闲暇时间做代购，贴补留学费用。

微留学期间周末玩什么

我们住在奥克兰中部，周边适合孩子游玩的地方还是不少的。

如果当天往返，坐火车到奥克兰CBD不到20分钟，单程大概每人4.5纽币，儿童半价。下车后可以步行到奥克兰港口、皇后大街、天空塔，也可以乘坐公交车去奥克兰大学、奥克兰博物馆等地。

从我们住所步行就可以抵达奥克兰动物园、West Spring park（当地人称为野鸭湖）游玩。去往伊甸山也需要乘坐火车，下车即到。

如果周六出发，在外住宿一晚，周日回，可以租车到霍比特小镇和罗托鲁瓦游玩。从我们居所开车到霍比特小镇2个多小时，参观完电影《霍比特人》拍摄地后，继续前行，大约2小时车程，抵达罗托鲁瓦，这是一个温泉小镇，宁静、漂亮。

新西兰是右舵驾驶，需要一个适应过程。中国驾照翻译公证后可以使用。高速路上车少人少，全程无收费，高速路两边大片绿地，牛羊满地，非常养眼。

（丁丁妈经验）

如何实现新加坡留学

公立学校

• 国际生也可以申请新加坡公立学校

国际生在新加坡也可以申请公立学校。但是，一般情况下，当地的优质教育资源首先会满足本地公民。特别优质的小学只有在有资源、有空位时才会考虑国际生。

孩子满7周岁就可以申请进入新加坡公立小学，不需要考试而直接进入一年级。但是，新加坡公立小学二年级至五年级不接受直接申请，需要参加新加坡国际学生入学考试（AEIS）。外国学生无法申请在新加坡就读小学六年级，只能降到小学五年级学习。

• 去新加坡上公立小学如何考试

AEIS的考试时间定在每年的9月或者10月，12月份公布成绩。通过考试被录取的学生将在第二年的1月份入学。因此，要在新加坡上小学AEIS考试就是留学生最重要的关卡。

申请公立学校，可以登录新加坡的教育网站（https://www.moe.gov.sg/education）。有条件的申请者可以提前选择好学区，购买学区房，然后办理移民，这样孩子就可以轻松享受新加坡的优质教育资源。

新加坡国际学校

新加坡拥有世界一流的教育体系，也拥有很多高质量国际学校以及世界著名国际学校的分校。这里毕业的学生能够更好地升入英国、美国、澳大利亚的知名大学就读。

• 新加坡知名学校的介绍

★新加坡斯坦福美国国际学校（Stamford American International School）

学校规模

新加坡斯坦福美国国际学校占地约5.3万平方米，新校舍耗资3亿元，是亚太区域投资额最高的教育工程。为3～18岁的学生提供教育课程。

课程特色

使用IB教育体系，也提供第二语言课程，学生每天必须上西班牙语课或中文课，选择中文课的学生占多数。利用新科技为学生打造互动学习环境，学生可以在教室里与世界各地的教授、讲师现场连线。

学校管理特色

校内设有本地首个全电脑化接送系统，家长接送孩子时须扫描电子卡确认身份，以防孩子被陌生人接走。学生身份认证所用的电子腕带也可用作付款，学生在食堂购买食物后，只需扫描腕带付款，无需现金交易。

★新加坡美国国际学校（Singapore American School）

学校规模

新加坡美国国际学校成立于1956年，学校从幼儿园到高中拥有来自50多个不同国家和地区的3800名学生，是全世界最大的美国学校，也经常被誉为世界最好的美国学校。

课程特色

作为一所国际学校，校方除了提供美国教育，同时还具备国际视野。校方深明让学生掌握汉语和认识中华文化的重要性，能让学生在21世纪占尽优势，因此学生从3岁开始，每天密集学习汉语。由于大约25%的学生日后会返回美国，因此校方也提供西班牙语作为第二语言供学生选择。

学校管理特色

学校完全沿袭美国教学体制和使用美国的教学大纲，孩子可以接受正统的美式教育。学校70%的教职人员是来自美国，他们都拥有多年的国际学校教学经验。另外一部分老师来自加拿大、澳大利亚、新西兰和新加坡等国。

★新加坡海外家庭国际学校（Overseas Family School）

学校规模

学校目前有3800多名学生，来自70多个不同国家。学校大部分老师来自于英国或美国。学校提供从幼儿园、小学、中学、高中及两年制国际文凭大学预科课程。

课程特色

学校为学生提供IB课程。学校特有的Study Preparation Program（SPP）学习预备课程将帮助学生建立扎实的英义听说读写基础，同时也兼顾主流课程的学习。

学校管理特色

学校拥有着安全、舒适和健康的学习环境。致力于培养具有综合能力，全面发展的孩子，培养优秀、高素质和富有责任感的国际公民。

★加拿大国际学校（Canadian International School）

学校规模

加拿大国际学校（新加坡）创办于1990年，简称为CIS，前身是加拿大海外学院，其后更名为加拿大国际学校（新加坡）。

课程特色

学校面向学龄前儿童到十二年级的学生，开设有国际文凭组织（IBO）小学课程、中学课程和国际文凭大学预科课程。学校提供英语、法语、汉语作为学生可选择的第二外语。学校获得加拿大安大略省的大力支持，并批准其颁发安大略高中文凭（OSSD），学校学生可获得国际文凭（IB或IBDP）。

学校管理特色

每天都有校车为学生提供上下学接送服务。教学方式灵活多样，老师和学生之间互动很多，拥有一批工作热情、创造力强和富有责任心的来自北美、英国及澳大利亚和教师队伍。

★莱仕国际学校新加坡校区（Nexus International School，Singapore）

学校规模

莱仕国际学校新加坡校区位于新加坡的高档社区荷兰村，设有幼儿园、小学、中学。现有来自50多个国家的学生，以英国学生为主。

课程特色

学校提供从幼儿园到高中的国际课程，包含国际小学文凭课程（IBPYP）、英国国家教育部统一规定国家课程、英国剑桥国际普通中学课程（IGCSE）、国际文凭

IBDP课程。

学校管理特色

学校成立家长委员会，由每个班级推选一位家长作为代表，经常组织家长聚会，交流和反馈意见。学校设有家长办公室，每周五是家长聚会时间，家长委员会会长会收集家长意见及时和校长沟通。

★东陵信托学校（British Tanglin Trust School）

学校规模

东陵信托学校（TTS）是新加坡一所非营利性的学校，建校于1925年。向3～18岁的学生提供英式教育。

课程特色

在过去2011－2014年的英国学校海外（BSO）框架内的检查中，东陵信托学校被评为优秀的、最高等级学校，是由教育标准局（Ofsted）认可的英国海外学校。学校同时设置英国国家教育部统一规定的课程、英国剑桥国际普通中学课程（IGCSE）、国际文凭IBDP课程，以及剑桥A水准课程。

学校管理特色

学校最具特色的是学院系统设置（Houses system），就像《哈利·波特》里的魔法学校一样，东陵信托学校的每一个学校，幼儿园、小学、中学都被分成4个不同的学院，学生可以通过参加课外活动，或者通过优异的学业成绩来增加自己学院的积分，每个学院都有自己资助的慈善团体。

签证

如果持有工作签证，子女入读公立学校享有本地学生同等待遇，如果入读国际学校，没有任何优惠。

孩子的妈妈、姥姥、奶奶等女性亲属可以办理陪读证，男性不可以办理。

交通

在新加坡上学可以采用三种交通方式：1. 校车，这是最安全、最便利的方式，适合低年级学生；2. 高年级学生可以选择自己坐地铁等公共交通工具，这是最经济、灵活的方式；3. 在学校周边租房，步行到学校。

租房

新加坡的租房市场很规范，很透明，但要通过中介，不可以自己跟房主签租房协议。

偏远区域，两居租金在2400新元左右；乌节路繁华区，两居租金在3500新元左右。

国际学校学费

每一个国际学校的网站上都注明了学费，但是价格是不固定的，每年略有浮动，小学在25000～35000新元之间，还有注册费，体育设备设施使用费等。

在新西兰如何微留学，如何转留学

• 如何选择微留学学校

选择学校很重要，可以参考新西兰教育局网站，该网站每年会公布所有新西兰学校的评分，评分级别为1～10，10分为最高。评分较高的学校整体条件都比较好，虽然有人说这个评分不算什么，只能体现学校周边家庭的经济状况，但在没有更好的途径了解学校及周边情况时，这份资料是最好的参考，一般建议选择9～10分的学校。

奥克兰是新西兰经济最为活跃的城市，大部分家长给孩子选择学校，都会选择奥克兰。而奥克兰分为东西南北中几个区域，经过综合分析，中部和北部是奥克兰不错的区域，社会治安比较好，优质学校也比较多。

选好区域之后，就是选择私立学校或者公立学校。如果预算不高，可以选择公立学校。其实，作为短期生，学习时间最多只有1～2个月，去私立学校和去公立学校应该效果差不多，我们主要是去学语言，环境是最重要的。也有的家长认为6～7分的学校也不错。如果学校周围环境还可以，这样的学校也可选择，但里面几乎没有国际生，他们会把你的孩子当个宝贝。

经过以上筛选，家长们可以选择的范围就缩小了，然后就看该地区学校的评分，从中挑选几个学校，在网上搜索学校的官网进行对比，排除那些不接收短期生的学校。学费都会显示在学校网站上，比较透明，而且公立学校的学费都相差不多。

一般情况下，为了增加命中率，建议选择4～5所学校，然后发邮件报名，2～3天就能收到回复（除放假期间），如果学校愿意接收，就会发送登记表并附带学费明细。

• 微留学费用

按照2015年的费用算，1个孩子一个月的费用在1.5万元左右，其中包括学费、文具费、保险费、管理费、住宿费（含三餐）。如果1个大人同住需要增加8000元左右。

选定学校后就可以按照明细上的金额从国内汇款到学校账号，同时办理签证和机票，学校收到学费后会根据你的要求寻找适合的homestay。

学校会发邮件告知你homestay的家庭情况。很大程度上来说，选择homestay完全是靠运气，主要看你能不能和这个家庭合得来。如果合得来，会感到非常开心，如果合不来那就是度日如年，这种事一般都发生在大人身上，小孩子适应能力比大人强。

签证也是一个主要问题，由于某些原因不能拿到签证的，学校一般都会退回学费，这个需要事先与学校确认。机票方面，暑假期间机票是相当贵，建议提早购买，如果是购买新西兰航空机票，那么如果不出签，机票是可以退的；其他航空公司需要打电话确认。

• 微留学转留学，如何转签证

中、小学生将旅游签证转变为留学签证还是比较方便的，学校会有相应部门协助办理，或者在当地找中介办理，提供的材料也很简单，只需提交护照、学费缴费单和体检报告。中、小学每年的学费和生活费在20万～25万元，比美国要少10万元左右。

Tips 个人小建议

以前出国留学都是以高中生和大学生为主，目前家长们开始考虑在中学或小学让孩子留学。从我个人的角度来看，早一点出国有一定的好处。高中出国其实是一件很尴尬的事，首先要过语言关，国内英语学得再好，到了国外还是需要一段适应时间，再加上面临申请大学，压力不小。

如果最终决定要出国留学，我还是认为10～12岁出去比较好，这样的话，孩子中文基础已经打好，不会忘记自己的母语。虽然接受了国内的应试教育，但是孩子的本性还没有磨平，在国内打一定的基础后再到国外读书，孩子很有成就感，常常被认为是天才，这样孩子很容易对学习产生兴趣。

（吴奕帆爸爸个人经验）

附　录

美国私立走读高中TOP30

1. Trinity School (New York, NY)
2. Roxbury Latin School (Boston, MA)
3. Brearley School (New York, NY)
4. Horace Mann School (New York, NY)
5. Winsor School (Boston, MA)
6. College Preparatory School (Oakland, CA)
7. Collegiate School (New York, NY)
8. Spence School (New York, NY)
9. Harvard-Westlake School (Los Angeles, CA)
10. Dalton School (New York, NY)
11. Chapin School (New York, NY)
12. Princeton Day School (Princeton, NJ)
13. Saint Ann's School (New York, NY)
14. Germantown Friends School (Philadelphia, PA)
15. National Cathedral School (Washington, DC)
16. University of Chicago Laboratory Schools (Chicago, IL)
17. Collegiate School (Richmond, VA)
18. St. Andrew's Episcopal School (Ridgeland, MS)
19. Delbarton School (Morristown, NJ)
20. Commonwealth School (Boston, MA)
21. Lakeside School (Seattle, WA)
22. Regis High School (New York, NY)
23. Rye Country Day School (Rye, NY)
24. Crystal Springs Uplands School (Hillsborough, CA)
25. Buckingham Browne & Nichols (Cambridge, MA)
26. St. Mark's School of Texas (Dallas, TX)
27. San Francisco University High School (San Francisco, CA)
28. Marlborough School (Los Angeles, CA)
29. Riverdale Country School (New York, NY)
30. Latin School of Chicago (Chicago, IL)

美国CTY学术探索类项目所在学校及课程简介

学校名单

Roger Williams University 罗德岛州：罗杰威廉姆斯大学

Lafayette College 宾州：拉法耶特学院

Haverford College 宾州：哈佛学院

University of California at Santa Cruz 加州：加州大学圣克鲁兹分校

Seattle University 华盛顿州：西雅图大学

Marine Sciences Program 马里兰州（只有第一期）

课程内容

<table>
<tr><th>拉法耶特学院第一期</th><th>拉法耶特学院第二期</th></tr>
<tr><td colspan="2">Writing
• Whodunit?: Mystery and Suspense in Literature and Film
Math & Computer Science
• Foundations of Programming
• Mathematical Modeling
• Mathematics of Money
• Paradoxes and Infinities
Science
• Anatomy and Physiology
• Chemistry in Society
• Principles of Engineering Design</td></tr>
<tr><td colspan="2">Humanities
• Foundations of Psychology
• Great Cases: American Legal History</td></tr>
</table>

表一

<table>
<tr><th>加州大学圣克鲁兹分校第一期</th><th>加州大学圣克鲁兹分校第二期</th></tr>
<tr><td colspan="2">Writing
• Crafting the Essay
• Whodunit?: Mystery and Suspense in Literature and Film
• Writing by the Bay</td></tr>
</table>

续表

加州大学圣克鲁兹分校第一期	加州大学圣克鲁兹分校第二期
Math • Game Theory and Economics • Mathematical Modeling • Paradoxes and Infinities • The Mathematics of Money Science • Introduction to Astronomy • Principles of Engineering Design	
Humanities • Foundations of Psychology • Introduction to Logic	

表二

美国CTY深入研究类项目所在学校及课程简介

学校名单

Johns Hopkins University 马里兰州：约翰霍普金斯大学

Dickinson College 宾州：狄金森学院

Franklin & Marshall College 宾州：富兰克林与马歇尔学院

Loyola Marymount University 加州洛杉矶：洛约拉玛莉曼特大学

Skidmore College 纽约州：斯基德莫尔学院

Seattle University 华盛顿州：西雅图大学

课程内容

约翰霍普金斯大学第一期	约翰霍普金斯大学第二期
Humanities • Fundamentals of Microeconomics** • International Politics • Law and Politics in US History • Linguistics • Logic: Principles of Reasoning • Macroeconomics and the Global Economy**	

续表

约翰霍普金斯大学第一期	约翰霍普金斯大学第二期
Math • Fundamentals of Microeconomics** • Individually Paced Math Sequence • Macroeconomics and the Global Economy** • Mathematical Logic**	
Writing • Creative Nonfiction • The Critical Essay: Literature & the Arts** Science • Astrophysics** • Fast-Paced High School Biology • Genetics** • Investigations in Engineering • Neuroscience**	Writing • Creative Nonfiction Science • Astrophysics** • Fast-Paced High School Biology • Genetics** • Genomics** • Investigations in Engineering • Neuroscience**

表三

加拿大不列颠哥伦比亚省中学排名前52的10家公立学校详解

1. University Hill Secondary

排名：19/289 评分：8.6

地区：Vancouver 地址：2896 Acadia Rd, Vancouver, BC V6T 1S2

2. Lord Byng Secondary

排名：24/289 评分：8.4

地区：Vancouver 地址：3939 16th Ave W, Vancouver, BC V6R 3C9

3. Elkford Elementary Secondary

排名：24/289 评分：8.4

地区：Southeast Kootenay 地址：PO Box 910, Elkford, BC V0B 1H0

4. Okanagan Mission Secondary

排名：30/289 评分：8.1

地区：Central Okanagan 地址：4544 Gordon Dr, Kelowna, BC V1W 1T4

5. Sentinel Secondary

排名：30/289　评分：8.1

地区：West Vancouver

地址：1250 Chartwell Dr. West Vancouver, BC V7S 2R2

6. Dr. Charles Best Secondary School

排名：37/289　评分：8.1

地区：West Vancouver　地址：2525 Como Lake Avenue, Coquitlam BC

7. Handsworth Secondary School

排名：37/289　评分：7.9

地区：North Vancouver

地址：1044 Edgewood Rd, North Vancouver, BC V7R 1Y7

8. Langley Fundamental Middle & Secondary School

排名：37/289　评分：7.9

地区：Langley　地址：21250 42 Ave ,Langley, BC V3A 8K6

9. Mark R. Isfeld Senior Secondary

排名：37/289　评分：7.9

地区：Comox Valley　地址：1551 Lerwick Rd, Courtenay, BC V9N 9B5

10. Richmond Secondary

排名：52/289　评分：7.7

地区：Richmond　地址：7171 Minoru Blvd, Richmond, BC V6Y 1Z3

温哥华最好的10所中学
1. York House
2. Little Flower Academy
3. Crofton House
3. West Point Grey
5. St. George's
6. St. John's
7. Vancouver College

续表

温哥华最好的10所中学
8. University Hill
9. Lord Byng
10. King David

表四

本拿比最好的5所中学
1. St. Thomas More
2. Deer Lake SDA
3. Carver Christian
4. Burnaby Central
5. Burnaby North

表五

素里最好的5所中学
1. Southridge
2. Relevant
3. Regent Christian
4. Pacific Academy
5. Holy Cross

表六

列治文最好的5所中学
1. Richmond Christian
2. Richmond
3. Steveston-London
4. Hugh McRoberts
5. J.N. Burnett

表七

三联市最好的5所中学
1. Archbishop Carney – Port Coquitlam
2. Dr. Charles Best – Coquitlam
3. Heritage Woods – Port Moody
4. Pinetree – Coquitlam
5. Gleneagle – Coquitlam

表八

兰里最好的5所中学
1. Langley Christian
2. Langley Fundamental
3. Credo Christian
4. R.E. Mountain
5、Langley Fine Arts

表九

澳大利亚悉尼2015年综合排名前10的公立小学

NO.1 Artarmon Public School

地址：McMillan Rd, Artarmon NSW 2064

www.artarmon-p.schools.nsw.edu.au

NO.2 Carlingford West Public School

地址：Felton Rd, Carlingford NSW 2118

www.carlingfordwest.nsw.edu.au

NO.3 Murray Farm Public School

地址：Tracey Avenue, Carlingford NSW 2118

www.murrayfarm-p.schools.nsw.edu.au

NO.4 St Ives North Public School

地址：87 Memorial Avenue, St Ives NSW 2075

www.stivesnth-p.schools.nsw.edu.au

NO.5 Woollahra Public School

地址：Forth St, Woollahra NSW 2025

www.woollahra-p.schools.nsw.edu.au

NO.6 Mattew Pearce Public School

地址：Astoria Park Rd, Baulkham Hills NSW 2153

www.mattpearce-p.schools.nsw.edu.au/

NO.7 Chatswood Public School

地址：Pacific Highway, Chatswood NSW 2067

http://www.chatswoodps.nsw.edu.au

NO.8 Pymble Public School

地址：Crown Road, Pymble NSW 2073

http://www.pymble-p.schools.nsw.edu.au/home

NO.9 Eastwood Public School

地址：Rowe St, Eastwood NSW 2122

http://www.eastwood.nsw.edu.au

NO.10 Waitara Public School

地址：Edgeworth David Ave, Wahroonga NSW 2076

http://www.waitara-p.schools.nsw.edu.au

澳大利亚悉尼排名前10的顶级男子私立学校

1. Sydney Grammar School, Darlingh

2. Sydney Church of England Grammar School (Shore), North Sydney

3. St Aloysius' College, Milsons Point

4. Cranbrook School, Bellevue Hill

5. Knox Grammar School, Wahroonga

6. Parramatta Marist High School, Westmead

7. The Scots College, Bellevue Hill

8. The King's School, Parramatta, Sydney

9. Saint Ignatius' College, Riverview, Lane Cove

10. St Joesph's College, Hunters Hill

澳大利亚悉尼4所顶尖女子学校

1. 长老会女子学校（Presbyterian Ladies College）
2. 悉尼卫理公会女子学校（MLC School Sydney）
3. 玫瑰湾圣心学校（Kincoppal-Rose Bay School）
4. 圣凯瑟琳学校（St Catherine's School）

新西兰奥克兰小学2015年评分表

表十

序号	校名	新评分	序号	校名	新评分
1	Gladstone School (Auckland)	9	11	Our Lady Sacred Heart School (Epsom)	9
2	Pt Chevalier School	10	12	Bayswater School	10
3	Auckland Normal Intermediate	9	13	Rosmini College	9
4	Balmoral School (Auckland)	9	14	St Joseph's Catholic School (Takapuna)	9
5	Epsom Girls Grammar School	9	15	Takapuna Normal Intermediate	9
6	Auckland Grammar	9	16	Westlake Boys' High School	9
7	Cornwall Park District School	9	17	Westlake Girls' High School	9
8	Kohia Terrace School	9	18	Wilson School	9
9	Maungawhau School	10	19	Belmont Intermediate	10
10	Mt Eden Normal School	10	20	Belmont School (Auckland)	10
			21	Campbells Bay School	10

续表

序号	校名	新评分
22	Carmel College	9
23	Devonport School	10
24	Hauraki School	10
25	Milford School (Auckland)	9
26	St Leo's Catholic School (Devonport)	10
27	Stanley Bay School	10
28	Takapuna Grammar School	10
29	Vauxhall School	10
30	Hunua School	9
31	Owairoa School	9
32	Star of the Sea School (Howick)	9
33	Botany Downs School	9
34	Botany Downs Secondary College	9
35	Bucklands Beach Primary School	10
36	Cockle Bay School	10
37	Macleans College	9
38	Mellons Bay School	10
39		
40	Point View School	9
41	Shelly Park School	10
42	Somerville Intermediate School	10
43	Sunnyhills School	9
44	Northcote School (Auckland)	9
45	Willow Park School	9
46	Birkenhead School	9
47	Chelsea School	10
48	Reremoana Primary School	9
49	Ellerslie School	9
50	Stonefields School	9
51	St Hellers School	10
52	Baradene College	9
53	Glendowie College	10
54	Glendowie School	10
55	Albany Senior High School	10
56	Greenhithe School	10
57	Rangitoto College	10
58	Upper Harbour Primary School	10
59	Whenuapai School	9
60	Oratia School	9
61	Laingholm School	10
62	Titirangi School	10
63	Woodlands Park School	10
64	Grey Lynn School	9
65	Ponsonby Primary School	10
66	Westmere School (Auckland)	10
67	Karaka School	9
68	Bombay School	9
69	Paparimu School	10
70	Pukekohe East School	10
71	Waiau Pa School	9
72	Ararimu School	10
73	Beachlands School	10

续表

序号	校名	新评分
74	Clevedon School	9
75	Maraetai Beach School	10
76	Orewa School	9
77	Orewa College	9
78	Red Beach School	9
79	Silverdale School	10
80	Whangaparaoa College	9
81	Whangaparaoa School (Auckland)	9
82	Browns Bay School	10
83	Glamorgan School	10
84	Gulf Harbour School	10
85	Kingsway School	9
86	Long Bay College	10

序号	校名	新评分
87	Long Bay School	10
88	Mairangi Bay School	10
89	Murrays Bay Intermediate	10
90	Murrays Bay School	10
91	Northcross Intermediate	10
92	Sherwood School (Auckland)	10
93	St John's School (Mairangi Bay)	10
94	Stella Maris Primary School	9
95	Torbay School	10
96	Bucklands Beach Intermediate	9
97	Churchill Park School	10
98	Kohimarama School	10
99	Meadowbank School	10

序号	校名	新评分
100	Remuera School	10
101	St Ignatius Catholic School (St Heliers)	10
102	St Michael's Catholic School (Remuera)	10
103	St Thomas School (Auckland)	10
104	Victoria Avenue School	10
105	Hingaia Peninsula School	10
106	Ahuroa School	9
107	Riverhead School	9
108	Huapai District School	9
109	Kaipara Flats School	9
110	Matakana School	9
111	Coatesville School	10
112	Dairy Flat School	10
113	Taupaki School	9
114	Waimauku School	10
115	Wainui School	9
116	Hobsonville Point Primary School	10
117	Hobsonville Point Secondary School	10
118	Oteha Valley School	9
119	Ridgeview School	9
120	Albany Junior High School	10
121	Albany School	9
122	Marist Catholic School (Herne Bay)	9
123	Ponsonby Intermediate	9
124	Bayfield School	10
125	Parnell School	9